U0330424

The Comparative Research on Philosophical Views of

Marx and Heidegger

马克思与海德格尔
哲学观比较研究

黄漫　著

中山大学出版社
SUN YAT-SEN UNIVERSITY PRESS

·广州·

图书在版编目（CIP）数据

马克思与海德格尔哲学观比较研究/黄漫著.—广州：中山
大学出版社，2022.4
ISBN 978 - 7 - 306 - 07485 - 0

Ⅰ.①马… Ⅱ.①黄… Ⅲ.①马克思（Marx，Karl
1818—1883）—哲学思想—研究②海德格尔（Heidegger，
Martin 1889—1976）—哲学思想—研究 Ⅳ.① A811.63
②B516.54

中国版本图书馆 CIP 数据核字（2022）第 049930 号

MAKESI YU HAIDEGEER ZHEXUE GUAN BIJIAO YANJIU

出 版 人：王天琪
策划编辑：金继伟
责任编辑：叶　枫
封面设计：曾　婷
责任校对：罗梓鸿
责任技编：靳晓虹
出版发行：中山大学出版社
电　　话：编辑部 020 - 84110283，84113349，84111997，84110779，
　　　　　　　　　　84110776
　　　　　　发行部 020 - 84111998，84111981，84111160
地　　址：广州市新港西路 135 号
邮　　编：510275　　　　　传　真：020 - 84036565
网　　址：http://www.zsup.com.cn
　　　　　　E-mail：zdcbs@ mail.sysu.edu.cn
印 刷 者：佛山市浩文彩色印刷有限公司
规　　格：880mm×1230mm　　1/32　　11.75 印张　　235 千字
版次印次：2022 年 4 月第 1 版　　2022 年 4 月第 1 次印刷
定　　价：60.00 元

作者简介

黄漫，1986 年出生，广东潮州人，法学博士，暨南大学马克思主义学院讲师，主要研究马克思主义哲学。在《教育研究》《自然辩证法通讯》《国外社会科学》等 CSSCI 来源期刊发表论文 10 余篇，被《中国社会科学文摘》全文转载 1 篇；主持省部级项目 2 项，参与国家社科基金等项目多项；参编教材 1 部；获省级以上奖励 5 项，入选暨南大学"双百英才"。

前　言

　　任何伟大的思想都不会困囿于某种特定的历史形式，相反，它能够跨越时代局限的普遍性而对人类历史产生积极的进步意义。如何立足于具体的历史境遇，将某种对人及其生活世界的真理性洞见运用于对人自身生存和发展现实的阐释，从而获得探索人类未来命运的导向智慧，成为当下我们每一个人把握观念历史的基本问题。通达生活的意义以及更深层的时代使命与社会责任，是印证和彰显思想之所以伟大的魅力与威力所在。

　　作为深谙现代性又深切关注人类生存状况和未来命运的两位哲学家——马克思与海德格尔，其思想在现当代哲学发展史上都具有举足轻重的影响和地位，他们用厚重的理论形式阐发和回应时代赋予的现实课题。

　　伊格尔顿曾评价道，"马克思对他所生活的那个时代中一些重要问题的真知灼见足以使'马克思主义者'成为一个令无数人心向往之的标签"①。历史答卷上浓墨重彩的一笔记载着，马克思、恩格斯所创立的马克思主义不

――――――――

　　①　［英］特里·伊格尔顿：《马克思为什么是对的》，李杨、任文科、郑义译，新星出版社2011年版，第1页。

仅另辟蹊径为人类历史发展提供了一种文明新路向，其理论在历经一个多世纪实践检验的跌宕起伏后仍得到广泛肯认并愈加焕发出崭新生命力，对推进人类历史进程产生了重大影响。百余年来，东西方思想界对马克思主义极为关注，关于马克思主义的研究层出不穷，繁荣之势锐不可当。马克思主义成为世界范围内不少卓有声誉的思想家、研究者探究人的世界及世界的人所无法绕开的理论资源；马克思主义的信仰者和追随者更是在坚持和践行马克思主义的实践中推进马克思主义的发展。苏联和中国形成的"苏联模式"和"中国特色社会主义"，无疑是马克思主义实践探索道路上最备受瞩目的现实实现形式。

20 世纪最富有影响力的哲学家之一、德国存在主义大师海德格尔，其思想同样与马克思有着千丝万缕的关系。阿克塞洛斯就曾指出，尽管海德格尔在其著述中从未对马克思展开专门的研究与阐释，但从后期海德格尔思想相关论述表达中却可以发现，马克思似乎一直被置于海德格尔哲思的背景之中。这种可能的思想交集触动了不少学者尝试发掘马克思哲学与海德格尔哲学的因缘关联和互释空间，并展开了各种有益探讨，无论"反对说""误读说"还是"介入说"，都是试图通过不同方式构建起马克思与海德格尔的创造性对话，诸如海德格尔反对马克思、海德格尔在何种意义上误读马克思、衔接马克思的劳动—生产逻辑与海德格尔存在者之"上手状态"、存在论和生存论对历史唯物主义的介入、从两者思想出发超越二者的努力等，① 都必然对深化、推进和丰富两种哲学的研究具有重要意义。

我们在探索厘清马克思在海德格尔思想发展中的作用及对两者的关联进行研究时，根本立足点仍须回到马克思与海德格尔哲学的基础理论研究中。唯有将两种哲学置于哲学家时代际遇下求真探索的人生追求中，才能准确把握两种哲学观所显现的理论性质、基本立场、运思方式与根本旨趣，为任何形式的关联性研究奠定更为真实准确的理论前提。

马克思与海德格尔的哲学观与两位哲学家探究审视世界的视角和出发点紧密关联。恩格斯在《在马克思墓前的讲话》中提出，"马克思首先是一个革命家。他毕生的真正使命，就是以这种或那种方式参加推翻资本主义社会及其所建立的国家设施的事业，参加现代无产阶级的解放事业"②。"革命家"是马克思事业追求的第一身份，"革命家"对世界的"改变"是我们探究其哲学思想的根本

---

① 参见仰海峰：《海德格尔与马克思：当代性中的误读》，《马克思主义研究》2001 年第 4 期；张一兵：《回到海德格尔——本有与构境》，商务印书馆 2014 年版；Herbert Marcuse，*Heideggerian Marxism*，Richard Wolin and John Abromeit（ed.），University of Nebraska Press，2005；［法］科斯塔斯·阿克塞洛斯：《未来思想导论：关于马克思和海德格尔》，杨栋译，南京大学出版社 2020 年版；以及笔者在《国外社会科学》《广东社会科学》《福建论坛》等期刊上发表的关于海德格尔对马克思劳动观、人的学说及历史观的误读的文章等。

② 《马克思恩格斯文集》第 3 卷，人民出版社 2009 年版，第 602 页。

出发点，也明确规定了其哲学观的性质所在。构建哲学体系并非马克思的目的所在，而是前提和手段，通过揭示人类历史发展的一般规律，阐明人类解放的实现路径才是马克思终其一生的使命与追求。与马克思不同，海德格尔的人生与其哲学思想的变化如出一辙地贯穿于其"思的革命"之中。"回到事情本身"是海德格尔哲学的宣言，他以激情的方式追问在现代性之下被遗忘的存在问题并以此作为哲学最本质的任务。尽管他在揭示人在面对现代强制统治时所暴露出来的生存无力感时显现出悲观主义的忧虑，但仍然竭力呼吁人自觉追问存在以担负起拯救自身自由的责任。

　　思想家的理论定位和根本出发点不同，哲学运思所表现出来的主旨意图、思维方式及其具体路径必然也会有所差异。循着两种哲学不同的致思取向研究马克思与海德格尔在哲学传统、哲学视野、哲学方法以及哲学归宿等维度所展现的差异性，从而阐发两种哲学观的异质性，是本书所关注的重心所在。笔者以为，尽管现代化文明在海德格尔所生活时代的快速发展远远超过了 19 世纪时期的进步程度，昭示着人类生存与发展无法避免的危机与矛盾愈加尖锐并呈现出新的特征，海德格尔召唤存在与技术批判的努力也充分展现了其哲学的深邃智慧及其拯救现代性危机的深沉忧思，无疑是深刻的；但是，20 世纪以来现代性的世界图景并没有超出马克思的哲学语境，马克思哲学革命的科学意蕴与时代价值对于现实世界发展和人类未来命运仍具有深远的影响和启示意义。他基于对人类历史发展规律的揭示，透过资本运动的逻辑发现历史运动的逻辑，进而对资本主义私有制下人与人的关系做实质性的批判，提出唯有通过无产阶级的革命解放道路才能真正实现每个人自由而全面的发展，其哲学的逻辑进路与根本旨趣使得其哲学观展现出"平民式"的人类解放性质。较之于海德格尔追问存在而陷入形而上学危险的"贵族式"诗意栖居，马克思哲学彰显出现实性、深刻性与超越性，印证了萨特对马克思的经典评价："马克思主义非但没有衰竭，而且还十分年轻，几乎是处于童年时代：它才刚刚开始发展。因此，它仍然是我们时代的哲学：它是不可超越的，因为产生它的情势还没有被超越。"①

当然，马克思哲学与海德格尔哲学丰富深厚、繁杂深邃，想要对这两种哲学做全面的考察，必会有流于肤浅的可能。本书与其说是试图在两种哲学观的比较中回答马克思对海德格尔哲学观的超越意义，毋宁说是以提出问题的方式抛砖引玉，为进一步探讨马克思与海德格尔哲学的深层关联开辟视角，也为进一步推进和深化马克思主义的创新性研究做出努力尝试。

---

① ［法］让－保罗·萨特：《辩证理性批判》（上卷），林骧华、徐和瑾、陈伟丰译，安徽文艺出版社1998年版，第28页。

目　　录

第一章　探寻超越的根基与意义·······················1

　　第一节　哲学观比较的论域转化······················1

　　第二节　两种哲学的探索与反思······················4

　　第三节　何种意义上的超越可能·····················27

第二章　道路与形态：哲学传统的转向·················31

　　第一节　海德格尔从先验现象学到存在

　　　　　　本性的追问·······························33

　　第二节　马克思从抽象思辨到人的本质的诉求···53

　　第三节　实践哲学转向及异质哲学形态·············75

第三章　理想与现实：哲学视野的显现·················85

　　第一节　海德格尔世界四重整体的存在之维······86

　　第二节　马克思人类解放的宏大视野·············114

　　第三节　解放普照之光对存在澄明之境的超越···141

第四章　逻辑与过程：哲学方法的运用···············154

　　第一节　海德格尔现象学与解释学的方法·········154

第二节　马克思历史分析与辩证分析的方法⋯⋯ 177

第三节　形而下的科学意蕴与形而上的

　　　　神秘话语⋯⋯⋯⋯⋯⋯⋯⋯⋯⋯ 212

第五章　解放与回归：哲学归宿的沉思⋯⋯⋯⋯⋯ 223

第一节　海德格尔返回精神家园的栖居⋯⋯⋯ 223

第二节　马克思人类解放的终极关怀⋯⋯⋯⋯ 243

第三节　平民哲学的现实性与贵族哲学的

　　　　虚无化⋯⋯⋯⋯⋯⋯⋯⋯⋯⋯⋯ 276

结　语⋯⋯⋯⋯⋯⋯⋯⋯⋯⋯⋯⋯⋯⋯⋯⋯⋯ 290

附　录⋯⋯⋯⋯⋯⋯⋯⋯⋯⋯⋯⋯⋯⋯⋯⋯⋯ 295

附录一　海德格尔对马克思劳动观的误读⋯⋯ 295

附录二　海德格尔面向思的教育及其理论困境⋯⋯ 318

参考文献⋯⋯⋯⋯⋯⋯⋯⋯⋯⋯⋯⋯⋯⋯⋯⋯ 341

后　记⋯⋯⋯⋯⋯⋯⋯⋯⋯⋯⋯⋯⋯⋯⋯⋯⋯ 364

第一章 探寻超越的根基与意义

第一节 哲学观比较的论域转化

哲学是时代精神的精华，哲学的命运既是特定时代下人与社会命运的现实表征和理性映照，又总是呈现出超越时代的客观历史性而表征具有引领意义的时代精神，并以极致的方式关注和牵引着生活世界的终极性问题。

"哲学观不是关于哲学的知识，而是对待哲学的态度"① 问题，是对哲学的基本立足点、核心主题、研究对象和理论旨归等进行探究，从而获得对其一般看法和整体观点。具体而言，哲学观是一种以哲学为对象的哲学研究，基于个人的价值追求所形成的哲学立场来理解或解释有关哲学的理念问题。它作为一种基于事实的价值判断，包含着对哲学立场、哲学主题、哲学视野、哲学方法和哲学归宿等方面的态度，是与时代性、现实性相关联的宏观哲学理念等最高层次的问题。其中，哲学主题贯穿于哲学

---

① 刘福森：《哲学观：我们该如何对待哲学》，《江海学刊》2011 年第 1 期。

观的始终。作为哲学理论内在结构的主心骨,哲学主题深藏并渗透于哲学思想体系之中,是哲学理论内容的核心纲领、基本前提和根本出发点,从根本上规定了哲学的基本立场和基本观点,也必然决定哲学的致思取向及其逻辑展开的思维方式,其内在蕴含的价值取向和终极追求以哲学归宿为落脚点得以表达。

正如贺来教授所言,"哲学观与哲学其实是一种内在缠绕的关系,它们之间存在着一种'解释学的循环':哲学观的确立必须以对具体哲学问题的研究为条件,具体哲学问题的展开又必须内在地以哲学观的自觉为前提,离开其他哲学问题研究'哲学观'则'空',而离开哲学观的领悟,'哲学研究'则'盲'"①。本书将马克思与海德格尔哲学观的宏大理念问题转换为具体论题的比较,以揭示两种哲学观的深层异质性;阐明作为基于事实的价值判断的哲学观将宏观视域下的理念层面具体化为哲学立场、哲学视野、哲学方法和哲学归宿等维度的基本态度和观点,既充分体现宏观视域下探索哲学观在提问方式上的关注和重视,也强调对微观具体的哲学论题展开详尽探讨,从而揭示两位哲学家的哲学理念所内嵌的时代性、现实性和指向性问题,构成两种哲学观差异性比较的理论前提和研究主线,以整体化、系统化和结构化论证和阐发两种哲学观的内在理路与核心精神。

---

① 贺来:《略论哲学观与哲学的内在循环关系》,《求是学刊》2002 年第 6 期。

近代哲学的现代转向，使哲学的理论基础经历了从思想世界到生活世界的变化过程。马克思与海德格尔在以各具特色的方式批判传统抽象思辨的过程中回归人的生存问题，实现对近代以来哲学的革命性变革，呈现两种具有异质性的哲学观。马克思以人类解放为内核与主题贯穿其全部思想之中，其哲学观的根本在于以现实革命性的力量彻底批判资本主义，将人从一种诉诸抽象人性的追求中解放出来，拯救人于一切颠倒的、非人的或异化的关系状态之中，以改变世界的科学方法论与面向现实的批判态度泾渭分明地展现出一种革命性的本体论追求。在马克思看来，"抽象本身离开了现实的历史就没有任何价值"①。海德格尔则在追问存在的意义中批判传统形而上学在存在者层面对主体及其存在方式的规定，回到存在层面反思人的历史性生存。用施特劳斯的话说，"海德格尔主张，最高意义上的存在（to be）意味着生存（to exist），也就是说以人存在（is）的方式去存在（to be）：最高意义上的存在（to be）由有死性构成"②。可以说，对人类命运的深沉关切构成了马克思与海德格尔哲学相遇的汇聚点，不同的时代历史境遇和两者哲学所遭遇的现实困难使得其呈现出不

①　《马克思恩格斯文集》第 1 卷，人民出版社 2009 年版，第 526 页。

②　转引自〔美〕施特劳斯：《古典政治理性主义的重生——施特劳斯思想入门》，〔美〕潘戈编，郭振华等译，华夏出版社 2011 年版，第 83 - 84 页。

同的哲学立场和旨趣，走上了各不相同的探索与拯救的革命道路。

从比较的角度而言，马克思的哲学观和海德格尔的哲学观体现了马克思与海德格尔在不同的时代背景和社会现实下形成的哲学理念，其通过对哲学传统、哲学转向、哲学视野、哲学方法和哲学归宿等方面的不同理解和基本态度展现出来。立足对哲学观的基本理解并以此为前提性认识，在马克思与海德格尔两种异质思想体系中敞开其哲学观及对其进行比较研究，是本书的重心所在。本书在对两种哲学观的展开论证中，将历史逻辑、现实逻辑和理论逻辑有机融合到相互统一的具体问题域中进行整体把握，并深入社会关系的总体逻辑中阐明马克思人类解放的价值追求渗透于理论批判与革命实践的辩证统一的过程之中，比照海德格尔存在主义哲学语境中以泰然任之的精神做自觉的解蔽与拯救，澄明两种异质哲学在根本性质上的区别，从而彰显出马克思哲学观的现实性、深刻性与超越性。

第二节　两种哲学的探索与反思

马克思与海德格尔作为现代西方哲学史上具有重大深远影响的思想家，国内外理论界对其哲学思想的研究成果卷帙浩繁，学者们不同角度的探讨呈现出致思取向多样的特征，为两种哲学观的整体理解和比较探究提供了丰富的思想资源。从总体上梳理两种哲学的研究，有助于更加深入地理解把握两者哲学观。

一、关于马克思哲学观的研究

国内外学者对马克思哲学观的研究倾向于从马克思哲学观的主题、研究路径以及研究视角等方面进行探究。

第一，关于马克思哲学观的主题与研究路径。学界对马克思哲学观主题有不同的认识，对实现相关主题的思想路径也由此不尽相同。代表性的观点如下。

（1）从人性视角定位马克思哲学观的核心主题。有观点认为，人性问题是哲学的根本问题，是哲学家思考哲学问题的出发点和根基，对马克思哲学观变革的理解最根本的就是要把握马克思对人的本性、哲学的本性的变化发展，人性是当今时代马克思哲学观的主题。在对马克思哲学观研究进行人性研究的路径上，主张引入实践的观点与实践的思维方式来思考现实中的个性意识与世界意识，并以个性意识与世界意识这两个维度来挖掘马克思人性的深刻内涵，从而实现马克思的哲学主题。[1]

（2）以物质生产实践确认马克思哲学观的主题。有学者强调以实践活动为核心来理解马克思哲学观，主张用以"西"解"马"的研究进路展开，即将马克思实践思想纳入西方实践哲学传统进行考察并重新定位，从"实践作为研究对象，是人的基本生存方式及实践思维范式"

---

[1] 参见欧阳康：《哲学问题的实质与当前哲学研究的问题链》，《中国社会科学》2006年第6期。

等方面来论证马克思哲学是实践主题；也有学者在路径选择上主张以"马"解"马"，提倡回到马克思的文本中重释经典，从而揭示马克思新哲学观的实践本质所在。这种观点认为，马克思通过实践的思维逻辑实现了过去"哲学的实践"向"实践的哲学"的根本性与全局性转变，创立了"新唯物主义"哲学，推动并完成了哲学发展史上的伟大革命。①

（3）以历史唯物主义作为马克思哲学观的主题。有学者认为历史唯物主义是马克思新唯物主义哲学观的核心和基础。从研究范式上看，马克思主义的存在论性质将其标示为历史唯物主义，并彻底地贯穿了实践批判活动，强调马克思主义关于人、主体性、价值等主题都应自觉置于历史唯物主义总范式之下。从现代历史运动中看，历史唯物主义是对历史唯心主义的批判和超越，作为一种合理的方法论与思维方式，现代实践将"历史"与"唯物主义"内在联系贯通起来，强调既要重视运用"经济基础""物质生产"等唯物主义分析方法，更要重视运用历史的否

---

① 参见王南湜：《马克思哲学在何种意义上是一种实践哲学》，《马克思主义与现实》2007 年第 1 期；张一兵、姚顺良、唐正东：《实践与物质生产——析马克思主义新世界观的本质》，《学术月刊》2006 年第 7 期；张一兵：《马克思哲学的当代阐释："回到马克思"的原初理论语境》，《中国社会科学》2001 年第 3 期；林剑、林沈丹：《从哲学的实践到实践的哲学转向——论马克思哲学革命的思维辐射轴心》，《华中师范大学学报》（人文社会科学版）2020 年第 5 期等。

定性、暂时性和相对性的思考方式，以此来回答并解除人类历史特别是现代资本主义社会的严重分化和对抗性矛盾，从而解决历史唯物主义的根本问题。①

（4）将人类解放视为马克思哲学观的主题。有学者认为，人类解放是马克思一生的学术主题，也是马克思毕生的事业追求，是马克思本人及其全部哲学的价值选择，因而构成了马克思哲学观的核心主题，并通过多维度的解放路径达到人类解放的最终目的。也有学者认为，马克思将哲学的聚焦点从整个世界转向现存世界，从宇宙本体转向人类世界，从"世界何以可能"转向"人类解放何以可能"，实现哲学主题的根本变革，而理解和把握人类世界的依据也随之改变，即人类实践活动是人类世界的存在根据和基础。基于对现实社会矛盾的分析，有学者认为马克思哲学的主题在于寻求实现每个人的自由，从人与自然、人与社会以及人与人的关系探讨每个人所必须解决的矛盾，体现其核心主题内在超越性与现实性的统一。②

第二，关于马克思哲学观的研究视角。学者从不同的理

---

① 参见邹诗鹏：《何以要回到历史唯物主义研究范式？》，《哲学研究》2010 年第 1 期；张曙光：《历史唯物主义与现代历史》，《哲学研究》2008 年第 4 期；丰子义：《历史唯物主义与马克思主义哲学主题》，《中国社会科学》2012 年第 3 期等。

② 参见刘同舫：《马克思人类解放理论的演进逻辑》，人民出版社 2011 年版；杨耕：《关于马克思哲学理论主题和体系特征的再思考》，《哲学基础理论研究》2008 年第 8 期；叶汝贤、王晓升：《马克思的哲学观与马克思哲学的核心主题》，《现代哲学》2007 年第 4 期等。

论研究视角分析马克思的哲学观，相对聚焦于马克思与恩格斯哲学观的关联性上，以价值论、认识论、政治经济学、生活哲学、当代性等视角，提出各种深刻而又独到的观点。

（1）在马克思与恩格斯哲学观的关联性视角上阐释马克思的哲学观。有学者基于文献学研究指出，马克思与恩格斯的哲学观存在明显差别，恩格斯将马克思在哲学上的伟大贡献确认为唯物主义历史观的重大发现，以此区分恩格斯将自身哲学观定位为唯物主义辩证法的理解，而马克思原初的哲学观实则是一种"实践唯物主义"或"历史唯物主义"，其实质是"社会生产关系本体论"。有学者甚至认为，恩格斯不仅是马克思主义的缔造者和阐发者，而且在没有马克思参与的情况下独自确立了历史唯物主义。而有的学者则持反对意见，认为从实证科学知识的视角来审视马克思和恩格斯的哲学观是错误的，而应将其视为区别于旧哲学的新的哲学形态来把握马克思和恩格斯的世界观；恩格斯对马克思哲学观的基本定位是"新世界观"，其本质上就是历史唯物主义，既要承认马克思与恩格斯在哲学思想上存在差异，也不能因此否认两者在哲学观上的高度一致性。①

_____

① 参见俞吾金：《如何理解并阐释马克思的哲学观》（上、下），《江海学刊》2013 年第 4、5 期；张奎良：《恩格斯与历史唯物主义》，《哲学动态》2012 年第 11 期；边立新：《恩格斯和马克思的哲学观是截然不同的吗？——俞吾金教授〈如何理解并阐释马克思的哲学观〉一文商榷》，《山东社会科学》2014 年第 5 期等。

（2）从哲学观的基本原则把握马克思哲学观。有学者从哲学与现实的关系问题入手，认为：马克思反对哲学局限于思想内部的"现实感"，认为哲学是在向现实世界全面开放的前提下真正地变革现实、"改变世界"，并由此围绕哲学与现实两者的关系提出马克思哲学观的基本原则；马克思从批判旧唯物主义和唯心主义中确立基于实践原初立场的"能动原则"，其内在的辩证逻辑根植于人的存在，表征主体的能动性、主体性与相对性，以实践对人类历史的能动构建及其完成敞开历史意蕴。①

（3）以价值论为视角来研究马克思哲学观。有学者认为，马克思在批判资本主义的过程中实现了哲学思维方式的转变，应在价值取向的范围内，宏观地把握价值的实践基础和阶级特征，并侧重从劳动价值论维度来审视马克思的价值观。②

（4）以经济学为视角来研究马克思哲学观。有学者认为，马克思的学说是哲学、经济学与科学社会主义的统一体，政治经济学构成了马克思哲学的主线，只有透过经济学语境才能理解马克思学说的哲学思想与科学社会主义

---

① 参见刘秉毅：《论马克思的哲学观的基本原则——基于哲学与现实关系问题的视角》，《马克思主义哲学研究》2016 年第 1 期；何中华：《马克思哲学的"能动原则"及其历史意蕴》，《山东大学学报》（哲学社会科学版）2021 年第 3 期等。

② 参见张曙光：《马克思的哲学价值观与劳动价值论探略》，《哲学研究》1993 年第 1 期；杨俊一：《论马克思哲学对价值观的变革》，《辽宁大学学报》（哲学社会科学版）1992 年第 2 期等。

思想。在马克思经济学研究的语境中探寻马克思的哲学思想变化基础以及社会历史理论的思想发展进程，是阐述马克思哲学观的首要前提；将马克思哲学聚焦于对资本逻辑的批判分析，从哲学的高度既揭示资本逻辑抽象化、形式化和结构化的展开过程，也对此逻辑总体进程展开深刻批判，反映政治经济学的批判性质、辩证方法、逻辑建构和思想旨归。①

（5）以生活哲学为视角来研究马克思哲学观。有学者认为，马克思哲学观就是在破除人们对"生活"的日常理解，把人的自我实践和完善确定为"生活"的本质的基础上回归生活世界，沿着以物质生活资料的生产为基础和以人为中心这两条考察线索展开对生活世界的现实考察，构成了马克思哲学观的内核。②

（6）以生态学马克思主义的视角研究马克思哲学观。

---

① 参见孙承叔：《经济与哲学——马克思思想发展的内在轨迹》，《学习与探索》2009 年第 1 期；张一兵：《回到马克思——经济学语境中的哲学话语》，江苏人民出版社 2009 年版；韩庆祥、张艳涛：《马克思哲学的三种形态及其历史命运》，《中国社会科学》2010 年第 4 期；仰海峰：《〈资本论〉的哲学》，北京师范大学出版社 2017 年版；杨洪源：《马克思政治经济学批判的哲学意蕴——以〈1857—1858 年经济学手稿〉为中心的考察》，《中共中央党校（国家行政学院）学报》2021 年第 3 期等。

② 参见李文阁：《活动、生命、意见和思维方式——我所理解的马克思哲学》，《学术研究》2004 年第 7 期；《哲学：哲学家的生活——马克思的哲学观》，《求是学刊》2002 年第 6 期等。

学者在批判回应西方绿色思潮将马克思哲学归结为与生态思维不相适应的经济决定论、技术决定论和人类中心价值观等观点的过程中，展开对马克思哲学观在生态视域的探讨，试图揭示马克思哲学观所展现的生态思维方式。①

（7）以历史哲学的视角研究马克思哲学观。学者提出马克思哲学探讨将"资本主义向何处去"的现实历史问题的探索转变为"问题中的哲学"，即对作为一个有机整体的现代性的形而上学镜像的历史性剖析和拆解，从而对无产阶级和人类解放何以可能做出科学回答。②

（8）以当代性为视角来研究马克思哲学观。有学者致力于在当代的历史和当代的哲学语境下理解马克思哲学，深度挖掘马克思哲学的存在论基础，并依据马克思存在论哲学思想反思和回应当下的社会现实，以此来澄明马克思哲学的当代性及当代意义。③

（9）以政治哲学为视角研究马克思哲学观。学者在政治哲学观的视域下比较马克思与柏拉图在政治哲学观的根源、哲学与政治的基本关系及哲学对政治的最终影响等方面的差别，认为较之于柏拉图以"理念"为出发点导

①　参见王雨辰：《论生态学马克思主义的马克思主义哲学观》，《北京大学学报》（哲学社会科学版）2020 年第 5 期。

②　参见胡刘：《马克思历史哲学的理论主题》，《南京社会科学》2017 年第 8 期。

③　参见吴晓明：《思入时代的深处：马克思哲学与当代世界》，北京师范大学出版社 2006 年版。

向抽象的"正义"以获得教育改善人性实践办法的哲学观，马克思从具体的人出发，通过革命改造社会的方式寻求人的自由具有优越性。① 他们从政治哲学视域切入对马克思生命政治的关注，聚焦于生命理论的发展逻辑以及生命政治意义上的资本与劳动力的关系，通过资本权力批判，反抗资本秩序及其自由主义治理框架，揭示现代社会的生命政治内核，阐明马克思哲学中维护人的生命权益的政治可能。②

第三，国外学者关于马克思哲学观的研究。国外学者对马克思哲学观的探讨倾向于将马克思哲学观的主题、研究视角与研究路径统一起来，以窥探马克思哲学观的内蕴智慧。

（1）辩证唯物主义的马克思哲学观。普列汉诺夫批评伯恩斯坦将其所谓的"马克思和恩格斯的错误"解释为受了辩证法的"有害影响"，从而反对辩证唯物主义。普列汉诺夫认为，马克思的世界观是辩证唯物主义，"马克思和恩格斯的哲学不仅是唯物主义的哲学，而且是辩证

---

① 参见刘华萍：《柏拉图与马克思的政治哲学观比较》，《理论探索》2014 年第 2 期。

② 参见王庆丰：《〈资本论〉中的生命政治》，《哲学研究》2018 年第 8 期；张颖聪、韩璞庚：《生命政治转向及其政治批判的限度——兼论马克思政治哲学的当下意义》，《世界哲学》2020 年第 6 期；王军：《政治哲学视域中马克思生命理论探析》，《探索与争鸣》2021 年第 4 期等。

的唯物主义"①。在他看来，马克思和恩格斯的研究逻辑是从自然界到人类社会领域的推进过程，辩证唯物主义首先指向自然观上与唯心主义彻底划清界限的唯物主义。进而在探讨物质如何运动的问题上，他批判斯宾诺莎、拉美特里等唯物主义者的错误观点，以及伯恩斯坦等人在曲解辩证法基础上提出的唯物主义与辩证法不相容的问题，他强调唯物主义是辩证唯物主义，并基于辩证法阐明了物质的运动规律和思维的基本规律。因而唯物主义自然观是辩证法的基础，辩证法以其为根据；而若没有辩证法，唯物主义的认识论也必然是不充实的、片面的，甚至是不存在的。

（2）实践唯物主义的马克思哲学观。实践是人的根本存在方式，实践范畴是马克思哲学观的基本范畴，是马克思哲学的根本出发点。持这种观点的学者强调，在马克思哲学中，真正的对象和基础是社会实践的具体性，而不是物质的抽象，马克思哲学观的独创性不仅表现在其对传统哲学的超越，更重要的是它以社会实践的具体性为基础开辟了一条崭新的哲学道路。葛兰西认为马克思哲学观是在批判传统唯物主义和唯心主义的基础上提出的作为本根

---

① 《普列汉诺夫哲学著作选集》第 3 卷，生活·读书·新知三联书店 1962 年版，第 79 页。

意义的实践概念，甚至将马克思哲学界定为实践哲学；①柯尔施则通过对马克思哲学本质的反思提出"没有纯粹抽象的实践"，高度强调理论与实践的内在统一，因此，马克思哲学在不同时期会采取不同的形式，不存在纯粹理论形态的马克思哲学。②

（3）人道主义的马克思哲学观，尤以弗洛姆和马尔库塞为代表。他们认为马克思哲学观实质上就是人道主义的人本学，人道主义是马克思哲学的内在力量，社会批判和文化批判则是马克思哲学的本真精神，马克思正是基于人道主义的基本价值对资本主义进行社会批判和文化批判的。弗洛姆强调，必须通过找出一个能体现人性的社会组织而将人从非人化的困境解救出来，以此来解救西方社会；马尔库塞同样立足于人本主义的哲学立场，通过劳动本体论的路径切入来研究"人道主义"，进而研究马克思的哲学观。③

（4）历史唯物主义的马克思哲学观，尤以结构主义大师阿尔都塞为代表。阿尔都塞认为，马克思的著作不是一个连贯的整体，但其中包含着一种科学的历史观，这种

① 参见［意］安东尼奥·葛兰西：《葛兰西文选（1916—1935）》，中共中央马克思恩格斯列宁斯大林著作编译局、国际共运史研究所编译，人民出版社1992年版。

② 参见［德］柯尔施：《马克思主义和哲学》，王南湜、荣新海译，重庆出版社1989年版。

③ 参见［美］赫伯特·马尔库塞：《单向度的人：发达工业社会意识形态研究》，刘继译，上海译文出版社2006年版。

历史观构成了认识马克思哲学观最为重要的基础。他以唯物主义为线索，从结构主义的视角对马克思哲学著作中所蕴含的思想进行清理，在马克思否定早期的人道主义的前提下，提出青年马克思与成熟时期的马克思存在"认识论的断裂"，进而在马克思认识论断裂的前提下探讨马克思的哲学主题。①

（5）从马克思与恩格斯在哲学观上的关联性把握两者的关系。波亨斯基指出，马克思作为历史唯物主义的奠基者，展现了他作为政治经济学家、社会学家和社会哲学家的智慧，而由于历史唯物主义的一般哲学基础归根结底在于辩证唯物主义体系，其本质核心是由恩格斯所创立的，因而恩格斯的研究构成了马克思哲学观的基点；诺曼·莱文认为马克思和恩格斯创立了两个相互矛盾的思想流派，即马克思主义和恩格斯主义，捍卫马克思－恩格斯唯一的社会理论实则是歪曲他们每个人的理论，两者的分歧从他们对黑格尔理解不一致的问题上可以获得印证。②

（6）以批判精神和解放精神为马克思哲学观主题，尤以解构主义哲学家德里达为代表。德里达认为，马克思

---

① 参见［法］路易·阿尔都塞：《保卫马克思》，顾良译，商务印书馆 2006 年版。

② 参见 I. M. Bochenski, *Contemporary European Philosophy*, University of California Press, 1957；［美］诺曼·莱文：《马克思主义与恩格斯主义中的黑格尔》，臧峰宇译，北京师范大学出版社 2018 年版等。

哲学观从根本上说是一种批判哲学和解放哲学的统一，批判精神和解放精神是其最核心的体现。德里达以解构主义的方式为马克思"辩护"，认为马克思主义的深刻之处在于通过揭示各种具体化的"幽灵们"所产生的现实基础，从而达成指引人们改变现实的目的。尽管他在解构主义研究路径中将各种跨时空的异质性文本进行并置处理，暴露了其运作策略的实质并非为马克思主义辩护，而是以资产阶级的文字游戏方式祛除霸权式话语的意识形态博弈伎俩，但他对马克思批判精神和解放精神的重视仍值得我们关注。①

二、关于海德格尔思想的研究

哲学观作为宏观意义上的哲学理念问题，虽不能直接等同于对具体的分支学科或部门哲学所进行的微观分析，但不同视角的研究分析也为进一步透析理解哲学观提供裨益。学界对海德格尔的研究硕果累累，从已掌握的资料上看，国内外学者对海德格尔的研究相对较少从提问方式上围绕哲学观宏观的哲学主题、哲学视野、哲学方法及哲学归宿等方面展开，多数学者侧重从本体论问题、技术问题、存在问题、现象学等微观论题展开研究，这些研究可归纳为海德格尔"思想"的研究。

在国内，学界对海德格尔思想研究主题分散而又丰

---

① 参见〔法〕雅克·德里达：《马克思的幽灵：债务国家、哀悼活动和新国际》，何一译，中国人民大学出版社 2016 年版。

富，相对聚焦于以下论题。

（1）对本体论问题的研究。学者从海德格尔自明的存在概念、与其他思想家的比较或批判继承关系、语言本体论等角度进行分析诘问而获得本体论视域下的各种研究成果，认为海德格尔以此在为切入点，通过揭示存在与存在者之间的差异，对西方哲学传统的本体论基础进行深刻的反思和批判，并将对哲学的思考引到始源性的层面上，进而提出现象学本体论，将其视为其他一切本体论的基础。①

（2）对实践问题的研究。学者认为海德格尔的存在思想具有丰富的实践哲学和伦理学内涵，在对海德格尔与亚里士多德、早期马克思等实践概念的关系进行全面梳理的前提下，引入历史和时间的概念深入探讨了海德格尔哲学的实践性质，揭示海德格尔坚持实践及实践性知识的优

---

① 参见倪梁康：《论海德格尔中期哲学的本体论与方法论——关于〈哲学论稿〉核心概念的中译及其思考》，《南京大学学报》（哲学·人文科学·社会科学）2014 年第 3 期；苏宏斌：《试论海德格尔的本体论思想——兼与张弘先生商榷》，《学术月刊》1999 年第 7 期；陈祥明：《存在·理解·言说——海德格尔的本体论解释学》，《学术月刊》1997 年第 9 期；徐良：《"同一性"与"玄同论"——海德格尔和郭象的本体论思想比较研究》，《学术界》2021 年第 2 期；吴晓明：《现代形而上学的本体论批判：马克思与海德格尔》，《现代哲学》2016 年第 5 期；叶起昌：《索绪尔与海德格尔语言观——本体论层面比较》，《外语学刊》2011 年第 1 期等。

先地位。①

（3）对技术批评理论的研究。学者将海德格尔对技术的批评视为其后期思想中最核心的部分，认为海德格尔从哲学上将技术的本质规定为"解蔽"；基于对海德格尔技术的本质的认识及其救渡之思的理解，他们认为海德格尔视域中的人都是片面的、危险的，由此提出关于在技术世界中如何保护地球和自然及正确看待人的理性和本质等问题的深入思考；从存在历史观和技术之思的视角反驳技术乐观主义与技术悲观主义，进而阐发海德格尔"技术命运论"的观点。②

（4）对诗意性问题研究。学者从语言（特别是诗性语言）的角度出发来研究海德格尔的思想，并提出了语言诗意性的观点，认为语言是海德格尔通向存在的特别方

---

① 参见张汝伦：《历史与实践》，上海人民出版社 1995 年版；张汝伦：《海德格尔与现代哲学》，复旦大学出版社 1995 年版；张汝伦：《海德格尔的实践哲学》，《哲学研究》2013 年第 4 期；陈勇：《生存、知识与本真性——论亚里士多德与海德格尔的实践哲学》，《哲学研究》2017 年第 4 期；杨栋：《早期马克思与海德格尔论"理论—实践"关系》，《现代哲学》2015 年第 4 期等。

② 参见中国现代外国哲学学会主编：《现代外国哲学·存在主义专辑》第 7 辑，人民出版社 1985 年版；宋祖良：《拯救地球和人类未来——海德格尔的后期思想》，中国社会科学出版社 1993 年版；刘万瑚：《古希腊哲学视域下的海德格尔技术之思》，《哲学研究》2020 年第 12 期；孙周兴：《海德格尔与技术命运论》，《世界哲学》2020 年第 5 期等。

式，诗作为最原始的语言不仅保存了"事实"，而且保存了一个活的世界和人的本源。① 有学者则由海德格尔的思想提出诗化哲学的观点，认为海德格尔主张从诗化的思到诗意的栖居，关注人生的诗化和审美的解放，通过现代性反思与批判揭示诗意之思对人类返回诗意栖居的召唤，以诗和诗人来拯救时代。②

（5）对现象学方法问题的研究。有学者认为，现象学的方法是贯穿海德格尔思想的主线，在与胡塞尔现象学的对话中厘清海德格尔前期存在论与现象学的关联性，海德格尔以意识现象为研究对象，以本质观照的对象的内在即精神表达为研究手段，通过现象学方法来消解本体论并构造"Dasein"（此在）的存在状态及可能性。③ 当然，在对哲学观的认识中，宏观与微观是相对的，也有学者基于不同的标准进行评判，将海德格尔的现象学方法定义为现象学的哲学观，将纯粹现象学的方法和理论视作合为一

①　参见陈嘉映：《语言转向之后》，《江苏社会科学》2009 年第 5 期。

②　参见刘小枫：《诗化哲学》，华东师范大学出版社 2007 年版；张国杰：《现代性反思语境中的海德格尔诗意之思》，《社会科学战线》2012 年第 11 期等。

③　参见陆杰荣：《论海德格尔对传统哲学批判的现象学方法》，《辽宁大学学报》（哲学社会科学版）1988 年第 1 期；吴增定：《存在论为什么作为现象学才是可能的？——海德格尔前期的存在论与现象学之关系再考察》，《同济大学学报》（社会科学版）2018 年第 3 期等。

体的哲学体系，认为海德格尔是在现象学的名义下展开哲学运思，抑或在对胡塞尔与海德格尔现象学的比较研究中深化对海德格尔现象学的认识。① 也有学者从现象学的中心主题意向性上展开深入探讨，揭示其所内涵的生命意蕴，以此彰显海德格尔作为通达存在问题路径的现象学对人的生命的关注意义。②

国外学者对海德格尔思想研究成果甚多，从不同角度发掘和拓展了海德格尔存在主义哲学的研究。

德国著名哲学家加达默尔从解释学的角度审视海德格尔哲学，认为海德格尔将此在的生存论阐释为此在的解释学，从解释本身所具有的超越归纳、演绎和判断等认识活动的特质出发，将解释以非理论的方式融入此在的世界生存境遇中，使解释具有本体论意义，由此将对此在的释义推到哲学解释学的高度。③

捷克斯洛伐克哲学家科西克则从海德格尔的生存实践问题上指出，海德格尔通过对此在生存境遇的分析，展现了此在生存的实践性，他结合劳动与实践对生存要素进行

---

① 参见李朝东：《现象学的哲学观——兼论胡塞尔与海德格尔哲学观的差异》，《哲学研究》2009 年第 8 期；刘环：《胡塞尔和海德格尔的现象学还原与先验主体》，《世界哲学》2021 年第 2 期。

② 参见王颖斌：《海德格尔论意向性及其生命意蕴》，《自然辩证法通讯》，2021 年第 4 期。

③ 参见［德］汉斯－格奥尔格·加达默尔：《哲学解释学》，夏镇平、宋建平译，上海译文出版社 2004 年版。

考察，从而提出对社会异化实践的有力批判；① 塔米尼奥认为，亚里士多德对实践和创制的区分构成了海德格尔此在存在的本真与非本真状态区分的原型，在此基础上进一步分析此在对存在的多重含义的澄明，展现此在生存的实践性质。②

绍伊博尔德等学者从新时代科技的视角切入对海德格尔哲学的探讨，对海德格尔关于技术的特性、本质与其本质存在的普遍性以及克服技术的多维之思等观点进行了全面的深度阐释，提出技术对现代人实践方式的批判。③

匈牙利学者费赫着眼于现象学方法的研究，认为海德格尔在对存在问题的阐述中，将现象学、解释学和存在论交互融合在一起，海德格尔赋予现象学一个解释学的维度，以至于这一在解释学上被转换了的现象学承担了基础

---

① 参见〔捷克〕卡莱尔·科西克：《具体的辩证法》，傅小平译，社会科学文献出版社 1989 年版。

② 参见 Jacques Taminiaux，*Heidegger and the project of fundamental ontology*，State University of New York，1991.

③ 参见〔德〕冈特·绍伊博尔德：《海德格尔分析新时代的科技》，宋祖良译，中国社会科学出版社 1993 年版；Michael Emslie and Rob Watts，"On Technology and the Prospects for Good Practice in the Human Services：Donald Schön，Martin Heidegger，and the Case for Phronesis and Praxis"，*Social Service Review*，2017，91（2），pp. 319 – 356 等。

存在论的角色。①

此外，国内外还有不少学者从本体论、艺术、美学、人学、存在哲学、语言学等角度对海德格尔的思想进行多维度的阐述和研究。②

三、马克思与海德格尔思想比较研究

（1）对本体论问题的比较。马克思和海德格尔的思想中均包含着本体论思想，但二者的本体论存在基础和本体论内涵各不相同。学者从存在、自然存在以及社会存在之间的关系对二者的本体论思想进行比较研究，指出海德格尔本体论思想的局限性以及马克思社会本体论在当代的方向性引导意义。③

---

① 参见〔匈〕M.费赫：《现象学、解释学、生命哲学——海德格尔与胡塞尔、狄尔泰及雅斯贝尔斯遭遇》，朱松峰译，《世界哲学》2005 年第 3 期。

② 参见 Gerry Stahl, *Marx and Heidegger*, Published at "Lulu.com", Printed in the USA, 2017；刘敬鲁：《海德格尔人学思想研究》（修订版），中国人民大学出版社 2012 年版；〔法〕马克·弗罗芒 - 默里斯：《海德格尔诗学》，冯尚译，上海译文出版社 2005 年版；李革新：《论海德格尔哲学中存在与此在的共属关系》，《学术月刊》2002 年第 12 期等。

③ 参见俞吾金：《存在、自然存在和社会存在——海德格尔、卢卡奇和马克思本体论思想的比较研究》，《中国社会科学》2001 年第 2 期；王庆丰：《存在的澄明与人类的解放——海德格尔与马克思的存在论思想之比较》，《天津社会科学》2004 年第 6 期等。

（2）对技术观问题的比较。马克思和海德格尔的思想中都蕴含着现代性批判以及对技术的思考和追问，但由于身处不同历史境遇以及其哲学立场与理论进路的差异，二者对技术的理解具有各自的特点。学者从技术本质、技术对人类所产生的影响、技术的时代境遇等方面对二者进行分析比较，并作出相应的评价。①

（3）对形而上学批判问题的比较。有学者认为，马克思和海德格尔早期对形而上学的批判存在不谋而合的思想始端，然而对传统西方哲学的解读方式的不同，致使二者对形而上学的颠覆和批判的进路、标志及其对各自思想产生的影响存在着根本上的差异。②

（4）对生存论问题的比较。学者在挖掘马克思和海德格尔的生存论思想并对其进行比较研究时，倾向于从生存论与传统认识论的区别来描述生存与生存论路向，以及以认识论视野取代哲学原初意义上对这两种理解的全面关

---

① 参见陈志刚：《马克思和海德格尔的技术批判思想之比较》，《自然辩证法研究》2002 年第 2 期；谢永康：《技术批判与马克思——一种实践哲学观视野下的重新思考》，《江海学刊》2004年第 5 期等。

② 参见张文喜：《颠覆形而上学——马克思和海德格尔之论》，中国社会科学出版社 2004 年版；李海峰：《"颠倒"还是"超越"：海德格尔对马克思及其哲学的误读之批判》，《兰州学刊》2006 年第 5 期等。

怀意蕴，从而区分二者关于生存论思想的差异。①

此外，还有研究成果是从微观的美学视角、环境问题、真理问题、异化问题等角度对马克思思想和海德格尔思想进行比较，从不同维度丰富和推进了两者思想的研究。②

四、总结与反思

国内外学者对马克思与海德格尔哲学各具特色的探讨和研究成果较为丰富，为本书进一步探究两种哲学观提供了宝贵的思想资源。

国内外关于马克思哲学观的研究，无论是从哲学观的

① 参见吴晓明：《当代哲学的生存论路向》，《哲学研究》2001 年第 12 期；文兵：《对"生存论本体论"的一些质疑》，《哲学研究》2003 年第 10 期；李海青、赵玉洁：《海德格尔的幽灵——对所谓马克思生存论的一种批判》，《哲学研究》2006 年第 2 期等。

② 参见邓晓芒：《什么是艺术作品的本源？——海德格尔与马克思美学思想的一个比较》，《哲学研究》2000 年第 8 期；陈天庆：《美是造化自身的闪耀——马克思、海德格尔及后主体主义的理解》，《学术月刊》2007 年第 12 期；李海峰：《实践的"社会历史性"与真理的"时间性"——马克思实践观与海德格尔真理论比较研究》，《求索》2004 年第 3 期；李霞玲、王贵友：《劳动的异化与技术的异化——马克思与海德格尔异化理论之比较》，《理论月刊》2010 年第 1 期；周爱国：《马克思主义环境哲学思想研究——海德格尔与马克思思想路线之比较》，《湖北社会科学》2004 年第 12 期等。

核心思想内容上还是哲学研究视角上，抑或以各种不尽相同的研究路径对马克思哲学观展开研究，都是在马克思哲学观的宏大视域之内从不同方面深化并发展了马克思哲学。国内研究侧重通过文本解读探究马克思哲学观的基本内涵，将其与时代精神和现实境遇结合起来并深度挖掘哲学观的当代意义和现实价值。国外学者对马克思哲学观的阐发则倾向于立足各自的哲学文化传统和具体的历史条件，试图在理论的科学性与价值性之间寻找平衡点，以保持适度张力，因而在对马克思哲学观的把握上赋予了较强的现代性和后现代性的色彩。整体上看，不同的阐释主题、研究视角和研究路径的创新性研究深植于马克思哲学的历史依据、文本依据和现实合理性，为进一步深入探究马克思哲学观奠定了厚实的基础。

综观整个研究热潮，关于海德格尔思想的研究，主要表现出研究问题广泛、致思取向多样、研究深度不断深入等特点。较之于国外研究，国内学者对海德格尔哲学观的研究已基本具备多视角、全方位的态势，研究重心较为集中于从某一维度、某一层面上对海德格尔思想进行"规范性"地解读、挖掘其思想内涵，有助于进一步从整体上把握海德格尔的哲学观体系，推动海德格尔哲学思想研究的纵深发展。国外对海德格尔思想研究视野开阔，倾向于在梳理和把握不同思想关系链条的关联中展开对海德格尔思想的思考，着重在海德格尔思想的影响下拓展学者自身的研究视域，将相关研究与社会现实相结合以形成强大的理论批判力量。

从现有的关于马克思思想和海德格尔思想的比较研究成果上看，绝大部分的研究主要是在哲学观视域下从微观的、具体的问题开始的，各种研究维度从不同程度上促使马克思和海德格尔思想的隔空对话更加激烈、深刻，为我们更加深入地探究其二者的哲学观异同提供了研究角度上、思维方式上以及理论深度上的思想基础。

结合马克思与海德格尔思想的相关研究，有两个问题引发我们进一步的思考和关注。一是如何将微观论题研究上升到哲学观高度的宏观研究。马克思哲学与海德格尔哲学相关研究已基本涵盖了对传统哲学的形而上学批判、技术观、人学、真理观和环境观等范畴，研究内容丰富充实，但所关涉的绝大多数是分支学科或部门哲学的微观问题，各领域的研究相对零散。可进一步探讨如何从不同论域范畴的关联中把握整体的马克思的哲学观视野与海德格尔的哲学观视野，将微观研究向宏观理念层面转化，以展现马克思哲学观与海德格尔哲学观在核心主题、理论空间以及两种整体性哲学观的理论进路，从而厘清两种哲学观的比较前提。二是在何种意义上比较马克思哲学观与海德格尔哲学观的问题。对马克思和海德格尔哲学观的比较分析，最根本的就是要在两者的哲学对话中揭示两者哲学观中鲜明的哲学立场及其内蕴的精神实质，从而把握住其哲学致思取向的渊源、路径及其终归关怀，通过不同维度的比较，在凸显两种哲学观根本价值取向的差异性中探索、揭示马克思哲学观较之于海德格尔哲学观是否存在超越性意义。重新检审马克思与海德格尔哲学观的演进逻辑、实现方式及其终极旨归意义重大，应从哲学观的层面上对他们的思想给予更多的思考和探究。

第三节 何种意义上的超越可能

通过将宏观视域的哲学理念进行微观论域的转换，进而敞开对两种哲学观的比较后可以发现，至少在以下三个方面显现出马克思哲学观较之于海德格尔哲学观存在超越性的可能。

首先，在厘清比较的边界和范畴问题基础上，两者的本体根基具有差异性。马克思与海德格尔在对传统形而上学的批判中都展现了理论哲学转向实践哲学的范式前提，实践哲学成为两种哲学具有共性的基调，但两种实践范式的哲学观展开却存在本质差异。马克思关于社会生存的"存在"本体与海德格尔关于"存在"的思想对物质性现实世界及其动态变化的基本特性的关注和把握，表现出两种哲学思想的相似性。但是，马克思对存在的追问以现实的人的本源性生存为根基，拒斥任何可能的抽象形式，相比海德格尔探寻存在及其意义奠基于无根本体论之上而透露出海德格尔式的神秘色彩，则更彰显具体的历史性与现实性内涵。

其次，马克思与海德格尔以不同方式关切人的生命存在和人类的命运未来，但解释原则的前提性偏差与哲学视域的差异使得两种哲学走向不同路向，展现出马克思哲学存在论视域的辩证的现实批判对海德格尔先验存在论视域的"思的革命"的超越。马克思始终以人类解放为核心主题，立足于历史现实所展开的哲学变革、现实批判贯穿着历史的解释原则与辩证的分析方法，以揭示人类社会发展的一般规律，指明人类发展的必然方向；海德格尔对存在及其本真意义的追问置于先验存在论视域之中，现象学与解释学的解构使得其开启现实的"此在的本真之在"陷入神秘形式中。

最后，马克思平民哲学式的价值旨趣较之于海德格尔贵族哲学式的价值旨趣更具有现实的可行性。马克思哲学在存在论语境中审视现代性困境与危机，在人之自由而全面发展的意义上揭示资本逻辑中劳动与自由的辩证法，通过现实革命实践促使人走向真正的解放；海德格尔富含浪漫主义色彩的精神回归的诗意栖居，寄希望于在追问和批判技术中以思的方式实现人的自我拯救，其哲学观返回到抽象世界寻求合法性根基致使其指导现实实践的效力和普遍意义遭遇困难。

本书从个人的价值追求所形成的哲学立场来理解相关哲学的理念问题从而敞开哲学观，以马克思与海德格尔哲学观及其二者的差异性比较为研究对象，以思想史视域为出发点，立足文本学的研究，通过分析马克思与海德格尔在哲学传统转向澄明的哲学立场、在哲学视野显现下的哲思追求、哲学方法自觉下的路标趋向以及在哲学归宿呈现的价值旨趣的关联性与异质性，将两种哲学分别定性为平民哲学与贵族哲学，揭示马克思平民式的人类解放哲学观较之于海德格尔贵族式的诗意栖居哲学观所彰显的现实性、可行性与超越性意义。

全书的主要内容与基本思路如下。

第一，探寻超越的根基与意义。对哲学观的宏观把握与论题转化进行阐析，阐明作为基于事实的价值判断的哲学理念，将宏观视域下的哲学观具体化为哲学立场、哲学视野、哲学方法和哲学归宿等维度以揭示两种哲学理念内嵌的时代性与现实性问题，构成马克思与海德格尔思想差异性比较的理论前提和研究主线；基于对国内外学者关于马克思与海德格尔两种哲学综述的研究，提出本书研究的具体思路和逻辑理路，阐明马克思在何种意义上超越了海德格尔。

第二，哲学传统的转向。海德格尔在对西方先验唯心主义及主体性哲学的瓦解中实现了哲学传统的转变，构建了无根本体论的存在主义哲学形态；马克思通过对思辨哲学的批判和对形而上学的颠覆，实现了对哲学传统的根本性变革，构建了以现实的人为本体之根的唯物主义哲学观。两种哲学转向的道路在对近代哲学的批判中呈现出实践哲学的转向，但在本体论的有根基础与无根之源上显现出本质差别。

第三，哲学视野的显现。海德格尔以实际生活的形式－境域显现，通过追寻存在澄明之境的学术主旨及天地神人四重整体世界的广度，呈现出海德格尔探寻存在境域的哲学视野；马克思人类解放的学术主题与多重解放的理论结构构成了马克思人类解放的宏大哲学视野；较之于海德格尔哲学，马克思在哲学使命上与现实批判上彰显出其人类解放宏大视域扎根于现实的普照之光及超越境界。

第四，哲学方法的运用。海德格尔以现象学和解释学的方法解构存在者与存在的矛盾，并在此道路上开启此在的本真之在；马克思历史的解释原则与作为世界生成样式的辩证法共同构成其哲学方法论自觉，敞开人的本源性存在与世界生成性的现实运动过程。马克思与海德格尔不同的哲学方法引致形而上与形而下根本分歧的哲学境遇。

第五，哲学归宿的沉思。海德格尔以思的拯救方式破解现代性困境，将诗意栖居的本质即"无蔽"状态的自由之境作为人的最终目的；马克思在理论批判和资本主义现实批判中揭示人类历史的发展规律，以无产阶级的革命实践开启人类解放的现实路径，揭示人的自由而全面发展的价值指向，是其哲学观的最高境界和最终归宿。通过探究马克思资本批判与政治革命对海德格尔沉思自觉的克服，以及变革力量的人民性对个体性回归的超越意义，揭示马克思平民哲学与海德格尔贵族哲学这两种性质不同的哲学观的旨趣。

第二章 道路与形态：哲学传统的转向

"哲学的一切根本性问题必定都是不合时宜的，之所以如此，是因为哲学或者远远超出它的当下现今，或者反过头来把这一现今与其先前以及起初的曾在联结起来。哲学活动始终是这样一种知：这种知非但不能被弄得合乎时宜，倒要把时代置于自己的准绳之下。"① 哲学总是不拘泥于当下时代的现实而表征出具有引领意义的时代精神，以某种极致的方式关注和牵引着世界的终极问题。哲学家在糅合时代历史和个人情怀追求的基础上，在特定的历史条件下对高度抽象化、普遍化的哲学及其观念展开表达，就形成了既"不合时宜"又"富含先知"地存在于某种准绳之下而又不乏时代意蕴的哲学。

马克思哲学与海德格尔哲学是现代性历史中的产物，并以持久深远的魅力影响着现代世界的阐释与打开方式，乃至被称为"某种未来思想的路标"②。生产力飞速发展

---

① ［德］海德格尔：《形而上学导论》，熊伟、王庆节译，商务印书馆 1996 年版，第 10 页。

② ［法］科斯塔斯·阿克塞洛斯：《未来思想导论：关于马克思和海德格尔》，杨栋译，南京大学出版社 2020 年版，第 3 页。

的进步性以资本与技术的"光环"力量统摄着现代世界的一切现象，消除人类扩展一切可能性的障碍，成为现代性进程中深嵌内里的必然目标，随之而至的还有人类生存现状的茫然与未来命运的虚无。随着"终结哲学"的挑战在西方哲学中初露端倪，马克思与海德格尔也在现代性浪潮中将哲学的关注焦点逐渐转向现实，对无法避免的现代性中人们生存与发展问题的深沉关切成为马克思与海德格尔共同的哲思初心。然而，由于时代的历史境遇和个人人生经历的不同，马克思和海德格尔所遭遇的哲学困难与困境也呈现出各自的特点，致使他们走上了各具特色的运思和拯救的哲学之路，以大相径庭的哲学观展现并担当着理论之于现实的威力与作用力。

马克思站在巨人的肩膀之上大胆地质疑和批判西方哲学形而上学的抽象思辨性，在与之彻底决裂的基础上转向历史唯物主义哲学，将哲学的视野转变成"由人间上升到天国"，在对现实的人的关注与追问中对哲学做出新的规定，实现了现代哲学的实践转向。海德格尔同样对近代主体性哲学立足于先验表示不满，因而将"主体"化身为"实体"或"意识""精神"等概念，并以一种先验的现象学一叶障目式地遮蔽了整个真实存在的世界。然而，海德格尔在对近代哲学的批判中转而走上了一条返回解蔽存在之本真意义的道路，力求在诗与思之途中寻得存在的本真意蕴以及此在的人的拯救道路。

第一节　海德格尔从先验现象学到存在本性的追问

在西方传统形而上学的视域中，自古希腊前苏格拉底时期的思想家直至近代西方抽象思辨的哲学家，其哲学使命和现实任务都可以看作"存在"自行敞开的活动过程。从某种意义上说，整个西方传统哲学具有本质一致性，即形而上学的宿命。思的方式或者说思维的方式、哲学的方式、诗的方式，同时也是作为人的生存方式、生命的存在状态的方式。我们难以从漫长的传统哲学史中找到本体论的现实之根，正如海德格尔所认为的，传统本体论所指向的存在已然被置换为存在者，存在被遗忘的事实导致了传统本体论归根结底只是一种无根的本体论而已。海德格尔甚至将西方传统形而上学视为一种必然的哲学命运，"在其所有形态和历史性阶段中，形而上学都是西方的一个惟一的，但也许也是必然的厄运，而且是它的全球性统治地位的前提条件"①。他犀利地指出，"作为西方—欧洲历史的基本特征，形而上学让人类悬挂于存在者中间，而同时，存在者之存在在任何时候都未能作为存在与存在者之间的二重性（Zwiefalt），从形而上学的角度、并且通过形

---

① ［德］马丁·海德格尔：《演讲与论文集》，孙周兴译，生活·读书·新知三联书店 2005 年版，第 76 页。

而上学而在其真理性方面得到经验、追问和接合"①。他强调思考这种历史厄运的重要性和必要性，"因为存在本身惟在存在与存在者的区别特别地自行发生之际，才能够在其真理性方面澄明这种在存在中保存下来的区分"②。唯有澄明这种区分，才能在标志这一现象而被掩蔽着的"形而上学的技术"与存在之真理的最初回声的揭示中将存在所处支配作用的优先地位返回到其自身之中。

海德格尔通过对传统先验哲学（尤其是近代主体性哲学）所持的唯心主义立场展开批判，追问和质疑其不同历史时期的思想家对"主体"内涵所做的界定以及对"主体"存在方式所进行的思考，指出传统先验哲学思想使存在及存在的意义处于混乱不明或指代错误的状态。他认为，"任何存在论，如果它不曾首先充分澄清存在的意义并把澄清存在的意义理解为自己的基本任务，那么，无论它具有多么丰富多么紧凑的范畴体系，归根到底它仍然是盲目的，并背离了它最本己的意图"③。从先验的"隐秘憧憬"的现象学到存在本性的追问，就是对存在的意义的澄清和显现过程。

---

① ［德］马丁·海德格尔：《演讲与论文集》，孙周兴译，生活·读书·新知三联书店 2005 年版，第 76－77 页。

② ［德］马丁·海德格尔：《演讲与论文集》，孙周兴译，生活·读书·新知三联书店 2005 年版，第 77 页。

③ ［德］马丁·海德格尔：《存在与时间》，陈嘉映、王庆节译，生活·读书·新知三联书店 2006 年版，第 13 页。

一、先验唯心主义立场与主体性哲学的瓦解

"主体性"是哲学史上的一个重大课题，西方近代哲学自笛卡尔哲学以来的探寻主题都不曾离开对主体性范畴的追问。从根本上看，整个西方近代哲学是以主体性哲学为归属，是一种先验的唯心主义哲学观。主体性哲学自其诞生之日起，就一直困扰于诸如"世界的本质是什么？""是否真的存在一个外部世界？""人如何能够认识外部世界？"之类的问题。海德格尔将这些困扰及其所引起的无休止的争论归结为"主体"本身的存在方式和存在意义问题没有得到应有的澄清和阐发，他以现象学取代主体性哲学所内含的意识，现象学正体现了其理论超越近代主体性哲学的重要意义。海德格尔不仅揭示了存在本真的意义和此在的实质内涵，还进一步阐明了此在现象学所寻得的现实根基。对胡塞尔现象学的扬弃无疑对海德格尔的理论构建产生了巨大的影响，在对胡塞尔哲学进行批判性改造时，海德格尔发现，胡塞尔哲学并没有彻底褪去笛卡尔以来主体性哲学的理论痕迹，反而在本质意义上具有一致性。因此，海德格尔问询此在之路的任务，必先始于其对近代主体性哲学（尤其以笛卡尔、康德、尼采等人为代表）的"主体"概念的剖析与批判。

笛卡尔以来的近代哲学奠定了从"自我"出发来诠释和规定一切存在的观念，构成近代主体性哲学别具一格而又源远流长的学术传统。可以说，这一哲学传统由笛卡尔的著名命题"我思故我在"确立起来，主体性哲学的

命运全系于这一命题之荣枯，而对这一命题的破解也成了海德格尔对笛卡尔及其以后的近代主体性哲学展开批判的关键突破口所在。海德格尔指出，"笛卡尔发现了'cogito sum'（'我思故我在'），就认为已为哲学找到了一个可靠的新基地。但他在这个'基本的'开端处没有规定清楚的正是这个思执的存在方式，说得更准确些，就是'我在'的存在的意义"①。他批评作为笛卡尔哲学不证自明的可靠基石的"我思故我在"未能从根本上规定"我在"，认为笛卡尔只是凸显"我"的主体性地位，却没有把这个能思之物的"我"的存在方式揭示出来，未能把捉"我在"的存在意义；也未能具体阐明作为主体的"我"如何"思"，由"我思"而所获的"我"的"在"是如何"在"，何以为"在"。未言明存在论基础问题使得笛卡尔在近代哲学中以决定性意义的方式耽搁了此在的发现，因而不可能不耽误存在问题。在笛卡尔那里，只要规定了"我思"，"我在"也就不言自明地获得其规定。海德格尔否定了笛卡尔这种哲学理路和论证思维，并进一步追问"思"与"在"的关系，强调"我在"必然先于"我思"，"我思"不过是由"我在"衍生出来的运动样式而已，是"在"的规定决定了"思"的规定。笛卡尔的主体性哲学不但颠倒了"思"与"在"的关系，将"在"狭隘地定义为纯粹的认识主体，而且将"在"等同

---

① ［德］马丁·海德格尔：《存在与时间》，陈嘉映、王庆节译，生活·读书·新知三联书店 2006 年版，第 28 页。

于具体自然物般的无世界意义的孤立主体。

如果说，海德格尔对笛卡尔的主体性哲学持以否定性的批判态度，那么，他对康德哲学的批判则显现出辩证的态度，既肯定康德的"主体"较之以往主体性哲学关于"主体"理解的进步性，又批驳其实质仍陷于主体性形而上学传统。海德格尔认为，尽管康德从主体的性质、能力、结构上探讨理性主体，通过"我思"来把握"我"的现实内容，坚持"我"即是"我思"，在主体"如何在""如何思"以及主体之为主体上做了进一步的说明与推进，康德也看到了从存在者的层面无法将"我"引回到一种实体之中，但他"超越论演绎与图式化的结果，即对纯粹想象力的超越论本质的洞察，自身还不足为看见主体全体的主观性提供出一缕新的光线"①。海德格尔在一定意义上肯定了康德的理性主体及其主观性的本质，但从整体上仍将其视作传统形而上学理性主体论者。一方面，康德未能触及时间性维度的深层奥秘，缺乏从一般性意义上对存在问题展开分析，他对时间的理解没有超出前人的惯有领会而直接忽视时间与"我思"之间的联系问题。另一方面，康德将实体视为"为我们判断的绝对主项从而不能用作另一事物的确定者"，"'我'作为能思维

————————

① ［德］马丁·海德格尔：《康德与形而上学疑难》，王庆节译，商务印书馆 2018 年版，第 182 页。

的存在者（灵魂）来说，是实体"①。对此，海德格尔批评道，"主体这一存在论概念所描述的不是'我'之为自身的自身性，而是一种总已现成的事物的自一性与持存性。从存在论上把'我'规定为主体，这等于说：把我设为总已现成的事物"②。康德将主体作为理性存在者，是"我"本身，"我"被把捉为主体，其存在被拿来领会"我思"的实体性，这种与存在论相背离的对"我"的理解，必将深陷于主体（或实体）的存在论。囿于先验的唯心主义立场与传统形而上学圈晕的影响，对存在本质性的问题——此在③的存在论——的探讨必然也被康德搁置了。

黑格尔是海德格尔卷帙浩繁的作品中的重要人物之一，其《精神现象学》更是备受海德格尔关注，海德格尔批判其哲学是一种极端的形而上学形态。在海德格尔看

---

① ［德］伊·康德：《纯粹理性批判》，韦卓民译，华中师范大学出版社 2000 年版，第 353 页。

② ［德］马丁·海德格尔：《存在与时间》，陈嘉映、王庆节译，生活·读书·新知三联书店 2006 年版，第 364 - 365 页。

③ "Dasein"是海德格尔前期思想的核心词语，尤指"人的存在"或"人的存在关联"。有学者将其译为"缘在"，更侧重强调"人的存在关联"因缘发生的动态关联过程；另有学者译为"亲在"，强调"人因缘关联存在"动态关联中所蕴含的"亲近""亲临""亲缘"之义。笔者采用"此在"的译法，与《存在与时间》（陈嘉映教授与王庆节教授合译本）中强调的"在此"保持一致，即"人的存在关联"乃是"存在在此"。

来，黑格尔以精神达到本身的在自身中统一的、因而必然的进步过程来把握哲学史，并以此来规定历史，缘于历史的基本特征必然是哲学的——"哲学思考同时在其历史中活动，并且这种活动就是哲学本身"①。在黑格尔那里，哲学本身凭借观念而显现，其本身就是自笛卡尔哲学以来被历史地规定的主体性，"真正的存在乃是绝对地自我思考的思想"②。作为真实的在场者的主体（或实体）实则是被转移到意识中作为根据而存在，存在与思想所具有的同一性③，是指存在以思的方式从属于思想，绝对观念使得二者合而为一，具体展现为主体性最内在的运动——思辨辩证法：存在在思辨辩证法的运动中向其本身生成，这个过程也是绝对主体的"必然行为"过程，是绝对主体的主体性的生产过程。黑格尔这种被海德格尔称为"最高阶段"的形而上学体系将主体性推演到了极致，他同样以这种绝对主体性的运动过程揭示了劳动的形而上学本

① ［德］马丁·海德格尔：《路标》，孙周兴译，商务印书馆2000年版，第504页。

② ［德］马丁·海德格尔：《路标》，孙周兴译，商务印书馆2000年版，第505页。

③ 海德格尔认为，在黑格尔那里，同一性即为观念，巴门尼德关于同一性的命题，"存在与思想是同一的"，指的是存在作为"存在着的观念"乃是思想的生产，而将主体加以设定来规定存在是到了笛卡尔哲学阶段才开始，但依旧可以在巴门尼德那里找到其走向笛卡尔的预备阶段的发端（参见［德］马丁·海德格尔：《路标》，孙周兴译，商务印书馆2000年版，第510–512页）。

质，即被经验为主体的人对现实事物的对象化过程。而在揭示形而上学规定下一切存在者以劳动材料的形式显现所暴露出来的劳动异化事实及其背后现代性中人与人的矛盾与生存困境这一点上，黑格尔无疑是具有贡献意义的。

海德格尔在其对马克思为数不多的评价既有批评也有赞赏。海德格尔立足于存在之历史及其现代性境域中考察马克思哲学，尤以马克思历史唯物主义的哲学思想为线索，围绕人、实践与历史等核心问题展开对马克思思想的探讨，并将马克思定位为颠倒了形而上学的同时又处于形而上学之中的思想家。在海德格尔看来，马克思将其笔下的人的异化复归为现代人的无家可归的状态。尽管这种无家可归的状态被形而上学巩固和掩盖，但马克思的历史观是优越的，"因为马克思在经验异化之际深入到历史的一个本质性维度中，所以，马克思主义的历史观就比其他历史学优越。但由于无论胡塞尔还是萨特尔——至少就我目前看来——都没有认识到在存在中的历史性因素的本质性，故无论是现象学还是实存主义，都没有达到有可能与马克思主义进行一种创造性对话的那个维度"①。他赞赏马克思通过生产劳动、技术的发展揭示世界历史的生成过程和根本内容，异化肆虐下人的生存状态的现实遭遇，以及在共产主义中对世界历史性存在着的基本经验的理解深入历史的本质性维度，形而上学随着马克思的颠倒发展到

---

① ［德］马丁·海德格尔：《路标》，孙周兴译，商务印书馆2000 年版，第 401 页。

了最极端的可能性。但他同时指出，从黑格尔出发的马克思，当他将近代哲学一切主体（或实体）表征的可能还原到生产劳动时，却仅仅是在黑格尔的极端对立面完成了形而上学的颠倒，而依然处于形而上学的范畴之内，其所强调的无产阶级和人民群众的革命力量在海德格尔看来也是现实主体性力量本身，因而马克思对形而上学的颠倒是完成了的形而上学的颠倒。海德格尔评价马克思哲学是一种"对形而上学的奋力讨伐"，表现出海德格尔对一切形而上学倾向性哲学批判的决心和严明态度。然而，基于存在论认识论视域的局限对马克思以历史唯物主义为主线的哲学及其现实关照的错失，也必然使得海德格尔在人的理论、劳动观和历史观等维度对马克思存有误读。

海德格尔对尼采哲学的批判是他对传统形而上学的批判中最为精彩的篇章之一。海德格尔认为，尼采以形而上学的方式解说了西方历史进程中虚无主义的兴起与展开过程，他在重估以往价值时，以"上帝死了"宣称超感性世界的失败。在尼采看来，"意志所意愿的，并不是追求它还不具有的东西。意志意愿它已经具有的东西"，"意志意愿自身，意志超越自己"，① 强力意志是不断生成、不断增强自身力量的本质性存在，生命及一切事物的本质正是对意志的不断追求。海德格尔认为尼采以强力意志代替"我思""理性""绝对精神"的哲学变革所实现的传

---

① ［德］马丁·海德格尔：《林中路》，孙周兴译，上海译文出版社 2004 年版，第 247 页。

统形而上学的颠倒，其实质仍然以寻找事物的确定性为旨趣，"超人"不过是新形式的主体性表征，其哲学归根结底只是一种单纯的反动，必然会绝望地拘执于其所反对的东西的本质之中，尼采没有意识到，"在形而上学中并且作为形而上学本身而真正发生的事情，对形而上学来说并且通过形而上学，始终是被遮蔽着的"①。

在海德格尔看来，耽搁对"主体"的存在方式问题的追问和深度探究，把"主体"看成是缺乏世界意义的孤立认识主体的情况在胡塞尔哲学视野中并没有发生多少改变。胡塞尔在批判笛卡尔、康德等人所代表的西方近代形而上学的观点时与他们保持着较大的一致性，其哲学在根本上并未脱离主体性哲学的范畴。海德格尔认为，胡塞尔同样耽搁了对"主体"存在方式（此在存在论）问题。首先，胡塞尔以其意识现象的现象学运思和描述回到了其所批判的心理主义立场展开其哲学，现象学被定性为还原的方法，而"纯粹意识"成了其研究内容的科学。虽然海德格尔承袭了胡塞尔将现象学视为一种还原方法的研究方式，但正如他所说的，"此间我们与胡塞尔现象学那个核心术语（指现象学还原——引者注）的联系可谓有名无实"②。他认为，胡塞尔的现象学将其目光"从沉溺于

---

① ［德］马丁·海德格尔：《林中路》，孙周兴译，上海译文出版社 2004 年版，第 231 页。

② ［德］马丁·海德格尔：《现象学之基本问题》，丁耘译，商务印书馆 2018 年版，第 27 页。

事物以及人格世界的人之自然态度引回超越论的意识生活及其行思 – 所思体验（noetisch-noematische Erlebnisse），在这种体验中客体被构成为意识相关项"①。胡塞尔的现象学考察的只是意识本身，其所关注的是纯粹意识现象及其相关物，人的存在或此在的存在并未摄入其现象学引返之中。海德格尔强调，现象学还原并非如同胡塞尔般还原回归于抽象意识，而是要从对存在者的把握引回到对存在者之存在的领会，这是胡塞尔的意识哲学所缺失的关键内容。因此，不能期望胡塞尔能将存在问题纳入哲学理论中，对"主体"的存在方式问题提出高见。其次，胡塞尔的现象学对意识的存在进行了规定，将其看作"内在的存在""绝对的存在""纯粹的存在"等。然而，胡塞尔这种对意识本身的性质进行规定并将其扩大化为对意识的存在的规定的做法，在海德格尔看来不过只是幌子而已。最后，胡塞尔以"纯粹意识"作为研究一切存在者的根据和范畴，对现实的人的理解也归结于"纯粹意识"问题，这就使得他对人格阐释具有否定意义，"人格存在"本身的特殊性问题在胡塞尔那里被忽略掉了。② 海德格尔进一步讽刺地指出，人的存在"不可能靠把肉体、

---

① ［德］马丁·海德格尔：《现象学之基本问题》，丁耘译，商务印书馆 2018 年版，第 27 页。

② 参见［德］马丁·海德格尔：《存在与时间》，陈嘉映、王庆节译，生活·读书·新知三联书店 2006 年版，第 56 页。

灵魂、精神的存在方式加在一起就算出这种存在来"①。因此，包括胡塞尔现象学在内的主体性哲学无一不耽搁了此在存在方式的问题。

如同海德格尔所说，"任何存在论，如果它不曾首先充分澄清存在的意义并把澄清存在的意义理解为自己的基本任务，那么，无论它具有多么丰富多么紧凑的范畴体系，归根到底它仍然是盲目的，并背离了它最本己的意图"②。具有先验唯心主义色彩的主体性哲学奠基于传统本体论之上而陷于对存在与存在者关系认识的混乱状态，这种传统本体论倾向于将存在本身的意义归结为存在者的某个结构或属性，即依靠存在者引回到存在所由来的另一存在者，并以此来规定存在者之为存在者。海德格尔对此的认识是清晰的：他通过对近代主体性哲学以及现代胡塞尔的现象哲学发展脉络所呈现出来的先验唯心主义立场进行梳理和不遗余力的批判，有力推进了其对主体性形而上学的瓦解。海德格尔精准抓住了主体性哲学把"此在"与其他存在者混为一谈而搁置了对"主体"存在方式的追问这一问题。他指出，当哲学家们将传统本体论自诩为"关于存在的学问"时，却由于缺乏对存在本身的追问与反思，导致其丧失了对"主体"的规定而无法触及主体

---

① ［德］马丁·海德格尔：《存在与时间》，陈嘉映、王庆节译，生活·读书·新知三联书店 2006 年版，第 57 页。

② ［德］马丁·海德格尔：《存在与时间》，陈嘉映、王庆节译，生活·读书·新知三联书店 2006 年版，第 13 页。

的意义本身，真正的存在被遗忘，使得本体论终究成了有名无实的"本体论"。

二、此在的人问询此在与存在本真意义的呈现

海德格尔认为主体性哲学的问题主要不是在于其将主体作为立足点，而是在于这个"主体"的存在方式没有得到应有的规定，由此才导致主体性哲学走向二元论、怀疑论和相对主义的窠臼，也使人陷入自我矛盾或茫然虚无的困境之中。正确地、恰当地规定"主体"的存在方式尤为重要。海德格尔认为，自柏拉图以来的哲学都是在场的形而上学，其哲学探索的主题都没有超越任何一种在场形式的存在者，无论其采取何种探索路径，存在者背后存在的意义或存在本真却始终被遮蔽。

"存在是哲学真正的和唯一的主题。"[1] 海德格尔哲学的诗意之思正是在其早期阶段对存在意义集中追问的基础上辐射延展开来的，涵盖真理、艺术、语言、神性和自由等多方面的哲学之思。海德格尔早期的标志性成果《存在与时间》从此在生存论着手，澄清了存在与存在者之间的关联性，逐渐将存在的本真意义呈现出来，深刻揭示了此在存在的意义以开启存在的境域。他由先验现象学到对存在本性追问的诗意之思的哲学革命，其重要性正如他所言："在《存在与时间》的讨论中，追问在的意义的问

---

① ［德］马丁·海德格尔：《现象学之基本问题》，丁耘译，商务印书馆 2018 年版，第 13 页。

题第一次在哲学史上被特地作为问题提出来并发展了。"①

存在问题被种种成见埋没而遭到遗忘，这些成见的根源散见于古代存在论之中。将"存在"作为最普遍的概念（即存在以多样统一构成所有一切存在者存在的基础）、作为不可定义的概念（即从传统逻辑种加属差的方法而言，存在由于具有无比宽泛的种而无法被定义）、作为自明的概念（即存在存在于一切存在者及其与自身的关系之中，人们无须探讨便能自明）三种表达式在海德格尔看来是最具代表性的传统偏见，但它们仍不能够成为阐发存在问题的答案，甚至使得问题本身更加晦暗而茫无头绪。在存在本真意义问题的发问中，"问之所问是存在——使存在者之被规定为存在者的就是这个存在；无论我们怎样讨论存在者，存在者总已经是在存在已先被领会的基础上才得到领会的"②。仅仅预设存在问题并不等同于提出了这个问题，要"彻底解答存在问题就等于说：就某种存在者——即发问的存在者——的存在，使这种存在者透彻可见"③。存在者的存在本身不"是"一种存在者，而是存在者背后的一种虚无的而又并非居于次要地位的事实存在，任何一种试图依靠把一个存在者引回到它所

① ［德］马丁·海德格尔：《形而上学导论》，熊伟、王庆节译，商务印书馆1996年版，第84页。

② ［德］马丁·海德格尔：《存在与时间》，陈嘉映、王庆节译，生活·读书·新知三联书店2006年版，第8页。

③ ［德］马丁·海德格尔：《存在与时间》，陈嘉映、王庆节译，生活·读书·新知三联书店2006年版，第9页。

由来的另一个存在者的方式来规定存在者之为存在者的做法都是不正确的，既无法切中存在本身反而牵引至存在者层面的妄断与规定，存在也并非等同于具有某种可能的存在者性质。存在是存在者的存在，存在本身要求一种有别于对存在者的揭示方式、一种本己的展示方式来解蔽自身，而存在意义问题这种被海德格尔认为突出而透彻的提法则要求我们在澄清和解答存在问题的时候，必须首先以某种存在者的存在来对这种存在者加以适当解说。

我们自己作为向来所是的存在者，是除了一般的物或对象等其他可能的存在方式以外还能对存在发问的存在者。为了区别于主体性哲学中不自觉地从本体论上把这种存在者理解为现成的实体，海德格尔避免使用"主体""意识""精神""自我""人格"等相关的概念，而将我们这般向来所是的存在者称为"此在"（Dasein）。海德格尔认为，此在不仅仅是众多存在者之中的一种存在者，其较之于其他一切存在者的特殊性在于它在它的存在中与存在本身发生交涉，以一种存在关系内在于此在及其存在。此在的存在者是作为现实生存着的此在式的存在者——在此存在的人及其生存方式。此在强调存在与人本身的密切关联性，这种关联性表现在：此在在它的存在中总以某种方式、某种明确性对自身有所领会、有所作为，此在存在是伴随着它的存在并通过生存而得到彻底展开，简言之，"对存在的领会本身就是此在的存在的规定"①。

―――――――――

① ［德］马丁·海德格尔：《存在与时间》，陈嘉映、王庆节译，生活·读书·新知三联书店 2006 年版，第 14 页。

此在在世界中存在，其作为能够向一般存在敞开的唯一存在，生存的本质使得它必须领会存在，也唯有对存在发问的此在才能领会存在。

"既然只有通过存在如何得到领会的情况才能够追究存在，关于人的存在的分析就是一切存在论都不可或缺的基础。"① 海德格尔对此在的分析旨在追问存在的问题，他将此在的存在论分析称为基础存在论，此在对存在问题的研究而言既是首先必须解决的出发点，也是归宿所在。"存在者的存在总是我的存在"②，海德格尔明确了此在的两项本质性的特征。第一，"这种存在者的'本质'在于它去存在〔Zu-sein〕"③，即它的生存。此在不是现成陈列着的东西，也不是在存在者身上表现出各种性质而使其现成所是的"属性"，相反，此在的生存本质表明此在潜在具有一种必然性，即此在通过如何"去是"必然而将存在的意义从其遮蔽状态中解释出来。此在将必然使其对自己的存在有所领会、有所作为，它被清理出来的各种性质（或"属性"）并非依然如此的现成存在者，而只是此在生存方式中的各种可能而已。同样，人并非首先是一个现

---

① 陈嘉映：《海德格尔哲学概论》，生活·读书·新知三联书店 2005 年版，第 58 页。

② ［德］马丁·海德格尔：《存在与时间》，陈嘉映、王庆节译，生活·读书·新知三联书店 2006 年版，第 49 页。

③ ［德］马丁·海德格尔：《存在与时间》，陈嘉映、王庆节译，生活·读书·新知三联书店 2006 年版，第 49 页。

成的存在者再去领会自己和其他存在者的存在而敞开自身的作为。人在认识到自己是存在者之前，已事先领会到自身的存在及事物的存在，这种领会并不意味着人必须有一种明确的认识才能有所行动，人的一切行动所展开的生存方式实际上已包含着对存在的领会。此在归根到底并不是在表达它是什么，而是在表达其存在（即如何去"是"）的问题，它由存在规定具体地表现在领会之中。第二，此在的存在"总是我的存在"[①]，即此在的向来我属性质。"这个在其存在中对自己的存在有所作为的存在者把自己的存在作为它最本己的可能性来对之有所作为"[②]，此在总是作为它的可能性来存在。向来我属性质使得存在背负了难以逃避的责任，表现为在此在的这种性质所规定的"本真状态"和"非本真状态"下，此在是否依据其本身生存由此区分开来。此在自身的存在只能通过此在的人的行动去构建，只有当此在以可能的本真的存在者生存时，即此在作为拥有本己的存在者时，它才可能已经失去或还未获得自身。

　　海德格尔指出，存在者的这两种本质特征所表征的此在（"我"）并不是一个孤立的个体，其与传统主体性形而上学所指向的主体具有根本上的差异性，是存在于此在

---

　　① ［德］马丁·海德格尔：《存在与时间》，陈嘉映、王庆节译，生活·读书·新知三联书店2006年版，第50页。

　　② ［德］马丁·海德格尔：《存在与时间》，陈嘉映、王庆节译，生活·读书·新知三联书店2006年版，第50页。

的世界之中，"在世界之中"成了此在生存的基本前提。世界与此在一样并不是现成的，正是因为其自身的存在才使世界与此在作为存在者如其本然地显现、存在。海德格尔进而从"世界之中""向来以在世界之中的方式存在着的存在者"以及"在之中"三个环节来建构此在"在世界之中存在"的具体内涵。"此在在分析之初恰恰不应在一种确定的生存活动的差别相中来被阐释，而是要在生存活动的无差别的当下情况和大多数情况中来被发现。此在的日常状态的这种无差别相并不是无，而是这种存在者的一种积极的现象性质。"① 他确认此在的分析起点是现实的生存，日常生活的生存活动成为分析此问题的前提。这种日常的无"差别相"被海德格尔称为"平均状态"，当下的"平均状态"是此在当下生存的真实状况，此在以某种方式为它的存在而存在；而现实是，当下的、日常的生存状态，被人们习以为常、不假思索地接受，致使其作为存在者层次上最切近和最熟悉的东西，但正是这种当下性的普遍存在使得存在成为最遥远且不为人所知的东西，从而使此在的存在产生了失去其自身的可能性。

当然，海德格尔的存在者并不仅仅局限于作为此在的人。他着眼于此在的生存结构获得了对此在的分析以及所有的说明，这些存在特性被称为"生存论性质"（Existenzia-lien），而非此在式的存在者的存在规定则被视为范畴，

---

① ［德］马丁·海德格尔：《存在与时间》，陈嘉映、王庆节译，生活·读书·新知三联书店 2006 年版，第 51 页。

这两者构成了存在性质的两种基本可能性——存在者是"谁"（生存）还是"什么"（现成状态）。① 此在的生存既显现出其自身的能动性，也包含此在生存的现成状态中的制约性。从对此在的生存建制的分析出发，海德格尔进一步基于此在生存论，在对本真生存活动与非本真生存活动的阐述过程中，通过"烦""畏""死""良知""操心""时间性""历史性"等问题的展开构建了此在的始源整体，归根结底在于解答一般的存在问题，即寻找存在的本真意义。

时间性在此在解蔽过程中发挥了极其重要的作用，存在的本真意义不能脱离由时间性所展示的由之领会的存在境域。海德格尔认为，将存在（"是"）作为系词来理解命题或判断的做法是错误的。判断由于其意向性决定了它必然与某物有关，还必须总是已经预先得到揭示某物的联系（因为某物成为判断对象的前提是该物已经得到了揭示），判断本身并没有具备认识的功能，能够对判断及其所及者展开揭示。因此，做出判断之前，此在的道出者必须对判断对象及其所及者有所交涉、有所理解，而并不是通过命题或判断，存在者才第一次得到揭示。命题或判断对这种预先揭示具有依赖性，只有当存在者已预先得到揭示或具有被揭示的可能性时，此在才能说"是"或者"不是"，因为存在对此在的存在之领会以及真理都具有

---

① 参见［德］马丁·海德格尔：《存在与时间》，陈嘉映、王庆节译，生活·读书·新知三联书店2006年版，第52-53页。

依赖性的。一方面，海德格尔以时间性为源始的时间，作为存在的领会得以揭示的前提条件，也即作为存在者的存在的先决条件，时间成为存在之为存在的视域；另一方面，将"主体""世界"等概念回归到现实的生存之中，还原真理与命题或判断的从属关系，即存在之本真性才是命题或判断的始源之处，才能获得存在问题的意义。尽管此在由于时间性无法与一种在其在场时显现自身的存在达成完满的一致性，甚至在存在的时间状态始终保持历史性的中间状态中囿于天命和自行隐匿的困难①，但是，在此在本体论结构的超越性绽出时间性和真理性的过程中，潜藏于时间实质之中的本真存在的意义随之呈现，这也是此在的人孜孜不倦地问询此在问题的缘由所在，海德格尔笔下的"思"（"存在的真理之思"）也即"存在"的任务。

从整体上看，海德格尔将此在的研究范畴限定在现实的、具体的"去生存"过程之中，存在的本真意义也必须透过这种现实的此在领会及其建构来寻得，这就与"我思""自我意识""绝对精神"等主体研究领域的传统主体性形而上学本质地区分开来。尽管海德格尔以反思的方式重思追问被遗忘的存在，试图解释人存在的意义，但存在的一切特征都由此在的生存活动表现出来，此在的本质所展现的内在理路，实则与萨特关于"存在先于本质"的观点表现出高度的一致性；而人的活动本身所具

---

① 参见［法］让－弗朗索瓦·马特编著：《海德格尔与存在之谜》，汪炜译，华东师范大学出版社 2011 年版，第 9 页。

有的历史性与存在仿若处于静止的状态之间发生矛盾时，也容易使得存在仅仅被设想为某种高于存在者的存在而已，其本真意义在于为存在者提供现实的合理根据或规定，从而陷入此在的形而上学漩涡之中。早期的海德格尔在《存在与时间》中将人提高到中心的地位，表现出一种对传统主体性哲学破旧立新、寻找现实合法性根基的迫切希望，然而在晚期他才了然："本质性的东西并非人，而是存在，即作为绽出之生存的绽出状态之维度的存在。"①

第二节　马克思从抽象思辨到人的本质的诉求

西方传统哲学历史悠久，内容丰富，派系林立，哲学主题和思维方式也经历了几次重大的转变。可以说，西方传统哲学是以意识的终极确定性为基础的思维方式，以人类理性及其最高真理之名规范思想、统治意识形态，其本质是追求绝对真理的超验式的形而上学。

在从传统哲学到现代哲学的历史转变中，哲学的理论基础经历了从思想世界到现实生活世界的转变过程，尤以马克思对形而上学的批判完成了哲学"由人间上升到天国"的历史转化为标志。马克思在深刻批判传统哲学，特别是德国古典哲学形而上"无根"哲学思维方式的前

---

① ［德］马丁·海德格尔：《路标》，孙周兴译，商务印书馆2000年版，第392－393页。

提下，批判黑格尔是形而上学的最终完成者，在对其理论进行根源性颠倒和革命的过程中彻底瓦解了思辨哲学的思想体系，实现形而上学的终结，将哲学的视域转移到现实世界中来；进而在现实的感性活动中摆脱虚假抽象，寻找到哲学的本根存在——现实的人，促使现实的人的本质回归。正如海德格尔所言，"形而上学就是柏拉图主义。尼采把他自己的哲学标示为颠倒了的柏拉图主义。随着这一已经由卡尔·马克思完成了的对形而上学的颠倒，哲学达到了最极端的可能性"①。

把握马克思对形而上学的批判必须厘清形而上学发展的历程。从马克思对形而上学的批判路径上看，以黑格尔哲学为分界点，马克思将形而上学划分为三个阶段：第一阶段是前黑格尔哲学阶段（黑格尔哲学之前的阶段），主要是以实体或主体为线索，围绕抽象个体的感性原则或活动原则并以其为核心主题和最终落脚点的形而上学。第二阶段是黑格尔哲学的形而上学阶段。黑格尔实现了对其之前的哲学家关于形而上学不同表达形式的综合吸纳和扬弃，克服了以抽象个体为主体的哲学观，代之以客观精神为主体的形而上学形式。黑格尔哲学的形成意味着黑格尔之前一切形而上学的完成，其本身就是完成了的形而上学。第三个阶段是费尔巴哈的感性直观的唯物主义哲学阶段。费尔巴哈在对黑格尔哲学的批判中与黑格尔划清界

---

① ［德］马丁·海德格尔：《面向思的事情》，陈小文、孙周兴译，商务印书馆 1996 年，第 59 页。

限，第一次将哲学研究视域由思想转向现实。他指出黑格尔哲学中的人是头脚倒置的人，主张必须回到现实世界来寻找人的本质。然而，这种发现却由于以感性作为既定自然存在物的人的类意识的实体，人仅仅是消极的感性客体而不是感性活动，直观唯物主义的人本学终究无法逃脱形而上学的藩篱。追溯形而上学的历史演变，尤其近代以来黑格尔的绝对精神体系与费尔巴哈的人本学思想，有助于我们厘清马克思在对形而上学递进式的批判中推进了其自身哲学观的转向，从抽象困境回到现实世界的转变过程。

一、思辨哲学的解体与形而上学的终结

人类智慧与文明对哲学的呈现在演变和展现中，开创了一条寻求根据或原因的道路，通过探索与认识根据而获得对存在者的支配力量，追寻哲学理论的基础抑或是哲学的阿基米德点对发现存在之根具有根本的意义。由对传统哲学阿基米德点的挖掘发现，思辨哲学可以追溯到希腊具有始源性质的哲学。

从希腊哲学以降，到笛卡尔哲学直至斯宾诺莎哲学，均是以实体原则为核心的抽象个体的形而上学，倾向于抓住抽象的个别存在者并将其扩大化到整个感性世界的基础，实体性和主体性的形态成了存在者存在的在场状态。"自然、存在究竟是个什么，不在于它向我们直接呈现的样子，它以怎样的状态存在，也不是由它自己主宰的，这一切都在它所隐含的那个只有运用超感官的思维才能发现

出来的隐蔽存在里面。"① 希腊哲学始于对客观世界的"始源"探究，物质本性被最早视为万物唯一的原理，即"万物始所从来，与其终所从入者"②。尽管哲学家们从不同的具体的物（如"水""火""气"等）揭示出各自指向的世界本源，但都无异于将世界万物抽象化为"一"。希腊哲学在原始论哲学时期达到顶峰之后，普罗泰戈拉提出"人是万物的尺度"的著名命题，开启了古希腊哲学关注人的先河，在苏格拉底的影响下，哲学进一步转向了人类学研究范畴，逐渐从自然研究回归到人自身。柏拉图在对人的考究的基础上进一步将世界划分为不可知的感性世界和可知而不可见的理念世界，开创了感性世界"原型"。正如海德格尔所言，"自柏拉图以来，更确切地说，自晚期希腊和基督教对柏拉图哲学的解释以来，这一超感性领域就被当作真实的和真正现实的世界了。与之相区别，感性世界只不过是尘世的、易变的、因而是完全表面的、非现实的世界。尘世的世界是红尘苦海，不同于彼岸世界的永恒极乐的天国。如果我们把感性世界称为宽泛意义上的物理世界（康德还是这样做的），那么，超感性世界就是形而上学的世界了"③。这个所谓"超感性的、现实的形而

①　高清海：《有这样一个世界》，《天津社会科学》1998 年第 1 期。

②　［古希腊］亚里士多德：《形而上学》，吴寿彭译，商务印书馆 1959 年版，第 7 页。

③　［德］马丁·海德格尔：《林中路》，孙周兴译，上海译文出版社 2004 年版，第 231 页。

上学的世界"，实际上不过是一个逻辑构造而成的思想世界而已，整个传统哲学正是建立在这个形而上学世界的基础之上。直至笛卡尔哲学时期，"哲学才首次找到了坚固的基地，在那里哲学才能有家园之感"①。笛卡尔"我思"的经验结果将存在者的存在与存在者本身区分开来，即存在与思维、主体与客体被区分开来。斯宾诺莎将笛卡尔哲学推到了最高点，他更彻底地将存在与思维区别开来，将有限事物看作对实体的否定，实体在否定之否定的基础上获得了对自身的绝对肯定，即唯一的现实性存在，这使得斯宾诺莎的存在和思维两者在根本上都丧失了现实性的存在。

康德和费希特的哲学是以主体原则为线索，从主体的或活动的角度出发来把握抽象个体的个体意识及其能动的活动。康德以"先验自我"取代了笛卡尔哲学的"我思"，他将对外部世界的实在规定纳入主体内部，在作为个体意识的自我意识中构建具有普遍性、必然性意义的客观性质，并将其阐释为现象界可能的主观条件，而具有不可知性的物自体既是现象界的客观条件，同时又构成了现象界的本体基础②，世界的自我冲突表现为现象界与物自

---

① ［德］海德格尔：《面向思的事情》，陈小文、孙周兴译，商务印书馆1996年版，第75页。

② 物自体作为本体基础仍然只是一种由经验获得的抽象设定，但这种经验指的是主客体分离的经验，它使得人与自然相分离，康德正是基于此进一步阐发人的自然的法则或人的知性的法则，区分知性领域的现象界和理性领域的实践。

体的矛盾对立。显然，康德关于主客体的活动原则实则是一种主体对表象的综合过程，其实质是思辨的活动过程。费希特冲破康德的个体意识之主体性限定的关键在于，他将作为对象存在的外部世界也视为主体表象的外在规定，致力将整个感性世界置于理性的统治之下，使得抽象的个体意识无对象可言而成为一种"非存在物"，通过"自我"与"非我"的活动敞开了对整个外部世界的理解。但费希特这种"自我"与"非我"以及由此所推演的外部世界都仅仅是一种被构建了的思想性存在。

前黑格尔哲学形而上学的发展对黑格尔产生了深远的影响，尤其是将主体和客体分离并以抽象主体为核心的哲学观受到黑格尔高度关注。作为德国古典哲学的集大成者，黑格尔在反思传统哲学中推进德国古典哲学。他批判传统哲学的思维方式无法通达主体的精神实质，认为人的理性思维以"自我否定"的运动方式揭开了世界本原的思辨过程，"绝对精神"成为本体思辨与意志决定的最高统摄。在黑格尔那里，"惟有精神性的东西才是现实的"①，其作为精神性实体是一个自在且自为地存在着的存在。与黑格尔之前的形而上学将过程视为机械运动式的过程，并通过彼此相分离的两个环节之间进行转化而形成不同，黑格尔将个体意识的主体的运动过程变成自我意识的外化活动过程，即自我意识外化对象又扬弃对象返回自

---

① ［德］黑格尔：《精神现象学》，先刚译，人民出版社 2013年版，第 16 页。

身的否定之否定的运动过程。"自我"超越抽象个体意识的设定，而作为创造世界一切的绝对主体和本原根据，即绝对精神，整个世界无外是绝对主体外化的产物。可见，黑格尔哲学中无论是主体生成的外在世界，还是主体自身存在的世界，本质上都是思想世界的内容，正如他所说的，"哲学所做的调和工作不是现实的调和而只是在理想世界里的调和"①。黑格尔哲学打破了其之前形而上学抽象个体意识的局限性，克服了实体与自我意识的对立分离，并在自我意识的辩证运动中实现了主体与客体、人与自然的思辨统一，但由于其观念名称下的独立主体未能脱离思维过程的实质，其哲学究其根本仍陷于形而上学的窠臼，绝对精神的"抽象行动"甚至将黑格尔哲学推到了形而上学的体系的极致。正如马克思所指出的，黑格尔的否定性的"自我活动"实则是在"抽象的无内容的形式"中获得了实现，"这就是普遍的，抽象的，适合于任何内容的，从而既超脱任何内容同时又恰恰对任何内容都有效的，脱离现实精神和现实自然界的抽象形式、思维形式、逻辑范畴"②。从这个意义上说，以"无人身的理性"为

---

① ［德］黑格尔：《哲学史讲演录》第 1 卷，贺麟、王太庆等译，商务印书馆 1959 年版，第 54 页。

② 《马克思恩格斯文集》第 1 卷，人民出版社 2009 年版，第 218 页。

表征的黑格尔哲学是"形而上学之一切"①。

在马克思看来，前黑格尔形而上学的根本落脚点在于形式本身，存在主体无论是以具体实体的形式还是以活动主体的形式呈现出来，都始终没有超越抽象个体的范畴。"历史的全部运动，既是这种共产主义的现实的产生活动，即它的经验存在的诞生活动，同时，对它的思维着的意识来说，又是它的被理解和被认识到的生成运动。"②自古希腊时期以来，原初的形而上学表现出主客体直接同一的本质，以一种经验的直观表征感性，其感性的确定性并非真正意义上的感性；中世纪宗教教化功能分离了存在者及其存在的直接同一，为人们得以体验现实提供了可能，中世纪历史进程的被理解和被认识的生成运动过程构成了笛卡尔思想展开的基本前提。在笛卡尔哲学之后，存在与思维才真正被区分开来，③无论是由自我意识的直接确定性所证明的有限事物，还是由有限事物所产生的实体范畴，都被赋予了抽象个体的理解与规定，个体意识与个

①　吴晓明、王德峰：《马克思的哲学革命及其当代意义——存在论新境域的开启》，人民出版社 2005 年版，第 183 页。

②　《马克思恩格斯文集》第 1 卷，人民出版社 2009 年版，第 186 页。

③　思维与存在的关系问题在马克思那里得以统一起来，在马克思看来，二者实际上在个体意识的自我意识内部仍然保持着相互的统一，因为"观念的东西不外是移入人的头脑并在人的头脑中改造过的物质的东西而已"（《马克思恩格斯文集》第 5 卷，人民出版社 2009 年版，第 22 页）。

体存在成了相互脱离的抽象形式，个体意识以其自明性构建了整个现实世界。马克思肯定康德和费希特先验哲学中对人的类存在的理解较之于现实的个人的先在性具有积极意义，但康德将外部世界纳入主体内部的活动并将其抽象为主体对表象的综合，仅仅是从外在性的角度来对待感性问题。

马克思认为，黑格尔已经接近了真理，他抓住了精神和世界同时变化的运动过程，但黑格尔同康德一样将实际情况神秘化了，因为在黑格尔眼中，一切事物如同概念发展的历史一样都只是在精神的层面上抽象地发生，[①] 这恰恰是马克思所反对的。黑格尔试图超越抽象个体的方式并没有获得成功，当他企图以普遍意识超越自我意识以摆脱抽象个体的局限性时，实际上将个体意识片面扩大化为普遍意义上的绝对精神，是以一种普遍的意识统摄个体及外在的一切抽象形式，从而陷入更彻底的形而上学的表征，不仅未能克服个体的抽象性本身，也与历史现实的活动失之交臂。真正现实的活动是感性对象的活动，只有将感性原则和活动原则有机地结合起来，才能领会现实的人的生存之境。黑格尔以原初经验的异化作为自己理论的起点，通过自我意识自在自为的抽象思辨运动的外化展现人的生命活动，而一旦抽掉了一切确定的对象或对对象无所谓的物性（人的一切自然基础）的自我意识，其自在自为的

---

① 参见［英］乔纳森·沃尔夫：《当今为什么还要研读马克思》，段忠桥译，高等教育出版社2006年版，第20页。

展开在根本上是意识认识意识的过程，扬弃只是自我意识以否定的形式返回到其自身，是自我存在与异己存在在普遍精神概念中的运动，结果导致了"独立自主的事物积极地与人对立的世界的虚无性"①，人的真正的感性也在扬弃个体意识中被摒弃了，取而代之的是主体的纯粹抽象。

黑格尔的错误之处在于以一种思辨的、逻辑的概念表达来定性人在感性活动中的自我生成，将具体的、历史的现实性理解为抽象形式的普遍性和必然性，把哲学奠基于抽象的、虚无的绝对精神之上。马克思在《1844 年经济学哲学手稿》中对黑格尔思想的批判与清算可谓淋漓尽致，尤其是"对黑格尔的辩证法和一般哲学的批判"这一部分，深刻揭示了以黑格尔为代表的思辨哲学家们以抽象的思维、意识等精神实体作为哲学的本体论基础，从而颠倒了哲学与现实的关系的根源与实质。如果说，黑格尔哲学是完成了的形而上学本身，那么，作为曾存在过的哲学体系中最完备的体系来说，他在概括了以往哲学的全部发展之余，不外是由纯粹先验的范畴推演转化而成的抽象体系，而"人"也不过是这个意识逻辑范畴的外化而已。

抽象思维范式哲学在整个近代思辨哲学占据着统治的地位，在黑格尔哲学中更是达到了极致。费尔巴哈不认可抽象的思维而诉诸感性的直观，他认为，只有通过感性直观确定自身的思维才是具有客观性的思维。在马克思看

---

① ［德］卡尔·洛维特：《从黑格尔到尼采》，李秋零译，生活·读书·新知三联书店 2014 年版，第 376 页。

来，"费尔巴哈是唯一对黑格尔辩证法采取严肃的、批判的态度的人；只有他在这个领域内作出了真正的发现，总之，他真正克服了旧哲学"①。一方面，费尔巴哈彻底地摆脱黑格尔抽象思辨的哲学前提与逻辑进路，另辟蹊径，将作为自然存在物的人与作为自我意识的人统一起来，以对象性的存在来理解人。费尔巴哈认为，自然存在物既不是与人无关的独立存在物，也不是抽象思维外化了的自在的形式。明确在人的感性基础上而不是在抽象的思维基础上建立人与自然的统一关系，承认人是感性对象是费尔巴哈较之于纯粹的唯物主义的一大优点，而这对黑格尔思维实质的绝对精神自我运动的思辨逻辑而言无疑也是致命的一击。另一方面，费尔巴哈克服了传统唯物主义哲学的束缚，将社会关系即"人与人的关系"确立为其理论的基本原则，因此马克思高度赞赏他"创立了真正的唯物主义和实在的科学"②。然而，费尔巴哈对感性原则的恢复仍然是不全面的，而仅仅停留于一种抽象的恢复，具有明显的局限性。

马克思指出，费尔巴哈"把人只看做是'感性对象'，而不是'感性活动'，因为他在这里也仍然停留在理论领域，没有从人们现有的社会联系，从那些使人们成

---

① 《马克思恩格斯文集》第 1 卷，人民出版社 2009 年版，第 199 页。

② 《马克思恩格斯文集》第 1 卷，人民出版社 2009 年版，第 200 页。

为现在这种样子的周围生活条件来观察人们——这一点且不说，他还从来没有看到现实存在着的、活动的人，而是停留于抽象的'人'，并且仅仅限于在感情范围内承认'现实的、单个的、肉体的人'"①。在费尔巴哈那里，意识与存在的分离对立就是人的类意识与感性之间的分离对立，他将感性当作人的既定的"类本质"（即作为既定的自然存在物的人的类意识的实体），以感性对象的人替换了抽象实体来构建其唯物论基础，却没有看到类意识的感性根源，而只是将类意识设定为某种先在的本质。费尔巴哈基于唯物主义立场超越黑格尔抽象思辨哲学的尝试终究无法成功，问题在于他仅仅以既定个体超越抽象个体、以具体反对抽象，归咎于他对感性对象的把握至多达到了物质存在论的物质个体的批判，抑或是对作为对象的客体精神的否定，未能真正切入感性对象的内涵。从一定意义上说，费尔巴哈的批判武器是一种人的感性直观存在，并不关涉感性的活动，一旦将事物定格于一个静止的状态中予以批判，其本质必然未达至真正的历史，结果是仅仅在抽象形式上获得现实进步，却仍未逃离形而上学的抽象世界。正如马克思所说："当费尔巴哈是一个唯物主义者的时候，历史在他的视野之外；当他去探讨历史的时候，他不是一个唯物主义者。在他那里，唯物主义和历史是彼此

---

① 《马克思恩格斯文集》第 1 卷，人民出版社 2009 年版，第530 页。

完全脱离的。"① 从社会基础之上的现实的人出发，深入劳动过程的内部使得马克思"最终找到一条摒弃人本主义，通向历史唯物主义的道路"②。

通过古希腊哲学到德国古典哲学，尤其是近代思辨哲学的发展脉络可以发现，哲学史上对哲学理论基础多样理解的表现形式几乎都将抽象的思想世界作为唯一的现实基础和其理论根基的本原范畴。然而，以这个阿基米德点所构建起来的哲学体系必然只能停留于形而上学的领地之中，无法触及真正的历史现实。费尔巴哈的人本哲学被视为是对黑格尔及其之前思辨哲学的一大突破，但是费尔巴哈对人的感性直观的界定使得其哲学在某种意义上也遭遇形而上学的陷阱。正如诗人荷尔德林③笔下的诗——"但哪里有危险，哪里也生救渡"，抽象思辨的困境与形而上学的终结之处必定会滋长出破解这种困境的开解之道。将形而上学推向至极的黑格尔思辨哲学以及促使现实世界初见端倪的费尔巴哈人本学同时也为哲学的现代走向指引了新的方向，即抛弃传统知识论体系下的形而上学，将研究对象由精神世界和外部世界转向现实世界，将哲学研究视

---

① 《马克思恩格斯文集》第 1 卷，人民出版社 2009 年版，第530 页。

② 陈先达：《走向历史的深处：马克思历史观研究》，中国人民大学出版社 2010 年版，第 152 页。

③ 荷尔德林（Johann Christian Friedrich Hölderlin，1770—1843），德国诗人，古典浪漫派诗歌的先驱，海德格尔在自己的著作中常常引用其经典诗句。

角由客体性转向主体性。马克思在经历了思辨哲学的困扰和人本学的唯物主义哲学的启发后，敏锐地洞察到思辨哲学解体和形而上学终结的症结所在，通过实践的智慧将被遮蔽的具体的、现实的人解蔽出来，促使被遗忘的现实世界重新"浮出水面"，将哲学从思想的世界真正地转移到现实的世界中来，以辩证的思维打开了"改变"世界的哲学路向。

二、现实世界的实践转向与现实的人的回归

传统的西方哲学由于缺乏对哲学本体论根基的自觉追问和深度挖掘，只能呈现出纯粹抽象世界中的哲学，其要么忽视了哲学与现实生活世界之间的关联性，要么直接颠倒了哲学与现实生活世界的关系。马克思哲学作为人类哲学史上极其重要的一环，开启了现代哲学超越哲学的抽象根基、回归现实生活世界的先河，并在超越和回归中打破了哲学"无根"之源的传统，奠定了"有根"本体论的现代哲学基础。

"在思辨终止的地方，在现实生活面前，正是描述人们实践活动和实际发展过程的真正的实证科学开始的地方。关于意识的空话将终止，它们一定会被真正的知识所代替。对现实的描述会使独立的哲学失去生存环境，能够取而代之的充其量不过是从对人类历史发展的考察中抽象出来的最一般的结果的概括。这些抽象本身离开了现实的

历史就没有任何价值。"① 在马克思哲学中，由思辨终结走向现实世界的开端之处，决不能忽视费尔巴哈对马克思唯物主义思想产生的启示力量，费尔巴哈重建唯物主义的感性直观人本学对马克思产生了深刻的哲学启迪，促使马克思抓住"现实的历史的人"，冲破抽象的迷雾找到了现实的出路——"全部问题都在于使现存世界革命化，实际地反对并改变现存的事物"②。如果说，马克思在《1844 年经济学哲学手稿》中完成了对黑格尔思想的清算，那么，他在 1845 年春撰写的《关于费尔巴哈的提纲》则是他对费尔巴哈和一切旧唯物主义者的彻底批判和集中清算。在《关于费尔巴哈的提纲》中，马克思批判包括费尔巴哈在内的旧唯物主义者对人的主观能动性和实践作用的忽视，从而摆脱狭义认识论上的实践观点，以现实转向的实践阐明辩证唯物主义的实践观。实践构成了"当时及后来马克思的整个哲学观的奠基石和基本视野"③，马克思由此打开了其哲学语境中的本体论维度，以至于《关于费尔巴哈的提纲》被恩格斯誉为"作为包

---

① 《马克思恩格斯文集》第 1 卷，人民出版社 2009 年版，第 526 页。

② 《马克思恩格斯文集》第 1 卷，人民出版社 2009 年版，第 527 页。

③ 何中华：《重读马克思——一种哲学观的当代诠释》，山东人民出版社 2009 年版，第 165 页。

含着新世界观的天才萌芽的第一个文献"①。

马克思指出，"被抽象地理解的、自为的、被确定为与人分隔开来的自然界，对人来说也是无"②，抽象直观自然界的思维者在旧的唯物主义中仅仅是对与人及其存在无关的抽象规定，而不是对人的现实存在的规定。费尔巴哈对感性对象的理解，恰恰显现出一位抽象思维者对具体现实的直观体验。费尔巴哈在等同意义上理解真理性、现实性和感性，将具有现实性的事物视为感性对象的现实事物，一切现实的东西的现实事物即为感性事物。如他所说，"只有一个感性的实体，才是一个真正的，现实的实体。只有通过感觉，一个对象才能在真实的意义之下存在——并不是通过思维本身"③。费尔巴哈以人与自然的关系为切入点，试图回归现实重新构建思维与存在的关系。以唯物主义的视角探索人的本质，使得他与庸俗唯物主义者区别开来；但是，当他试图将人的"自然性"转化为"社会性"理解时，却未能切入人的社会历史活动及其具体的社会关系之中深入人的本质，尤其在阐发人的类本质问题时，他的直观唯物主义哲学基础在人类学意义

---

① 《马克思恩格斯文集》第 4 卷，人民出版社 2009 年版，第 266 页。

② 《马克思恩格斯文集》第 1 卷，人民出版社 2009 年版，第 220 页。

③ ［德］路德维希·费尔巴哈：《费尔巴哈哲学著作选集》上卷，荣震华、李金山等译，商务印书馆 1984 年版，第 166 页。

上陷入形而上学的自相矛盾中，其实质仍是对旧唯物主义抽象规定的具体阐释，以至于被马克思评价道，"和黑格尔比起来，费尔巴哈是极其贫乏的"①。

要从根本上变革旧的唯物主义的观点，就必须打破主客体对立思维的模式，重新确立对"物质"的敞开视角。在《关于费尔巴哈的提纲》中，马克思直接扬弃了物质的概念范畴，以实践取代了抽象的物质并将其作为整个哲学的逻辑前提，将人本身的活动视为对象性活动而不是消极的感性直观存在。在他看来，自然唯物主义者直观的感性成为他们反对唯心主义思辨逻辑最有力的武器（如费尔巴哈反对黑格尔的思辨哲学），但倘若直观感性在人们面对自然对象时还有一定的说服力的话，那么，当面对社会历史和人类生活时，自然唯物主义者便将一败涂地，要么陷入简单的唯心史观，要么蜕变为对社会生活中实体性物质的直接指认，② 其根本原因在于，他们无法领会到"全部社会生活在本质上是实践的"③。

尽管费尔巴哈对宗教神学的否定和批判获得了马克思的高度赞赏，马克思甚至将其视为"在黑格尔以后起了

---

① 《马克思恩格斯文集》第 3 卷，人民出版社 2009 年版，第 17 页。

② 参见张一兵：《回到马克思——经济学语境中的哲学话语》，江苏人民出版社 2009 年版，第 334 页。

③ 《马克思恩格斯文集》第 1 卷，人民出版社 2009 年版，第 501 页。

划时代的作用"①，但马克思也犀利地揭示出费尔巴哈人本主义哲学致命的缺陷，主要包括以下三个方面：第一，费尔巴哈在人与自然的关系中仅仅看到了感性直观的、自然的客观性，将真理性、现实性直接等同于感性，忽视了实践的能动性与客观性的统一及感性的社会历史性特征，不能将感性直观到的事物置于动态发展的历史范畴之中来审视对待。第二，费尔巴哈将"实践"概念同"主观""直观"等概念理解混淆起来，没有在社会性维度上赋予"实践"应有的内涵，反而为"实践"概念被滥用于唯心主义的抽象思辨中创造了可能，这种认知上的不足必然使得他难以将现实历史的元素嵌入其哲学革命中去，使其所谓的"革命"终究在历史观上必然走向唯心主义的境地。第三，费尔巴哈以感性的直观将黑格尔的抽象思辨颠倒过来，认为颠倒了黑格尔的思辨哲学就能回归到现实世界从而达至真理，正如他所言，"只有那通过感性直观而确定自身，而修正自身的思维，才是真实的，反映客观的思维——具有客观真理性的思维"②。但费尔巴哈并没有如其所愿在否定与颠倒中实现对黑格尔的超越，相反，他完全拘执于黑格尔所反对的东西。他把宗教与唯心论本质还原为人的本质，却未察觉到这实际上与现实的直观、思辨

---

① 《马克思恩格斯文集》第 3 卷，人民出版社 2009 年版，第 17 页。

② ［德］路德维希·费尔巴哈：《费尔巴哈哲学著作选集》上卷，荣震华、李金山等译，商务印书馆 1984 年版，第 22 页。

视野中的对象一样，仍然是抽象层面的展开。

　　戴维·麦克莱伦（David McLellan）曾在评价费尔巴哈学说时指出，费尔巴哈肯定没有低估实践活动的重要性，尤其在《宗教的本质》和《未来哲学原理》中阐述多灾多难的现实人间并要求合群聚众谋求一个更好的生活时，实践的观点无不显露出来，但问题在于费尔巴哈从未实行过这一思想路线，也未能对何为适合时宜的实践活动做出明确的回答。① 因而，未能真正领悟到哲学的实践品格以及实践的现实意义，使得费尔巴哈的人本哲学与其说是思想世界向生活世界回归的始端，不如说他放弃了用实践改造世界的应有之义，而不过是用另外一种方式"解释"世界而已。马克思对费尔巴哈的批判表明，他精准指认出全部形而上学哲学的根本症结所在。

　　马克思关注现实世界的首要任务就是肃清实践的抽象内涵，在此基础上展开对社会实践的全面阐释。在马克思看来，抽象的物质并不能真正反映现实世界，人的现实存在的历史境域是意识形态的根源所在，而实践是人的现实存在的打开方式和全部内容，人的现实存在实质上是从实践中获得后凝练而成的。因此，只有立足于现实的存在所表征的实践才能真正地超越解释世界的范畴，切实地改造世界。马克思对实践范畴的把握抛弃了黑格尔的思辨唯心主义、超越了费尔巴哈的直观抽象，其创新之处在于：彻

―――――――――

① 参见［英］戴维·麦克莱伦：《青年黑格尔派与马克思》，夏威仪、陈启伟、金海民译，商务印书馆1982年版，第119－120页。

底摒弃了以静观的方法关注自然，看到从人本主义引申出来的实践概念的缺陷和局限性，强调回到人的现存生活世界中的社会经济关系、阶级关系来考察人及其所处的经济社会的历史发展，从而在具体的历史范畴和历史向度中把握实践的概念。在人与自然、人与人的关系中，实践既表现为人的能动的物质生产活动，又表现出特定历史阶段人类发展的特殊性，即人的主观能动性和创造性的发挥和发展与具体历史条件下自然与社会对人的活动的制约之间的张力状况。在《德意志意识形态》中，马克思、恩格斯引入生产力和生产关系范畴（即"交往关系"）进一步阐释实践的观点，揭示了物质生活条件和历史进程中现实社会关系的变革与制约问题。同时，他们在《德意志意识形态》中更是从人生产生活资料和生产物质生活本身的活动过程对于人自身、人的历史以及现实世界所具有的本体论意义等方面充分阐明了人的生存活动何以构成其哲学本体论的理论基础。

在这种哲学本体论视域下，马克思的实践观否定了一切观念本体论前提的活动，也否定了抽象物质本体论或人的抽象本体的理解。实践是在一定社会关系下人与环境、主体与客体的双向互动并实现二者相统一的能动的物质生产和生活过程。实践不仅是有别于人的纯粹的思想活动的感性活动或对象性活动，更为重要的是，这种活动受到了人之外的客观物质条件的制约和决定。① 它表现出实践所内含的特性：既具有能动性，又具有受动性；既是自由的，又是必然的。

马克思的实践转向潜含着一个呼之欲出的重要问题——现实的人的回归。在《德意志意识形态》中，马克思从现实的前提出发，将现实的人的存在勾勒得更加具体、鲜明。他认为，唯物史观的前提必须是"现实的个人"，这些"现实的个人，是他们的活动和他们的物质生活条件，包括他们已有的和由他们自己的活动创造出来的物质生活条件"②。"现实的个人"并不是宗教意义上的"原人"或"神人"，而是有生命的个体的存在，是自然中活生生的、活动着的人。马克思从批判那些人们所说的、所设想的东西，或者那些被抽象出来的、处于静止状态中的人出发，强调人是一种"有血有肉"的具体存在，这既是直面表征从天国降到人间的神学家的"神造说"、唯心主义哲学家的"精神异化""自我意识""唯一者"等，也是针对旧唯物主义者的直观抽象。

马克思指出，在现实世界中的人"不是处在某种虚幻的离群索居和固定不变状态中的人，而是处在现实的、可以通过经验观察到的、在一定条件下进行的发展过程中

---

① 参见张一兵主编：《马克思哲学的历史原像》，人民出版社2009年版，第228页。

② 《马克思恩格斯文集》第1卷，人民出版社2009年版，第519页。

的人。只要描绘出这个能动的生活过程，历史就不再像那些本身还是抽象的经验主义者所认为的那样，是一些僵死的事实的汇集，也不再像唯心主义者所认为的那样，是想象的主体的想象活动"①。人总是处于生产力所需要的一定发展阶段上的交往之中，人的生存与发展取决于同他产生直接或间接交往关系的其他一切人的发展，"每个人的自由发展是一切人的自由发展的条件"②。正是人的这种相互关系的具体展开构成了全部的社会生活，生成了人类社会发展的历史。换言之，人的本质是自由自觉的活动，人类社会发展的历史最主要的内容和最根本的目的就是现实的个人通过社会实践不断形成、发展、实现其自身的能力和自由的历史，社会实践是具体的、历史的人类社会主体及其活动的全部内容。在现实的世界中追问人的本质是现实的人的回归的根本显现。

人在现实的世界寻得本身的存在始源、存在意义和存在价值，是现代哲学最崇高也是最根本的要义所在。马克思将现实的人的感性活动（即实践）视为人"本源性"的生命存在活动的方式，也即人的生存活动，自由自觉的活动作为人的本质，构成马克思哲学的本体论基础。马克思正是在批判传统哲学的思辨性与抽象性的过程中揭开了

----

① 《马克思恩格斯文集》第 1 卷，人民出版社 2009 年版，第 525－526 页。

② 《马克思恩格斯文集》第 2 卷，人民出版社 2009 年版，第 53 页。

传统哲学思想世界的神秘"面纱"，破除和瓦解了整个思辨哲学体系，促使形而上学走向历史的终结点，并在此过程中将哲学的触角转向现实世界的实践以及现实的人，打开了现实生活世界的新的哲学领域，开辟出一条哲学回归现实的道路。

马克思哲学观作为人类哲学思想史链条中具有重大意义的一环，是以宽广的胸襟包容来扬弃在他之前的一切哲学思想，完成了人的复归和人的解放的伟大使命。这也决定了马克思的哲学视域中的主体内涵实现了时代中的历史转换：由"既成的人"转化为"生成的人"，由"解释者"转化为"创造者"；其哲学重心也随之从"知识论"转变为"生成论"，从"解释世界"转变为"改变世界"。至此，整个现代哲学在马克思的牵动下，将关注的焦点转移到现实的生活世界中，而人的问题及其历史命运问题成为哲学探究永恒的核心对象。

第三节　实践哲学转向及异质哲学形态

马克思和海德格尔的哲学思想分别形成于不同时期，与其说他们的哲学反映的是其二者的思想，不如说是对他们所处时代精神的写照。19 世纪以来，西方资本主义社会工业革命的进程推动世界发生了翻天覆地的变化，生产力、科学技术在为人类创造巨大物质财富和精神进步的同时，也为人类自身的发展埋下了技术理性、资本强制等潜在的危机因子，为整个现代化奠定了一个基本的时代基调。马克思和海德格尔两位思想家以不同的方式为各自所处的时代给予深切的关注，由此形成了同中有异的哲学道路与哲学形态。

一、非形而上学对"新"唯物主义的拷问

马克思哲学不是一种高呼一切而又虚无缥缈的学说，而是着眼于人的现实存在并致力于破解人的现实困境之道的学说。马克思选择了一条将哲学由人间上升到天国、由思想的彼岸回归到现实此岸世界的探究道路，坚决与一切怀揣形而上学情结的唯心主义哲学彻底决裂，旨在使人回归其自身的价值和意义，现实的人的实践构成了马克思哲学道路成功转向的逻辑起点。海德格尔洞察到以往形而上学的哲学史中对"存在"问题的探究停留于对存在者的追问层面，作为存在之真理本身始终处于被遮蔽着的状态。他以"回到事情本身"作为其哲学追求源源不断的动力，透视西方传统哲学史对主体性探索的流变，揭示其看似对存在之根据的追问实则却是游离于存在者所谓的合法性根据，力图超越形而上学的语言与形式框架来把握存在。他始终走在返回思之无蔽的林中路上，形成了独到的诗思相拥的哲学之路。将马克思与海德格尔两者哲学对传统哲学的立场与态度进行比对，可进一步窥探其哲学道路和哲学形态的异同之处。

马克思哲学与海德格尔存在哲学都对传统形而上学持鲜明的反对态度，分别在不同的视域中实现对传统形而上学的批判与颠覆，同时，两者以不同的方式表达其各自的

批判意图与哲学意蕴。如果哲学的终结意味着一个时代在形而上学意义上的完成，那么，马克思对传统形而上学的挑战与批判意义并不在于试图以一种超脱性的"疯癫哲学"来对抗现实世界与思想世界被颠倒了的关系，而是在于超越主体性哲学传统，从而形成一种非形而上学思想的可能性。① 以哲学的方式还原当下性、切入现实性是马克思哲学的根本出发点，因而他对传统形而上学的颠倒不是简单地对某种观念或思想的批驳和颠倒，也不是纯粹用某种立场（唯物主义）来否定与之相对立的另一种立场（唯心主义），而是要揭示一切立场和流行观念的症结与弊病所在并与之彻底决裂，从而在社会现实的基点之上开辟一个崭新的哲学境域，打破形而上学的神话泡沫。海德格尔在对传统形而上学的批判态度上与马克思同样坚决，他在《存在与时间》中将矛头直指传统主体性形而上学，在分析此在的生存中窥探存在及其意义，其根本旨趣在于揭示形而上学所遮蔽的世界构成与生活方式。

　　尽管马克思与海德格尔对传统形而上学的批判落脚点都落至历史—时间维度之上，在某种程度上具有一定的一致性，但是二者批判方式和逻辑路径却不尽相同。马克思从对德国思辨哲学尤其是以黑格尔为代表的思辨哲学的批判以及对费尔巴哈人本学的批判两个层面展开其哲学运思路径，他站在"历史"之中，既反对将人与现实存在和

① 参见张文喜：《颠覆形而上学——马克思和海德格尔之论》，中国社会科学出版社 2004 年版，第 4 页。

人的本质分离开来，又反对脱离了历史的朴素直观且消极被动的抽象主体，在此基础上强调要在现实生活世界的真实展开过程（历史）中复归现实的人的主体意义。在这一批判过程中，马克思贯穿表达其宗教批判与意识形态批判，不仅表现了对传统一切思维方式的批判，而且展现出对哲学做出一般的新的规定的魄力，即关涉到对思维与存在、主体与客体、自由与必然等关系的重新规定。海德格尔对传统形而上学的批判突出地表现在，他在对主体性哲学中的"主体"的层层逼问①过程中，将此在（人）的存在问题、人的生存境遇问题上升到其理论的优先地位，把"时间"延伸到他所讨论的所有境域中来阐释对存在的一般性领悟。他在现代技术进步的世界之中思考此在的天命，显现出一种消极忧虑的悲观情怀。海德格尔对传统形而上学的批判路径表面上看与马克思相类似，实则不然。这种在思的境域中对传统形而上学的绝对定性、颠覆批判的哲学路径，不免低估了现代唯物主义（马克思哲学）的变革意义，也使其哲学面临形而上学的危险。

二、感性活动对此在生存的诘难

马克思哲学中有根的本体——现实的人的实践本

---

① 值得注意的是，海德格尔在对主体哲学的层层逼问中，将马克思哲学列入与尼采哲学相提并论的行列进行批判，甚至认为马克思将虚无主义推到了极致。在海德格尔看来，马克思所强调的无产阶级群众力量也陷入了他所批判"主体"之中。

性——与海德格尔哲学中难以捉摸的虚无存在构成了两种生存论上的鲜明比照。马克思以自由自觉的感性活动区分了人与动物，以生产劳动的实践本性来发掘人作为主体的本质归属，在社会关系的"网络"内阐释现实的人的本质。基于唯物史观视域审视当下的现代特性，他发现了走出思辨逻辑的阴霾、摆脱黑格尔思维泥潭的必由之路，唯有回到政治经济学语境中考察人的活动，才能使形而上学的怪圈在政治经济学立场的展开中变得黯然失色并逐渐消退。

在马克思看来，生产劳动是最基本的感性活动或对象性活动。他指出，"当现实的、肉体的、站在坚实的呈圆形的地球上呼出和吸入一切自然力的人通过自己的外化把自己现实的、对象性的本质力量设定为异己的对象时，设定并不是主体；它是对象性的本质力量的主体性，因此这些本质力量的活动也必定是对象性的活动"①。显然，马克思所涉及的外化、对象性、主体性等概念都可以在近代哲学中找到其来源，但他并非在近代哲学的意义上使用这些概念，而是重新赋予它们新的内涵。

马克思的外化并不是黑格尔意义上的"意识"外化，而是指向"对象性的存在物"。这里包含相互印证的两个层面的内涵：其一，作为劳动主体的人是现实的活生生的人，人本身作为感性存在物，既是具有生命力的能动的自然存在物，又是受到制约与限制的对象性存在物，体现自

①　《马克思恩格斯文集》第 1 卷，人民出版社 2009 年版，第 209 页。

然性与社会性、主动性与受动性的辩证统一，其在根本上不同于黑格尔的抽象的普遍概念的自我意识，抑或是费尔巴哈的感性直观上的自然人。其二，劳动作为实践活动是现实的人的对象性活动，也是一种自由的有意识的活动，是人的本质力量对象化。对象性的活动不仅确证了现实的人的本质力量，而且将对象性的东西纳入人的主体性之中，使得人的存在与对象性的东西达至统一。人的本质力量得以实现对象化，源于人的本质规定中包含了对象性的东西；而人之所以能够创造或设定对象，在于人本身就同属于自然界，是被对象所设定的。人之为人的本性为其对象性活动提供了可能，同时也是对象性活动的必然结果。人的主体性并非表征着人的自我设定，而只是体现了人在对象性活动中的现实表现。因为在对象性活动中，"并不是它在设定这一行动中从自己的'纯粹的活动'转而创造对象，而是它的对象性的产物仅仅证实了它的对象性活动，证实了它的活动是对象性的自然存在物的活动"①。

尽管马克思对黑格尔的批判仍然无法完全规避黑格尔核心范畴中基本概念的影响，但马克思业已严明表达了其"对象性"概念与黑格尔将对象化与异化混为一谈的根本界限，而且正是对象性的活动在其本质中冲破了意识内在性，打破了黑格尔"自我意识—自我意识外化—自我意识"的抽象逻辑运动。感性对象性的活动使得人的存在

---

① 《马克思恩格斯文集》第 1 卷，人民出版社 2009 年版，第 209 页。

问题的追问与思考从抽象范畴回到现实世界，不仅揭示了人与自然、人与人之间的关系，而且展现了人的生存活动的历史性维度。马克思抓住了资本主义存在方式的深层桎梏，既看到作为社会存在物的人废弃对象性世界一切旧形式的自我实现，是在新的历史条件下人的实践的必然结果；又在深度剖析现代性的前提下，比黑格尔更为深刻地揭示了工业社会中，人的实践活动的历史性表现实质上是一种异化形式。异化劳动视角的打开，不仅从历史经济事实的角度论证了人作为自由自主的感性类存在物的属性，更进一步强调人这种存在物的社会性和历史性，马克思尤其犀利批判了资本主义私有制下异化劳动使得人遭受奴役、人性遭遇泯灭的特殊境遇。

海德格尔哲学也构建了实践与存在者的存在之间的某种关联（存在者对存在之领会），以此来阐明此在的生存，但其存在主义哲学体系中显现出的理论自觉过于强调从纵深视角去追思存在者背后的存在，依靠理论自觉来牵引现实的实践显然是欠妥的，更遑论转化为现实性力量，改变其所处时代的社会现实危机。存在者之存在是海德格尔哲学最为核心的问题之一，却由于其神秘性和不可触及性而缺乏现实性基础。海德格尔的生存论尽管从根本意义上改变了传统哲学"人是什么"而转向"此在如何生存"的探究路径，但他所关注的此在的生存方式，由于其生存论、存在论视角的洞察深入社会历史现实的研究之时，却又逐渐返回抽象的领域，他青睐于在思之中寻找根基点使得此在的人对现实渐行渐远。遗憾的是，海德格尔没能领悟到马克思哲学的精华墨宝:"哲学家们只是用不同的方式解释世界,问题在于改变世界。"①

此外,从两种不同转向的道路方式而言,马克思具有批判性、革命性的哲学道路与海德格尔澄明之境的哲学追思所体现的差异性也彰显出两种不同的哲学意蕴。马克思由抽象思辨到对人的本质诉求的哲学转向,既不是一场纯粹意义上的思维运动或理论革命,也不是一场与众多智者之间的"逻辑游戏"。马克思哲学超越了西方哲学仅仅在思维与意识二元对立的运动斗争中批判性继承的纯粹性和局限性,打破从纯哲学的层面上来看待问题、思考问题的局限,既对抽象思辨和一切形而上学的唯心主义展开批判,又在批判性视野下发掘传统哲学中对现代性问题的可能裨益。他将哲学的思考放置于人类社会之中,立足于现实的社会矛盾,以一种社会批判理论的哲学姿态来反观自身,将对传统形而上学的批判与对现实生活的批判紧密结合起来,规定了马克思哲学绝无仅有的独特性——"哲学"与"非哲学"相统一的思维方式。这种双重性质的哲学运思方式折射出马克思深沉的哲学意蕴:作为追求人的自由与解放的学说,马克思哲学将理论与现实深度融合于一身,其本质上的批判性和革命性彰显出其哲学深刻的规范意识、强烈的现实特性和丰富的历史内涵。海德格尔的哲学对先验的主体性哲学予以犀利的揭露和批判,目的

① 《马克思恩格斯文集》第 1 卷,人民出版社 2009 年版,第 502 页。

在于指出传统哲学中对真正"主体"的遗忘，以此在之生存为切入点对存在本真意义的澄明与显现展开哲学之问。在思之无蔽的途中，海德格尔强调存在者与存在之间的本质差异，当他指出此在的人在现实中去生存，这看似将其理论的根基确认为奠基于现实世界之上，但从理论的深层次上看，显然他的兴趣聚焦点不在于纯粹现实的矛盾。他对存在的澄明以及对存在本真意义的呈现沉思，是通过此在对存在的领会而得以实现的，自始至终没有离开"思是""思如何是"的思的范畴，没有将其理论与现实生活的具体存在状况始终贯穿联系起来，而仅仅是在现实中发现问题，便坠入思的境界之中寻求答案。海德格尔哲学道路以及由此而形成的哲学形态不禁让人惋惜：他的哲学之路在形式上矗立于现实之内而实质上又游离于现实的门外，终究还是回到形而上学的边缘徘徊。

马克思与海德格尔在批判传统形而上学时异曲同工地指出，传统形而上学对终极根据的追寻陷于主客体二元对立的思维范式之中，并致使其将哲学主题遗忘于思想的世界中。马克思与海德格尔通过转化抽象概念及其逻辑演绎，回到生活世界敞开对人的存在问题的关注，表现出一种对人的生命存在、人的生活世界以及对人的自由本性的崇尚与期望，在各自的哲学求索之道中彰显对人的生存与发展以及人类命运未来的深切关照。当马克思与海德格尔以各自的运思方式展开对终极问题的探索时，马克思关于社会生存的"存在"本体与海德格尔关于"存在"的思想，由于对物质性现实世界及其动态变化的特性的重视和把握，甚至使得两种异质思想表现出某种相似性。^① 但两者的区别在于，马克思在追问存在的方式上拒斥任何抽象形式的可能，而海德格尔探究存在及其意义的晦涩表达仍难以褪去海德格尔式的神秘色彩而致使其所追问的存在失去现实的根基。

① 参见张文喜：《海德格尔的生存论境遇和"新"唯物主义》，《文史哲》2003 年第 3 期。

第三章　理想与现实：哲学视野的显现

哲学的命运是特定时代下人的生存境遇及其生活世界状况的现实表征，哲学的主题与视野同样伴随时代变化，紧扣人与社会发展的命运。马克思和海德格尔所生活的时代社会正处于资本主义的转型发展时期，因此不可避免地使得近现代哲学蒙上转型时期的色彩。从工业革命时代到科技革命时代的飞跃，人类力量的增长以前所未有的惊人速度推动着世界的发展。随着资本主义文明的纵深推进，科学、资本与帝国交互作用，成为现代世界历史发展最重要的动力引擎。资本主义生产机制在技术与政治的嵌入下更加肆无忌惮地显现其扩张本性与对人的深沉迫害，反思现实世界的巨大变化及其所招致的人的生存困境并寻求引领现实的破解之道是哲学所肩负的时代使命。较之于经院哲学以纯粹主观确定性来试图解释一切的抽象思辨本性，批判性与建构性成了现代哲学的突出特征，并在不同哲学家的思想中展现出其各有侧重的哲学视野。马克思以人类解放为核心主题和哲学视野展开其批判性与建构性相统一的哲学革命；而海德格尔以世界的四重整体为视野追问存在及其本真意义，探索现代性中人类命运的拯救之路。

第一节　海德格尔世界四重整体的存在之维

从未停下探究存在问题的步伐是海德格尔思想始终焕发活力的原因所在，"存在的意义"构成其哲学的全部目标。海德格尔以存在及其意义作为整个哲学的主题和主线展开追问，同时潜含着另外一条线索，即对真理（"无蔽"）的追问，"追问'存在的意义'就是追问'存在的真理'"[①]，这二者在根本意义上是一致的。

海德格尔没有寻得一条直接通往存在者之存在的捷径，而是踏上了一条迥异其趣而又在转向中一脉相承的存在之思的探索之路。他紧密围绕"存在之本真意义"的主题，在存在之境的澄明过程中通过不同的论题展开探究，这些论题涵涉存在者、此在、话语、时间、空间等，并在四重整体的广阔视野中展开其内在的关联探索。海德格尔指出，此在之存在的本质在世界现象的展现中，无论从作为"在世界之中存在"（此在）环节之一的世界及其意蕴整体（世界结构）到逾越生存论的天地神人的四重整体存在之维的世界，还是从不同向度的此在世界、周围世界、艺术世界、技术世界、语言世界等来透视存在，所有论题之间的关联性以及它们与存在之间的关联性都无法

[①]　王庆节：《解释学、海德格尔与儒道今释》，中国人民大学出版社 2004 年版，第 74 页。

脱离世界的存在境域，无法超逾世界的范畴。

从哲学观的角度上看，海德格尔对存在之境的学术追求以及世界四重整体的存在维度共同构成了他探究存在的哲学视野。海德格尔明确其哲学的核心问题和基本观点，在由作为存在者的此在到存在转变，再到在存在者之存在中问询存在的过程中，以世界现象作为一切存在者的存在源地，在作为终有一死者的人与时空的交叉变换中的世界图像敞露出现代之本质，最终在世界四重整体的存在之维中找到了存在者栖居之所在，发现了此在的人不是世界的中心，而是四重整体中的一元，由此将人的绝对主体性下降到四重整体之维中，与天、地、神相互通达、协调共在的地位。在海德格尔四重整体之维的视野下，此在之存在得以昭然呈现。

一、海德格尔对存在澄明之境的学术追求

对海德格尔来说，对存在问题的执着追寻充分凝结并展露出他的智慧结晶。在哲学的境域里，他在应然和实然之间展开了一场智力鏖战，在诗与思的存在之路中谱写了他不平凡中透露着传奇色彩的哲思人生。

1907年，海德格尔收到他的老师孔拉德·格勒贝尔送给他的一本书——布伦塔诺的博士论文《论亚里士多

德那里存在者的多重含义》（1862 年）①。这本在当时的人们看来并不起眼的小册子却深深吸引了年仅 18 岁的海德格尔，也间接搭建起海德格尔与胡塞尔的最早关联。他反复研读了这篇论文，困扰于"什么是存在""如果存在者有多重的含义，那么哪一种含义是它的主导的基本含义"等问题。海德格尔眼中的这种对存在问题"笨拙地尝试去钻研"②却最终为其穷尽一生探索存在哲学奠定了基调。

在《我进入现象学之路》一文中，海德格尔将其早期通过现象学关注存在问题的探索之路做了回顾和梳理。1909 年，海德格尔进入弗莱堡大学神学院，开始了学院神学的学习。然而，他并没有安分地将全部精力投入枯燥乏味的神学学习之中，而是将足够的时间留给在学习计划

---

① 哲学家布伦塔诺是胡塞尔的老师，他执着于对上帝存在形式问题的研究，在探讨主观表象、物自身存在及"意向性对象"的区别和关联中把握世界及在其中的人同上帝的关系，并试图通过对亚里士多德存在概念的研究构建一个思想性区域，以完成他的信仰论证，也为后来的现象学规划大纲奠定了基础。海德格尔沉迷于布伦塔诺的博士论文又受困其中，促使他追问思考存在是否具有本原意义，也为其尔后的现象学研究深深埋下种子并产生持久深远的影响（参见［德］吕迪格尔·萨弗兰斯基：《来自德国的大师——海德格尔和他的时代》，靳希平译，商务印书馆 2020 年版，第 37 - 39 页）。

② ［德］马丁·海德格尔：《面向思的事情》，陈小文、孙周兴译，商务印书馆 1996 年版，第 90 页。

之内的哲学研究。其间，胡塞尔的哲学巨著《逻辑研究》几乎成为他唯一的精神食粮。他将《逻辑研究》作为案头必备的书籍反复研读，企图从中深入伦塔诺论文中所引起的思想性区域问题中，以解除自己的困惑。由于在研究方法上的缺陷，海德格尔没有如愿以偿地得到他苦思冥想所期待的答案。于是，海德格尔决然放弃神学的学习，完全投身于哲学研究之中。在被海德格尔称为"激情的年代"的几年里，他阅读了大量哲学家们（如尼采、康德、黑格尔、谢林等以及中世纪时期哲学家）的著作，广泛了解人文科学和自然科学的重大成就，在现实中又深受当时著名的哲学家海因里希·李凯尔特、埃米尔·拉斯克及马克斯·舍勒等人思想的影响，使得他在对胡塞尔的著作的反复钻研中获得进一步的理解。胡塞尔在《逻辑研究》中所拒绝的认识论和逻辑学中的心理主义已被海德格尔所接受，但是他又一次陷入了困惑：倘若胡塞尔的意识现象学描述回到了他所批驳的心理主义立场上的迷误是成立的，那么究竟什么才是意识行为的现象学描述？究竟何为现象学，其特点又是什么？[①] 直至 1913 年，在胡塞尔编撰的《哲学与现象学研究年鉴》中，海德格尔才初步得到答案：作为哲学基础科学的现象学以"意识体验"为主题范围，对经验行为的结构的规划研究与其经验行为中被经验的对象研究在现象学研究中达成一致

------

① 参见［德］马丁·海德格尔：《面向思的事情》，陈小文、孙周兴译，商务印书馆 1996 年版，第 92 页。

性，并使得先验主体的主观性进入更为始源和普遍的可规定性中。

尔后，海德格尔获得了弗莱堡大学的哲学博士学位，并于 1915 年开始了其哲学的教学生涯，其存在思想在其授课资格论文《邓·司各脱的范畴和意义学说》中已初见端倪，其中他尤为关注存在者的存在及存在与语言的关系问题。1916 年 4 月，胡塞尔来到弗莱堡接任李凯尔特的教席，海德格尔有了与胡塞尔直面交往的机会，也在经过多次徒劳无功的努力后才与胡塞尔进行个人交谈并在交往中艰难地消解了在他看来"混乱的思绪"，慢慢减少了对现象学的困惑。他进一步了解亚里士多德作品中的思想以及亚里士多德与其他希腊思想家的哲学思想关联，继而在反思探索《逻辑研究》的感性直观和范畴直观的过程中，更深入地思索"存在者的多重含义"①。

海德格尔在马堡大学时期是其最富突破性的学术成果生产时期。《存在与时间》《康德和形而上学问题》《形而上学是什么?》以及《论根据的本质》等著作相继问世。其中，《存在与时间》的写作可以追溯到 1923 年，它凝聚了海德格尔思想最重要的努力。在弗莱堡大学后期，由海德格尔主持的高年级学生对《逻辑研究》的讨论尽管没有获得胡塞尔的赞赏和关注，但是这对他真正地走入"存在"来说是非常有收获的，他意识到，现象的自我显现可以回

---

① 参见［德］马丁·海德格尔:《面向思的事情》，陈小文、孙周兴译，商务印书馆 1996 年版，第 94 - 95 页。

溯到古希腊那里更源始的"无蔽"或"解蔽"。在海德格尔看来，这些讲学以及后来在马堡大学的讲学为他间接指明了存在的道路，正如他所说，"通过现象学态度的昭示，我被带上了存在问题的道路"，而"这条追问之路比我所料想的要漫长，它需要经过许多停顿、迂回和歧途"。①

在《存在与时间》中，海德格尔第一次系统地对"存在"问题展开阐述，并以时间为地平线探寻存在的本真意义，认为"时间吞噬了存在，而存在又只有在时间中方能显现出来"②，力求走进存在的澄明之境。对时间性的思考也使得海德格尔原来所提出的关于存在意义的问题获得全新理解。海德格尔对存在意义的追问从语义的视角出发，认为任何科学都是对各自确定领域的存在者进行研究的，其对对象的研究过程内在隐藏着某种"区域本体论"，都以各自的方法考察现实研究中的相关联系，实质上都是方法论—语义性的探讨，没有真正把捉到其背后的"存在"。他指出，"存在"与"存在者"具有本质差别，哲学思想史上的千年之蔽正是拘囿于对存在者的追问而对存在遗忘才深陷于无根本体论的泥潭，他试图极力唤醒人们关注存在问题本身。存在是存在者的存在并属于存在者，存在者存在，但存在者却绝非存在。"如果我们确

① ［德］马丁·海德格尔：《面向思的事情》，陈小文、孙周兴译，商务印书馆1996年版，第82页。
② 王庆节：《解释学、海德格尔与儒道今释》，中国人民大学出版社2004年版，第59页。

实应该突出地提出存在问题，并且充分透视这个问题，那么，依照前此所作的说明，可以知道：要想解决这个问题，就要求把审视存在的方式解说清楚，要求把领会意义、从概念上把捉意义的方式解说清楚，要求把正确选择一种存在者作为范本的可能性准备好，把通达这种存在者的天然方式清理出来。审视、领会与形成概念、选择、通达，这些活动都是发问的构成部分，所以它们本身就是某种特定的存在者的存在样式，也就是我们这些发问者本身向来所是的那种存在者的存在样式。因此，彻底解答存在问题就等于说：就某种存在者——即发问的存在者——的存在，使这种存在者透彻可见。作为某种存在者的存在样式，这个问题的发问本身从本质上就是由问之所问规定的——即由存在规定的。这种存在者，就是我们自己向来所是的存在者，就是除了其他可能的存在方式以外还能够对存在发问的存在者。我们用此在〔Dasein〕这个术语来称呼这种存在者。存在的意义问题的突出而透彻的提法要求我们事先就某种存在者〔此在〕的存在来对这种存在者加以适当解说。"① 在《存在与时间》里面的这段长句中，海德格尔详细清晰地阐明了其如何提出存在问题并分析二者的区别及其关系的基本过程。追问存在必须着眼于存在着的存在者，从分析发问者即此在为起点来展开整个"线索"逻辑，还必须关注从此在与其他存在者之间的差

---

① 〔德〕马丁·海德格尔：《存在与时间》，陈嘉映、王庆节译，生活·读书·新知三联书店 2006 年版，第 9 页。

异性来明确此在作为特定的存在方式。海德格尔将其对存在意义的追问视为生存论，他以"生存论性质"与"范畴"的概念作为根本区别，来区分此在的存在和非此在式的存在。在这个过程中，他通过意向性理论和现象学方法，对他之前的哲学家形而上学的"存在之思"进行了彻底的清理，逐渐构建起一种全新的认识论。

在厘清了存在问题的基本概念之后，海德格尔走向存在的澄明之境所面临的双重任务直接转化为对此在的详尽分析以及对生存论历史的解析。海德格尔认为，此在是人生在世，是在"世界之中存在"，而操心状态是此在的原始状态和基本的存在方式，人生在世的生存结构即为操心的结构，是由现身情态、领会筹划和沉沦三个环节所构成的整体。"此在之在绽露为操心"①，"此在的平均日常生活规定为沉沦着开展的、被抛地筹划着的在世，这种在世为最本己的能在本身而'寓世'存在和共他人存在"②。在海德格尔那里，本己本真的生存的把握是奠基于人的此在所表现出的理想，人能够打破一种否定性规定而集中力量到相互关联的已失去的东西中取回自己并把握住人之所是的自己，则人生此在即为本己本真，由此也显现出伦理学维度的意义。他在生存论结构三个环节的具体分析中，

---

① ［德］马丁·海德格尔：《存在与时间》，陈嘉映、王庆节译，生活·读书·新知三联书店 2006 年版，第 211 页。

② ［德］马丁·海德格尔：《存在与时间》，陈嘉映、王庆节译，生活·读书·新知三联书店 2006 年版，第 210 页。

揭示出此在在日常的生活世界中往往不是作为"自己"而存在，而是作为"他人"（即海德格尔所说的"常人"）而存在，被消解于"他人"之中，因此丧失了其"非本真状态"。然而，对本真死亡的领会恰恰是由非本真的在世通达本真在世的中介与桥梁。"生的欲望，使人生在世走向沉沦；死的畏惧，又使人生在世走向澄明。人，就在这生与死、有与无'之间'。"① 在海德格尔看来，时间性是领会此在的存在之地平线，并基于此对此在的生存状态进行重新考察。操心的现身情态、领会筹划和沉沦的三重结构（或称为三个环节）是由时间性先天地规定的，只有从时间性的基础出发，把握好时间作为一个不分过去、现在和将来的"循环"，才能澄明在世现象在生存论上的可能性问题。因而，此在在"世界之中"也就是在"时间之中"。② 此在具有历史性，其历史性深根于操心，是此在的生存中本真的或非本真的显现，也正是这种历史性生成了整个世界历史。由于此在总是倾向于依照非此在的存在者的存在模式来领会自身，这就使得其历史的理解无法避免地坠入传统的深渊，直接导致的结果是将现存的一切全都看成是唯一合理的和可能的，犹如董仲舒笔下的"天不变，道亦不变"。海德格尔指出，"必须

---

① 王庆节：《解释学、海德格尔与儒道今释》，中国人民大学出版社 2004 年版，第 71 页。

② 王庆节：《解释学、海德格尔与儒道今释》，中国人民大学出版社 2004 年版，第 72 - 73 页。

针对起遮蔽作用的对此在历史的流俗解释作斗争才能博得历史性的生存论存在论建构"①，他强调应该在此在特定的历史性存在中透视传统，把被传统掩盖着的所有东西揭露出来，标识出诸流俗的历史概念成为解说历史性问题的首要出发点。他通过对此在历史性的解析表明，"这一存在者并非因为'处在历史中'而是'时间性的'，相反，只因为它在其存在的根据处是时间性的，所以它才历史性地生存着并能够历史性地生存"②。对此在的历史性的阐释归根到底不过是对时间性进行更具体的深入研究。

在《存在与时间》中，海德格尔已经涉及对真理问题的探讨，直至 1930 年他在弗莱堡做《论真理的本质》的演讲，才真正敞开了他关于真理学说的哲思内容。海德格尔认为，追问存在的意义就在于追问存在的真理。他对真理的本质之问彻底撇开了一切作为实际生活经验的真理，而"观入那种标识出任何一般'真理'之为真理的东西"③。他否认传统所认为的"真理就是陈述与事情的符合一致"，从"符合"出发，揭示真理始源地并非寓于命题之中，开放的和先行确定标准的行为的内在可能性的

---

① ［德］马丁·海德格尔：《存在与时间》，陈嘉映、王庆节译，生活·读书·新知三联书店 2006 年版，第 426 页。

② ［德］马丁·海德格尔：《存在与时间》，陈嘉映、王庆节译，生活·读书·新知三联书店 2006 年版，第 426－427 页。

③ ［德］马丁·海德格尔：《路标》，孙周兴译，商务印书馆2000 年版，第 205 页。

根据问题赋予了命题的正确性，而这仅仅从根本上实现了真理之本质的外观。[①] 真理是可敞开的，其本质揭示真理自身为自由，即"绽出的、解蔽着的让存在者存在"[②]，它使得一切行为处于调谐状态，"让存在者"对存在者有所行动便从敞开进入了解蔽（即包含神秘和迷误两种状态的非真理），正因为这样，"让存在者"同时也遮蔽着存在者整体。

随着海德格尔的演讲和著作相继问世，其政治生活也发生了一个重大的变化，与纳粹政权的纠葛关系甚至成为一桩"海德格尔公案"。1933 年希特勒的纳粹党在德国取得政权，时任弗莱堡大学校长一职的海德格尔对纳粹政权表达了积极的态度。他以为纳粹主义蕴含着破晓政治的希望，试图通过纳粹政权来改造现行的教育体制、重建文化世界，将其哲学主张付诸实践，从这个意义上看，他加入纳粹党甚至公然宣传纳粹主义的行为无疑可以看成是其哲学思想的现实拓展。然而，海德格尔这种毫无实利可言而又虚无缥缈的哲学幻想并没有赢得纳粹当局的赞赏，他同纳粹当局的关系随之日益恶化，最终以辞去弗莱堡大学校长一职（1934）宣布其政治生涯落下帷幕。

值得注意的是，海德格尔遭遇纳粹政权的短暂经历致使其思想研究面临诸多纷争，从 20 世纪中叶开始至今，

---

① ［德］马丁·海德格尔：《路标》，孙周兴译，商务印书馆 2000 年版，第 213 - 214 页。

② ［德］马丁·海德格尔：《路标》，孙周兴译，商务印书馆 2000 年版，第 221 页。

国内外学术界对海德格尔的批评与辩护声音错综复杂，争议的焦点在于海德格尔与纳粹主义的关系问题，并基本形成了两种截然不同的态度倾向。一种观点以海德格尔曾卷入纳粹运动为由而对其思想持否定态度，这种观点将海德格尔哲学定性为服务于极权主义制度的哲学，竭力挖掘其思想中的纳粹本质，尤其是被称为"黑色笔记本"的三卷书稿的面世，更为各种批评增添了有力佐证；另一种观点则相反，认为海德格尔的思想在根本上是深邃而伟大的，不能因他在政治上的过失而否认其思想本身，过度夸大他在现实层面的政治经历所产生的影响必然会泯灭其哲学思想智慧。实际上，全然否定或急于辩白的做法都容易受制于固有的先见而陷入思想研究的偏差。数十年来学术界对海德格尔的政治倾向及与其哲学思想关联性问题的探讨和争论从未间断，足见问题本身的复杂性。这虽不是本书研究的重点，但对海德格尔哲学思想的探究和总体性把握同样无法完全回避这一问题。巴迪欧和卡桑在评价海德格尔的基本态度是值得赞赏和借鉴的，他们认为，必须撤去任何"一"的标签，无论这个"一"是指向"纳粹分子"还是"伟大哲学家"都不是真实的海德格尔，不应当用伟大来切割一切日常的琐细，而是相反，要从琐细中来发现伟大、见证伟大。① 但除此之外，在探究海德格尔

---

① 参见［法］巴迪欧、［法］卡桑：《海德格尔：纳粹主义、女人和哲学》，刘冰菁译，重庆大学出版社 2016 年版，代译序、第18－20 页。

思想根源时还需要深入其所处时代的文化特征及语境之中来把握，纳粹问题与时代文化深刻关联，并非个体性的行为选择所能足以解释的。仅仅将海德格尔的这段经历视为其一生无法抹去的污点并从道德的角度加以评价是不公正的。从更深层面上看，海德格尔政治生活上的插曲，与其像阿伦特所说的是伟大思想"对专制的偏爱"，毋宁说是海德格尔早期哲学必然的现实趋向，即第一次世界大战后西方世界的变化与德国政治文化的发展时势境况使得他在关注人类生存问题时，意识到一切哲思追求要实现现实转化必须依赖于思想导师的现实引领作用。但在海德格尔与纳粹政权的交涉中，两者最终事与愿违地在其思想特质与纳粹性质的本质区别中快速分道扬镳。然而，这对海德格尔的影响无疑是巨大的，以至于他在尔后几乎改变了早期的研究方向，实现了哲学之思的后期转向。

后期，海德格尔由对此在存在者的生存状态的分析以及存在在时间性的领会来追寻存在之澄明，转而从存在本身性质的解释来力求阐明存在必然走向存在者的缘由。他以"思"和"诗"的探寻方式替换了前期对"此在在世"的分析，以"语言是存在的家"掩盖了"时间是存在的境域"，认为只有唤醒"思"、拯救"思"，才能达至"存在之澄明"的境地，从而开辟了另一路向延伸和发展其哲学思想。1935 年之后，海德格尔将其追问存在的领域扩大到艺术、人之人性、技术、语言等方面，其间最具代表性的作品包括《艺术作品的本源》《尼采的话"上帝死了"》《关于人道主义的书信》《技术问题》《语言的本质》等。

在《艺术作品的本源》中，海德格尔从真理的本质出发来思考艺术本源之处的本质，即缘于"真理的自行设置入作品"①。他分析从存在者之真理到存在之无蔽状态的过渡，认为任何存在者的真正本质是由它的真实存在所决定，由每个存在者的真理②所决定，而作为存在者之澄明与遮蔽的真理，是通过诗意创造发生的，"凡艺术都是让存在者本身之真理到达而发生；一切艺术本质上都是诗（Dichtung）"③。海德格尔表露出一种从"无"到"有"、从存在到存在者的思索转向。

第二次世界大战后，海德格尔进而深入思考人之人性的问题。他在与巴黎让·波福勒的通信《关于人道主义的书信》中集中阐明了他关于人道主义的思考，竭力将其存在主义赋予真正的人道主义内涵。他从人的实存问题展开阐释，认为人是"由于与存在的关系而与它存在者相区别；而不是理解为一个在其他存在者中活动的生命体"④，对人的本性之思即对存在之真理之思，强调从人与存在的关系来把握人的本质。在追问技术的本质过程

---

① ［德］马丁·海德格尔：《林中路》，孙周兴译，上海译文出版社 2004 年版，第 49 页。

② 这里的"真理"意指真实之本质，即作为存在者之无蔽状态的真理，而不是本质的真理。

③ ［德］马丁·海德格尔：《林中路》，孙周兴译，上海译文出版社 2004 年版，第 59 页。

④ ［德］比梅尔：《海德格尔》，刘鑫等译，北京：商务印书馆 1996 年版，第 117 页。

中，海德格尔指出，现代技术是此在的必然命运，也揭示出人在现代性之中的本质。他认为，在现代技术的限定和强求的展现下，一切事物和人都被统治于现代技术之本质——"座架"之中，人为无蔽的状态所用，但人同时可以通过艺术作品和思来做出反馈和贡献。他企图通过救渡之思来解决现代技术所招致的危险，使人从不同的命运之中摆脱出来，早期思想家的回归在此得以萌芽。

1957 年以后，海德格尔开始以"语言的本质"为题在弗莱堡大学做讲演。在他看来，语言是人的天性，人们通过语言为现成的存在者命名，使得存在者得以存在，"任何存在者的存在寓居于词语之中"①。正因如此，才有了海德格尔在《关于人道主义的书信》一文中所提出的，语言是存在之家，"它是存在之真理的家"②。但是，语言在促使存在之澄明的同时，也由于"委身于我们的单纯意愿和推动而成为对存在者的统治的工具"③，造成了对存在的遮蔽。语言的这种双重性也在一定程度上反映出此在的人的双重性。

---

① ［德］马丁·海德格尔：《在通向语言的途中》，孙周兴译，商务印书馆 2004 年版，第 154 页。

② ［德］马丁·海德格尔：《路标》，孙周兴译，商务印书馆 2000 年版，第 373 页。

③ ［德］马丁·海德格尔：《路标》，孙周兴译，商务印书馆 2000 年版，第 373 页。

晚年的海德格尔从哲学的终结①转向了对思的事情的思考，"面向事情本身"成为海德格尔的路标，他从"思"与"诗"中追求其"诗意地栖居"之境，走向了诗意的人生。直至 1976 年 5 月 26 日，海德格尔与世长辞，结束了他孜孜求索"存在澄明之境"的人生道路，他洋溢着诗意的"存在"之思为后来人留下了广袤的致思空间。

综观海德格尔的一生，在以"存在"为学术主题的追问人生中，无论是前期此在的存在者到存在的思考，还是后期从存在自身出发寻求存在与存在者之间的关联性与必然性；无论是从此在的生存论探讨存在，还是从真理、艺术、技术等方面来揭示无蔽状态的存在，存在问题及其意义从未脱离过海德格尔的哲思范围，其探索过程中始终贯穿展现了他对问题的把握置身于古希腊以来延续着的精神运动之中的独特性。一言蔽之，对存在之境的澄明是海德格尔走向诗意栖居的基本前提。

二、在世界中存在到天地神人的世界观照

存在的本真意义是海德格尔哲学观的根本命题，但海德格尔并没有局限于对此在的概念理解上来追溯存在的源

---

① 终结不是消灭一切哲学，是指"哲学历史之整体把自身聚集到它的最极端的可能性中"，传统形而上学所达到的极致被海德格尔称为"哲学到达了最极端的可能性"（参见［德］马丁·海德格尔：《面向思的事情》，陈小文、孙周兴译，商务印书馆 1996 年版，第 59 页）。

始问题，也并非随意性地空谈表征为"无"的存在，而是将哲学观的研究视野扩大到对世界的观照，在世界境域中解读此在之一般生存的基本规定及其与世界的内在关联性，揭示存在在世界之中的要义。"阐明世界 – 概念乃是哲学的中心任务"①，尽管传统哲学追问自然、探索现成者，但都没有在真正意义上触及世界现象，"世界这个概念，或者说以此标出的现象，乃是迄今为止的哲学一般而言尚未认知的东西"②，因为"世界并非自然，并且根本不是现成者，也不像围绕着我们的诸物整体、器具关联脉络那样是周围世界"③。随着海德格尔思想的发展与成熟，他对"世界"的理解也呈现出愈加丰富的内容，透过海德格尔的通达世界之路有助于把握他不同时期思想的一贯性。

早期的海德格尔认为"世界之为世界本身是一个生存论环节"④，他将世界视为"在世界之中存在"（In-der-Welt-sein）的一个部分，世界首先是此在最切近的世界。

---

① ［德］马丁·海德格尔：《现象学之基本问题》，丁耘译，商务印书馆 2018 年版，第 237 页。

② ［德］马丁·海德格尔：《现象学之基本问题》，丁耘译，商务印书馆 2018 年版，第 237 页。

③ ［德］马丁·海德格尔：《现象学之基本问题》，丁耘译，商务印书馆 2018 年版，第 237 页。

④ ［德］马丁·海德格尔：《存在与时间》，陈嘉映、王庆节译，生活·读书·新知三联书店 2006 年版，第 76 页。

"此在本质上就包括：存在在世界之中"①，此在在世界的基本建构中，此在就是"在世界之中存在"，但这并不意味着海德格尔将此在作为现存着的存在者放置在现成的世界中，而是将此在视为一种先天的、统一的现象。② 世界与此在密不可分，不存在无此在的"世界"，也不可能存在脱离世界的纯粹存在者。在《存在与时间》中，海德格尔归纳了在四种意义上对世界最初的含义：一是作为存在于现存世界之内的存在者之总体；二是作为现成存在者的存在，它表示可能存在者的范围；三是作为一个实际上的此在，即此在"生活""在其中"的东西，具有一种先于存在论的生存上的含义，指"公众的"我们世界，也可以指"自己的"周围世界；四是作为存在论生存论上的概念，它是一种具有先天性的结构整体，是世界的世界性。③ 海德格尔认为，传统哲学中将世界理解为现成存在者的总体，即实体性的存在，归因于传统哲学对此在的错失而从现成性上去领会世界现象，只是跳跃了对世界之为世界的现象的把握而力图从自然去解释世界所导致的结果。"自然作为在世界之内照面的某些特定存在者的诸存

---

① ［德］马丁·海德格尔：《存在与时间》，陈嘉映、王庆节译，生活·读书·新知三联书店 2006 年版，第 16 页。

② 参见俞吾金：《海德格尔的"世界"概念》，《复旦学报》（社会科学版）2001 年第 1 期

③ 参见［德］马丁·海德格尔：《存在与时间》，陈嘉映、王庆节译，生活·读书·新知三联书店 2006 年版，第 76 - 77 页。

在结构在范畴上的总和，绝不能使世界之为世界得到理解"①，必将致使流传下来的存在论坠入死胡同之中。同时，它们必然在对此在世界性与世界化的各种阐释的自圆其说中，在存在者层面或存在论上跳过世界之为世界的现象本身。尽管海德格尔在阐释的过程中也关涉到对世界概念的第一、第二和第四种理解，但他更倾向于在第三种含义上使用世界概念，而将其他三种理解作为其踏上世界之为世界道路必须格外留心的界限。

海德格尔以日常在世为线索，区分在世之内"上手状态"和"现成在手状态"的存在者之存在，通过日常交往具有切近性质的上手事物来揭示此在最切近的世界即周围世界，是周围世界将切近照面的存在者的存在展示出来的。"一般世内存在者之所以可能得到揭示的存在者层次上的条件的存在，即世界之为世界"②，这种存在是此在的生存论规定，正是此在与世界的相互关联才使得周围世界从自然世界中走出来，而世界的结构就是意蕴整体。世界既可被理解为一个可以把握到的周围世界，也可被理解为"全无意蕴"的无。在世内事物并不等同于一切现成事物合成的总数，它是一般事物上手的可能性而已（即世界本身），而任何上手事物的东西却并不是全无。

---

① ［德］马丁·海德格尔：《存在与时间》，陈嘉映、王庆节译，生活·读书·新知三联书店 2006 年版，第 77 页。

② ［德］马丁·海德格尔：《存在与时间》，陈嘉映、王庆节译，生活·读书·新知三联书店 2006 年版，第 103 页。

日常话语往往只了解的是"上手事物"，是关于上手事物的操劳与谈论；畏之所畏者也并非任何在世上手的东西，而是根植于世界中的在世本身，"世界在本质上属于'在世界之中'，亦即属于此在之存在"①，世界即是无。

在《论根据的本质》中，海德格尔确切地将对世界的领悟集中表现出来，即世界是存在者之存在的一种如何，这种如何规定着存在者整体，是作为界限和尺度的任何一种一般如何（Wie überhaupt）的可能性；这个如何整体在一定程度上是先行的并相关于人之此在。② 显然，海德格尔将世界归属于人之此在，世界涵括了此在在内的一切存在者，但并非从一个简单存在者的集合体维度来理解。世界是具体性和整体性的统一，其作为一种存在状态是在此在之存在中敞开自身，它与此在共同构成生存结构所不可或缺的环节，展现出世界本身动态地生成于此在的去生存过程中，是此在的生活世界。海德格尔批判以康德为代表的传统形而上学对世界概念所做的理念理解，认为康德的"世界无非是指'一切现象之总体'，或'一切可能经验的对象之总体'"③，从存在学更源始层面看，世界

––––––––––

① ［德］马丁·海德格尔：《存在与时间》，陈嘉映、王庆节译，生活·读书·新知三联书店2006年版，第216页。

② 参见［德］马丁·海德格尔：《路标》，孙周兴译，商务印书馆2000年版，第166页。

③ ［德］马丁·海德格尔：《路标》，孙周兴译，商务印书馆2000年版，第176页。

是作为现象的物的先验的总体，其与实体表现出隶属的关系，在根本上是被规定为纯粹综合的理性概念。海德格尔指出，将作为理念的世界理解为是"超越的"，它超逾现象，在超越中形成先验的理想，使得世界呈现为一种限制。超越并不代表世界脱离此在，它恰恰"实质上意味着人类本质的有限性之总体性"①。人们可以更清楚地被称为超越者，是超感性的存在者，而"在世界之中存在"的规定中，世界并不是意味着任何一个存在者领域，而是意味着存在之敞开状态。② 《存在与时间》中的生存概念的核心地位在《论根据的本质》中已悄然转化为世界，世界表明自身为此在生存的为何之缘故而规定此在的生存，③ 总体中的世界环节逐渐取得了对此在支配的作用并让一个世界世界化，成为人之存在的可能性基础。

　　20世纪30年代后，海德格尔的研究视域进一步扩大，跨出此在与世界的关联性来看待世界问题，从艺术与技术两个向度展开"大地"之思，并在思考中深度挖掘世界的现实图景。这个时期的作品被加达默尔视为海德格尔思想一个重大转折的标志，并对海德格尔后期思想产生

――――――――

　　① ［德］马丁·海德格尔：《路标》，孙周兴译，商务印书馆2000年版，第178页。

　　② 参见［德］马丁·海德格尔：《路标》，孙周兴译，商务印书馆2000年版，第412页。

　　③ 参见［德］马丁·海德格尔：《路标》，孙周兴译，商务印书馆2000年版，第183－184页。

深远的影响。①

在《艺术作品的本源》中，海德格尔走进艺术作品，通过艺术世界中"大地"的显现来展现世界与大地的争执，以此阐释艺术作品中的世界内涵以及艺术中真理之发生。海德格尔第一次将其大地的观点表达出来，认为大地"既与关于堆积在那里的质料体的观念相去甚远，也与关于一个行星的宇宙观念格格不入。大地是一切涌现者的返身隐匿之所，并且是作为这样一种把一切涌现者返身隐匿起来的涌现。在涌现者中，大地现身而为庇护者（das Bergende）"②。作品之作品存在如何，不仅是在大地之上显现，而且必须开启一个世界，此在的人们始终隶属于它。海德格尔指出，世界和大地是作品之作品存在的两个基本特征，世界是"在一个历史性民族的命运中单朴而本质性的决断的宽阔道路的自行公开的敞开状态（Offenheit）。大地是那永远自行锁闭者和如此这般的庇护者的无所促迫的涌现"③。两者有本质区别而又相互依赖，世界体现了历史性和敞开性，大地体现了隐蔽性和庇护性；世界建基于大地并力图超升于大地，而大地倾向于将世界

---

① 参见 Gadamer，"Reflections on My Philosophical Journey"，in Lewis Edwin Hahn（ed.），*The Philosophy of Hans-Georg Gadamer*，Open Court，1997，p. 47.

② ［德］马丁·海德格尔：《林中路》，孙周兴译，上海译文出版社 2004 年版，第 28 页。

③ ［德］马丁·海德格尔：《林中路》，孙周兴译，上海译文出版社 2004 年版，第 34 – 35 页。

摄入其内并扣留于自身中。世界与大地统一于作品，又展现对立的争执，艺术作品正是世界与大地对立争执的诱因，世界与大地的这种争执并非为了使作品把争执消解成为一种空泛的一致性，而是为了保持一种争执，作品的存在就是在这种澄明与遮蔽的争执的实现过程中崭露出设置于作品中的真理。

在《世界图像的时代》《诗人何为?》《技术的追问》中，海德格尔从现代社会的技术运用中窥探世界的命运与遭遇，把世界图像的形成作为现代之本质的标志，从根本上既区别于古希腊把人的本质归结为被存在者所直观的东西，也区别于中世纪将存在者存在归属于作为最高根据人格性的上帝的造物。海德格尔认为，世界是包含着世界根据在内的存在者整体的名称，世界图像在本质上是指世界被把握为图像了，而存在者整体的存在状况变成"惟就存在者被具有表象和制造作用的人摆置而言，存在者才是存在着的"①。世界成为图像而存在者却不自知，存在者的存在是在存在者之被表象状态中被寻求和发现的，表象状态是现代本质的表征，存在者（人）"摆置到自身面前和向着自身而来摆置"②，人有意识地进入普遍地、公开地被表象的敞开之域中（在这个敞开之域中存在者必然

---

① ［德］马丁·海德格尔：《林中路》，孙周兴译，上海译文出版社 2004 年版，第 91 页。

② ［德］马丁·海德格尔：《林中路》，孙周兴译，上海译文出版社 2004 年版，第 94 页。

摆出自身、呈现自身）而成为图像。世界成为图像与人在存在者范围内成为主体是同一个过程，人的存在方式在图像的时代发生了变化。海德格尔进一步概括了现代之本质的特性——世界成为图像和人成为主体。世界越是被广泛、深入地征服，就越是凸显出其客观性，主体也就越主观、越迫切地表现出来，被规定为人对存在者整体的基本态度的世界观和一切展现精神智慧的世界学说都会毫无保留地变成以人为中心的学说，人道主义也随之出现。

在《诗人何为?》中，透过对里尔克的诗的解析，海德格尔将被普遍技术化了的世界时代表述为"世界黑夜的贫困时代"，世界的含义在此发生了变化。技术的隐蔽本质使得人"把世界有意地制造出来的这样一种无条件自身贯彻的活动，被无条件地设置到人的命令的状态中去"①。人将世界当作对象客体，以主体自觉在世界的对面摆置自身，将自身确立为有意制造世界的人，以各种方式订造自然、制造新事物，世界被制造的过程也是技术的隐蔽本质的显现过程，是通过人的命令而无条件自身贯彻的活动过程。技术本质的威力通过技术手段表现出来，使得人变成主体而世界变成客体。海德格尔由此发出感叹："技术之本质只是缓慢地进入白昼。这个白昼就是变成了单纯技术的白昼的世界黑夜。这个白昼是最短的白昼。一个惟一的无尽头的冬天就用这个白昼来进行威胁。现在不

---

① ［德］马丁·海德格尔：《林中路》，孙周兴译，上海译文出版社 2004 年版，第 303 页。

仅人失却了保护，而且整个存在者的未受伤害的东西也仍在黑暗之中。美妙事情隐匿自己。世界变得不美妙了。"①这种"不美妙"表现在将威胁的危险落于人身上，现代世界人在对存在本身的关系中威胁着人的本质，而不仅仅是在偶然危难中威胁。"但哪里有危险，哪里也生出救渡"，海德格尔转而寻求拯救的路径。在《技术的追问》中，他深入考究现代技术统治的根源，在对现代技术之本质的追问中揭示技术统治下事物与人、自然与世界之间的关系。海德格尔并不否认工具的和人类学意义上的对技术的规定，但他认为，现代技术不是目的的单纯手段，而是本身参与到自然、现实和世界的构造中。凡是使用一种新技术的地方，总是也构造出人与世界的新关系。他在追问技术的过程中断定，技术不仅仅是一种手段，技术的本质是独立于技术活动的一种东西，而不是技术活动之中的一个因素，技术是一种展现方式。他通过对技术展现方式的"限定"与"强求"的分析，进而揭示出技术的本质所在——"集－置"（Ge-stell，或译为"座架"）②，即它"意味着那种摆置（Stellen）的聚集者，这种摆置摆置着人，也即促逼着人，使人以订造方式把现实当作持存物来

---

① ［德］马丁·海德格尔：《林中路》，孙周兴译，上海译文出版社 2004 年版，第 309 页。

② 参见黄漫、刘同舫：《现代技术文化之拯救与超越——以海德格尔的技术文化观为基点》，《自然辩证法通讯》2010 年第 3 期。

解蔽"①。在现代技术的本质下，事物、自然均被降格为受技术统治的齐一化、功能化的物质，而人在技术展现中也仅仅处于被动"限定"的状态，"当我们特别地向技术之本质开启自身时，我们发现自己出乎意外地为一种开放性的要求占有了"②。如果技术的本质伪装真理与科学闪现的运作，事物与人的关系、自然与世界的关系却全然受制于技术之下，那么世界就势必沉陷于极端的危险之中。

　　海德格尔后期将世界定义为天空、大地、诸神、终有一死者（人）的"四重整体"（das Geviert）。海德格尔认为，筑造的目的是栖居，栖居意味着始终把一切都保护在其本质之中的自由状态，从人的存在基于这样一种栖居并作为终有一死者而逗留在大地之上反观栖居，则栖居的整个范围就向我们显示出来，即天地神人的世界关照。"天、地、神、人之纯一性的居有着的映射游戏，我们称之为世界（Welt）。世界通过世界化而成其本质。这就是说：世界之世界化（das Welten von Welt）既不能通过某个它者来说明，也不能根据某个它者来论证"③，一旦触及对它的说明或论证，它便没有超越世界的本质而陷落到

---

　　① ［德］马丁·海德格尔：《演讲与论文集》，孙周兴译，生活·读书·新知三联书店 2005 年版，第 19 页。

　　② ［德］马丁·海德格尔：《演讲与论文集》，孙周兴译，生活·读书·新知三联书店 2005 年版，第 25 页。

　　③ ［德］马丁·海德格尔：《演讲与论文集》，孙周兴译，生活·读书·新知三联书店 2005 年版，第 188 页。

世界的本质之下了，则人类将退化到以纯粹对象性看待世界的境地了。在这里，"天"是"天空"（der Himmel），指日月运行，群星闪烁，四季复始，昼夜轮替，白云天穹；"地"是"大地"（die Erde），指承受筑造，滋养果实，蕴藏水流岩石，庇护万物；"神"是"诸神"（die Göttlichen），指神性使者，显现成其本质而与在场者同伍；"人"是"终有一死者"（die Sterblichen），指有能力承担作为死亡的人类。① 这四方构成立体的、统一的四重整体，四方共属于一体，每一方都以其自身的方式开放入其本己之中并映射其他各方的现身本质，并且在这种环化的映射游戏中相互信任。一切物都居留在四维整体之中，当物从世界化的世界变成其本质时，物便所以为物了，"物是从世界之映射游戏的环化中生成、发生的"②。作为终有一死者的人逗留于大地上，必然同时包含其他三方维度的成分，意味着人通过栖居在四重整体中存在，并把四重整体保护在其本质之中而使其自身得以栖居。"在拯救大地、接受天空、期待诸神和护送终有一死者的过程中，栖居发生为对四重整体的四重保护。保护意味着：守护四

---

① 参见［德］马丁·海德格尔：《演讲与论文集》，孙周兴译，生活·读书·新知三联书店 2005 年版，第 157 – 159、186 – 187 页；俞吾金：《海德格尔的"世界"概念》，《复旦学报》（社会科学版）2001 年第 1 期等。

② ［德］马丁·海德格尔：《演讲与论文集》，孙周兴译，生活·读书·新知三联书店 2005 年版，第 191 页。

重整体的本质"①，这也是栖居素朴的本质所在。作为保护的栖居的守护者（终有一死者的人），通过把四重整体保存在终有一死者所逗留的东西之中（即在物中）来施行保护，人在四重整体展现多样性的生存中不断获得对自己的完成。随着现代技术无孔不入地嵌入生活世界，人仅仅以维持生存的操劳来看待自身而未能触及体悟到人的本质，一旦人的栖居受制于劳作的支配、名利诱惑的驱使，必然使人成为欲望的脚手架而表现出对外部世界无止境的征服与攫取，导致对四重整体的破坏而表现出对大地的盘剥、对神性的离弃。因而一切事物不能沉溺于技术的统治而遗忘自身的本质，应该在世界之中泰然处之。人类栖居的真正困境不在于谈论现实中诸如住房困难等问题，而在于终有一死者为学会栖居却总是重新去寻求栖居的本质，致使自身陷入无家可归的状态之中。

在四重整体中，四个世界地带本是通过切近本身来开辟近邻状态的道路以保持它们之间相互通达、彼此切近，世界本是通过诗与思的道说方式在既澄明又遮蔽之际呈现出来。"作为现代技术世界之参数的空间和时间的统治地位，以一种不可思议的方式侵犯切近之运作，即世界地带的近（Nahnis）"②，世界被笼罩于一种时间和空间被缩小

---

① ［德］马丁·海德格尔：《演讲与论文集》，孙周兴译，生活·读书·新知三联书店 2005 年版，第 159 页。

② ［德］马丁·海德格尔：《在通向语言的途中》，孙周兴译，商务印书馆 2004 年版，第 208 页。

到极端统治地位的可计算的无距离状态，以参数特性遮蔽时间和空间的本质及其关系。作为世界四重整体或世界游戏的道说，语言在澄明和敞现四个世界地带最本己的东西时，也不再仅仅是说话人与之有某种关系的东西，一切尽在眼前的事物实质上与我们渐行渐远。

至此，海德格尔哲学观的视野已经由此在的世界延展到天地神人四重整体存在之维的世界。哲学研究视野的变化，直接反映了海德格尔思想由前期的此在到后期的存在本身的转变，以及在这种转变中所保持思想整体脉络的一贯性。尽管海德格尔在不同时期的思想侧重不同而表现出明显的差异，但从整体上看，他倾尽一生澄明存在本真意义的问题，寻找人类生存境遇的拯救之道的学术追求始终没有改变。他将世界视为存在者存在的境域，走出生存论、存在论的局限对世界进行深刻领悟，充实并完整展现了四重整体的世界内涵。值得注意的是，作为海德格尔哲学观视野的世界，并非自始至终指向同一世界，它随着海德格尔对存在澄明之境的洞察而从此在、艺术、技术、语言等向度舒展开来，构成了存在者与存在得以存在的世界图景。

第二节　马克思人类解放的宏大视野

随着欧洲经验哲学的崩溃到近代哲学研究视线的转移，马克思敏锐抓住传统形而上学沉溺于抽象的弊病，立足现代实践的高度，在终结传统思辨哲学的基础上重新确立了具有前提性意义的现实哲学根基，彻底完成了哲学视域的根本置换，推动了整个西方哲学研究视域的根本转向。

人类解放是马克思终其一生孜孜不倦追求的主题，也是他为之奋斗献身的终极旨趣。人类解放既是一场不断消灭现存状况、走向人的自由而全面发展的现实运动，也展现了人类价值目标的终极关怀和根本指向，是过程与目标的辩证统一。在马克思哲学观的整体框架中，人类解放的学术主题构成其纵向视野，而人类解放的理论结构则构成了其横向视野。

人类解放的学术主题从性质上规定了马克思哲学观视野的基本方向，它作为贯穿于整个哲学思想的主线同时也构成了马克思宏大的理论视野。马克思独到而宏大的人类解放视野的形成，不仅彰显了其浑厚的理论功底、志存高远的理想信念以及深度的学术涵养，更是对其所沉淀的复杂的社会现实情感的全面绽放。在观念思想上，马克思深受西方文化传统（尤其是自文艺复兴以来的欧洲文化）关于民主、自由、人权、平等、法治等价值观念的影响；在学术探究中，他在西方传统哲学（特别是德国古典哲学）的启发中批判性审视传统哲学家的思想成果并汲取其理论的智慧精华，重构"批判的武器"，为改造世界奠定科学理论指导的先决条件；在个人经历上，他长期深受现实社会状况的感染，身处贫困、遭受悲惨命运的民众时常激起他的义愤和同情，为其揭示资本逻辑及其意识形态统治、引领无产阶级革命带来深沉动力。这些在很大程度上促使马克思廓清自己的哲学研究视域与革命指向，进一步反思哲学的根本性质与应有功能等基本问题，不断扫除观念上的障碍、超越思想上的局限，推进其由抽象思辨的哲学探索转向感性现实的人类解放探寻之路，致力于将人从资本主义的一切异化状态中拯救出来。

马克思哲学视野的另一构成部分是其人类解放的理论结构，即人类解放整体系统的内在展开。马克思人类解放理论结构内含政治解放、社会解放、劳动解放、文化解放和个性解放等方面，这多重维度共同构成及辐射出马克思人类解放整体理论的横向视域。马克思正是基于人类解放理论结构的基本视域，在宗教、政治、经济、劳动与文化等领域寻找束缚和阻碍人类解放力量全面绽放的问题根源，进而在批判中挖掘、破除束缚人们走向解放的现实道路。政治解放、社会解放、劳动解放和文化解放分处不同层面，四者之间环环相扣，在人类的解放诉求中相互渗透、相互关联，共同决定了人类解放的基本程度、解放的客观水平以及解放的实现进程。

无论从纵向的学术历史描述还是从横向的理论结构性质分析，马克思人类解放思想始终是其执着以求的学术主题，也是其崇高而非凡的远大志向；多维度解放的横向理论结构辐射出马克思哲学及其自身学术的现实观照。人类解放理论的纵向和横向视野相互贯穿，共同构成了马克思哲学观的宏大视野。

一、马克思人类解放的学术主题

人类解放是贯穿马克思一生的学术主题和人生追求。从纵向的历史考察来审视马克思毕生的学术历程可以发现，马克思的人生境遇中思想的深化发展与其明确并坚定不移地追求人类解放的崇高理想是分不开的。对马克思具有超越性的人类解放主题展开理论剖析可以得出，占据马克思理论核心的人类解放将科学的主题和价值的主体统摄于一体，从而站在信念的高度上为马克思哲学的研究视野确立了正确方向和根本落脚点。

在世纪之交被英国广播公司评选为"千禧年最伟大思想家"的马克思，其一生的学术追求可追溯到其青少年时代。马克思深受时代文化和社会环境的洗礼与熏陶，在理论探讨和生活压力的夹缝中，他深入敞开了对漫长人生道路的思考和领悟，选择了一条为人类解放而奋斗终生的艰难求索之路。这个艰难的探索征程是马克思将人类解放理论作为毕生学术主题的必然结果。

少年时代的马克思受到欧洲文艺复兴的人文主义与启蒙运动所崇尚的人道主义精神、理性主义、科学精神和自由主义等思想的影响，自小就在心中播下了追求进步、人道关怀的种子，反对一切愚昧专制成了马克思的基本立场。当初步形成的人道主义和民主主义思想与现实贫苦大众的悲惨遭遇相遇时，马克思更加坚定了自己的理想和志向的选择——做人间的"普罗米修斯"，选择了最能为人类福利而劳动的职业。

　　大学时期，青年马克思的理论追求自始至终也没有离开过为人类谋求幸福的最高理想，他从一个渴望和憧憬无限崇高的事物和最高存在的绝对理想主义者，到发掘在理想与现实的巨大差异和冲击而转向对哲学专注，企图找到矛盾与困境的破解方法。马克思潜心钻研康德、费希特、黑格尔、费尔巴哈等哲学家的丰富思想及心理历程。他从康德、费希特和黑格尔的哲学体系中看到了真实的人被遗忘，意识到必须重新思考自由的内涵及其对于人类的意义，探索开启人类解放思想的方法论要义。费尔巴哈的哲学智慧启发了马克思将思维世界转向此岸的现实，奠定其思想的人本主义基调，这促使马克思哲学视野实现从人间上升到天国的重要转变，费尔巴哈哲学堪称架起了马克思由观念抽象通往"现实的人及其历史的发展"的桥梁。马克思的博士论文《德谟克利特的自然哲学和伊壁鸠鲁的自然哲学的差别》作为这一时期他的代表性著作，凸显了他对现实政治问题的浓厚兴趣，更体现了他从源头上夯实自由的理念。民主、平等的文化思想传统，构成了马克思人类解放主题的雏形。

　　离开大学后，马克思以一个自由撰稿人的身份踏入社会，立即遭遇现实状况与理想追求之间的矛盾挫折。马克思直面社会现实的经历，由抽象表达为人类解放奋斗的志向转化为具体现实的斗争实践。实践哲学的创立促使他逐渐找到了理论指导和革命实践的有力武器，更加坚定马克思实现无产阶级和全人类解放的现实愿望和价值理想。在《莱茵报》时期，马克思发表一系列政治性时评论战文章，为贫困的群众呐喊，猛烈抨击德国专制制度和反动当局诸如莱茵省议会通过林木盗窃法等反动政策和措施，揭示统治阶级腐朽的真相与社会现实"非人"性质的状况。《莱茵报》被勒令停刊后，马克思深入展开对黑格尔法哲学的批判，他关于民主、阶级和推翻国家的观点开始形成。① 此时，他不满足于仅仅解决思想上的苦恼，而是将其理论所得运用于分析和解决现实的问题中，这更促使马克思潜心思考拯救人类的现实可能性道路。在流寓亡命于巴黎、布鲁塞尔、科隆和伦敦期间，历经颠沛流离、饥寒交迫的马克思并没有停止为人类谋求幸福的探索之路，丝毫没有动摇其神圣的信念。在《〈黑格尔法哲学批判〉导言》中，马克思在揭示宗教的本质及其社会根源的基础上指明德国解放的根本路径，第一次将革命的理论与实践统一起来，并明确了无产阶级的历史使命，将目光聚焦在人的解放上。正如马克思所说，"哲学把无产阶级当做自己的物质武器，同样，无产阶级也把哲学当做自己的精神武器；思想的闪电一旦彻底击中这块素朴的人民园地，德国人就会解放成为人"② 马克思指出，"德国唯一实际可能的解放是以宣布人是人的最高本质这个理论为立足点的解放。在德国，只有同时从对中世纪的部分胜利解放出

---

① 参见［英］戴维·麦克莱伦：《马克思思想导论》（第3版），郑一明、陈喜贵译，中国人民大学出版社2008年版，第11页。

② 《马克思恩格斯文集》第1卷，人民出版社2009年版，第17－18页。

来，才能从中世纪得到解放。在德国，不摧毁一切奴役制，任何一种奴役制都不可能被摧毁。彻底的德国不从根本上进行革命，就不可能完成革命。德国人的解放就是人的解放。这个解放的头脑是哲学，它的心脏是无产阶级"①。马克思首次将人类解放与无产阶级联系起来，认为立足于"人是人的最高本质"，无产阶级唯有从其他一切社会领域中解放出来，进而解放其他一切社会领域，才能获得自身的解放，其根本在于以彻底的革命摧毁一切奴役制度，实现人类真正的解放。马克思在与鲍威尔展开论战时，在《论犹太人问题》一文中首次提出政治解放的概念，并将政治解放与人的解放区分开来：政治解放有其自身的限度，其本身还不是人的解放，政治解放是人的解放不可或缺的一环。显然，马克思的人类解放思想作为一种基本精神，始终贯穿于他的全部思想之中。

革命的动力问题业已明确，革命的目标更加坚定，马克思转而投入政治经济学和哲学的研究中，进一步剖析资本主义社会的根源及其生产方式背后的人的关系问题。他将思考视角从孤立的个人转向社会关系，集中体现于《1844 年经济学哲学手稿》中。马克思从经济学的现实出发，企图以"'人的本质'和'异化劳动'去探索'解

---

① 《马克思恩格斯文集》第 1 卷，人民出版社 2009 年版，第 18 页。

放的根据'"①，他既揭示了人的"类特性"，又进一步将人的"类特性"与现实的"异化劳动"结合起来，并从人同自己的劳动产品相异化、人同自己的生命活动相异化、人同自己的类本质相异化及人同人相异化四个方面深入剖析异化劳动的内涵，进而揭示了解决异化问题的方案——实现共产主义。通过批判粗陋的共产主义和以私有制为基础的政治形式的共产主义或经济形式的共产主义，马克思站在哲学的存在论高度提出真正的共产主义，即作为现实的运动，"共产主义是对私有财产即人的自我异化的积极的扬弃，因而是通过人并且为了人而对人的本质的真正占有；因此，它是人向自身、也就是向社会的即合乎人性的人的复归"②，为人类解放的可能性提供根据。

1845 年 1 月，法国政府迫于普鲁士政府的压力，将马克思驱逐出境，同年 2 月，马克思离开巴黎来到比利时首都布鲁塞尔。早在《1844 年经济学哲学手稿》时期，尽管马克思基于费尔巴哈的人本学"问题结构"展开社会历史领域的思考和批判，但他在高度评价费尔巴哈为实证批判打下真正基础的同时，也表现出对费尔巴哈观点有

---

① 孙正聿：《解放何以可能——马克思的本体论革命》，《学术月刊》2002 年第 9 期。

② 《马克思恩格斯文集》第 1 卷，人民出版社 2009 年版，第185 页。

所保留的微妙关系。① 直到布鲁塞尔时期，马克思开始展开对"费尔巴哈崇拜"的自我反思和审查，与费尔巴哈彻底划清界限并以唯物辩证法的观点和社会实践的思想为主线写下了被恩格斯称为"包含着新世界观的天才萌芽的第一个文件"——《关于费尔巴哈的提纲》，标志着马克思哲学基本思想的形成。

同年的最后三个月，马克思和恩格斯合著的《德意志意识形态》问世，对"从前的哲学信仰"展开最后的清算，它标志着马克思历史唯物主义和科学社会主义思想的基本形成。马克思在与青年黑格尔派的批判交锋中较完整地提出历史的和唯物主义的方法并运用其展开历史分析，强调"不是意识决定生活，而是生活决定意识"②，不仅为人类解放的哲学主题找到了研究的"出发点"（从事实践活动的人），而且使"社会生活的本质"——实践

---

① 在《1844 年经济学哲学手稿》中，马克思曾高度评价费尔巴哈是实证人道主义和自然主义批判的开端者，充分肯定费尔巴哈较之于黑格尔哲学转向的基本立场。但是，在《手稿》中仍可看到马克思对费尔巴哈的评价中有所保留的话语，如在序言的注释被删除的部分中说："相反，费尔巴哈的关于哲学的本质的发现，究竟在什么程度上仍然——至少为了证明这些发现——使得对哲学辩证法的批判分析成为必要，读者从我的阐述本身就可以看清楚"。显然，马克思留有余地的表述中暗含了他对费尔巴哈在何种程度上把握住哲学的本质的质疑和思考。

② 《马克思恩格斯文集》第 1 卷，人民出版社 2009 年版，第 525 页。

获得了历史性尺度的内涵，从而揭示由分工致使私有财产所造成的社会不平等和人被奴役的症结及由此呈现出来的尖锐对抗的阶级斗争，进而指出将来可能发生的共产主义革命及其紧迫性，将人类解放的思想推到现实具体实践的风口浪尖之上。

1847 年，《哲学的贫困》出版。在与蒲鲁东的批判论战中，马克思直抵蒲鲁东维护资本主义制度的根本立场，揭示其唯心主义性质的历史观和形而上学方法论所展现出来的经济学方法的肤浅和改良主义的幻想，充分展现了马克思娴熟的政治经济学知识和历史唯物主义基本原理，深刻阐明了生产力与生产关系的辩证运动及其与社会发展的关系等原理。随着马克思思想的发展和成熟，他越来越重视将其科学理论成果与工人的革命运动密切结合起来，他将人类解放的价值理想贯穿并内嵌于其理论研究和革命事业的实践活动始终。随着革命运动的陆续开展，《共产党宣言》《1848 年至 1850 年的法兰西阶级斗争》《路易·波拿巴的雾月十八日》《哥达纲领批判》等著作相继问世，指导无产阶级革命、引导其走向人类解放的革命著述不断丰富了无产阶级专政学说。

19 世纪 50 年代早期，马克思一家的生活陷入最困难的时期。繁杂的琐事占用了马克思大量的时间和精力，也严重地损害了他和家人的健康，长期贫苦奔波的生活使马克思在短暂的时间里相继失去了三个孩子，然而，即便是在这种情况下，马克思也从来没有放弃解放全人类的伟大理想。1870 年后，马克思在与病魔抗争的同时，依然孜孜不倦地继续他的理论研究和传播工作，他以满腔热情投入和指导各国的无产阶级革命实践，在艰苦奋斗和顽强斗争中度过了最后的岁月。

综观马克思的一生，从理想与信念的萌芽到理论与现实产生冲突的困惑，从扎根现实到克服与超越理论困境形成科学的思想体系，马克思哲学紧密围绕人类解放的主题展开一切理论思考和批判，根本上是为了揭示招致人被奴役的生存境遇根源，促进人类找到通向解放幸福之路的现实路径。哲学在马克思那里不仅是"批判的武器"，而且是"武器的批判"。马克思人类解放学说作为一个具有超越性的学术主题，既包含了对人与社会发展客观规律的探索，体现规范意义上的合规律性，又富含了满足人的发展需求、彰显人的本质取向的价值研究，体现合目的性的价值尺度。科学与价值共同构成了马克思哲学最重要的两个维度，其从事实和价值两个方面反映出自然、社会与人的发展之间制约与被制约的内在关联，并在实践的基础上揭露现实历史运动及其发展趋向合规律性与合目的性的辩证统一。

从科学的角度上看，人类解放的主题表明，马克思对未来共产主义社会的构想是基于对人与社会发展的客观规律的科学探索，在存在论意义上指明了人类历史发展的必然方向，因此与空想社会主义者具有本质区别。马克思从规律探索的视角揭示了物质生产、经济因素及奠基于其之上的其他一切因素在人类历史发展中的意义和作用，使得人类解放的哲学主题植根于外部性的科学规律前提。马克思认为人类社会发展遵循其内在的客观规律，并指出，"整个所谓世界历史不外是人通过人的劳动而诞生的过程，是自然界对人来说的生成过程"①。自然作为历史的前提，必然先在地嵌入人的现实的历史之中，人的生活与人的实践活动统一于生产劳动，满足人的生活需要的物质生产劳动既是人类的第一个历史活动，也是贯穿于历史之中的现实内容，人类社会历史的发展归根结底是现实的人通过劳动生成、发展而成的。正如恩格斯在马克思墓前的讲话中所说的，"正像达尔文发现有机界的发展规律一样，马克思发现了人类历史的发展规律，即历来为繁芜丛杂的意识形态所掩盖着的一个简单事实：人们首先必须吃、喝、住、穿，然后才能从事政治、科学、艺术、宗教等等"②。同时，在大量的经济学考究与资本主义社会现实的发掘中，马克思揭示了资本主义生产方式的内在机制及其所产生的资产阶级社会特殊的运动规律——剩余价值规律，进一步阐明了资本主义社会的剥削实质，更加坚定无产阶级自身的革命解放运动目标指向消灭和根除资本主义私有制。马克思对两大规律的发现，不仅从根本上改变了人们对人类历史及其所处社会发展阶段的认识，而且深刻影响了无产阶级对自身命运的思考，激发了人们自我拯

---

① 《马克思恩格斯文集》第 1 卷，人民出版社 2009 年版，第 196 页。

② 《马克思恩格斯文集》第 3 卷，人民出版社 2009 年版，第 601 页。

救的动力与自觉。规律总是以客观的、本质的必然性作用并贯穿于现实之中，从这个意义上说，人类社会的发展也是一个自然发展的过程，只有把握住人类社会发展的科学标尺，才能领悟人类解放所内含的科学意义，才能在实践中将其科学的内涵转化融合于人类发展的最终目的。

从价值的角度上看，马克思哲学内蕴着一种将人从一切束缚中解放出来的价值理想和人文关怀。马克思始终关注人的生存状况，十分重视和强调符合人性的和人的尊严的基本条件，针对资本主义社会剥削人、奴役人的客观现实，他将矛头直指资本主义私有制及其基本矛盾，犀利批判"以物的依赖性为基础的人的独立性"所表征的资本主义社会中，人无所不在地遭受抽象的统治。马克思指出，"任何解放都是使人的世界即各种关系回归于人自身"①，他从人道主义和人本主义的角度展现了其哲学深层的价值内涵：唯有消解"物的依赖性"，彻底改变资本主义社会下"物的世界的增值同人的世界的贬值成正比"②的悲剧，才能在真正意义上通达人的"自由个性"。而这一目标得以实现的根本路径依赖于无产阶级以革命实践展开积极斗争，彻底推翻剥削人、奴役人的资本主义制度，建立起解放人、发展人的社会主义制度，从而走向人

---

① 《马克思恩格斯文集》第 1 卷，人民出版社 2009 年版，第 46 页。

② 《马克思恩格斯文集》第 1 卷，人民出版社 2009 年版，第 156 页。

类的解放和自由。一方面，马克思崇尚作为人类追求的最高精神即"自由"，通过对"异化劳动"的批判，揭示劳动者的真实处境和人性复归的可能性①，强调人的问题是哲学研究真正的根源性所在；另一方面，他将哲学与无产阶级革命实践星火联系起来，认为哲学只有在作为无产阶级的精神武器时才能避免自身陷入各式各样的曲解并转化为现实的力量，使哲学切实发挥出其解放人的理论的向导作用。无产阶级只有以哲学作为革命的精神武器，才能真正掌握最先进、最科学的革命理论并用于指导革命实践，正如马克思所概括的，"哲学不消灭无产阶级，就不能成为现实；无产阶级不把哲学变成现实，就不可能消灭自身"②。马克思正是在其理论研究和革命实践中注入人类解放的价值理想和人文关怀，使其所揭示的客观规律在现实的人的自为活动中释放出人对自由与解放执着追求的本质属性，共同统摄于人类解放的主题之中。

马克思人类解放的学术主题凝聚了科学维度和价值维度，是"现实的人及其历史发展的科学"与"揭露人在非神圣形象中的自我异化"相统一的意义上③的哲学显

---

① 参见俞吾金：《实践诠释学——重新解读马克思哲学与一般哲学理论》，云南人民出版社 2001 年版，第 159 页。

② 《马克思恩格斯文集》第 1 卷，人民出版社 2009 年版，第 18 页。

③ 参见王庆丰：《〈资本论〉的再现》，中央编译出版社 2015 年版，导言第 8 – 9 页。

现，它立足于规范性与自由性内在统一的基础之上，对人性的理解赋予了历史性与发展性的深沉内涵，将追求人类的解放视为整个哲学视野的凝合点所在，在深层批判意蕴中映射出一种剥离现实的丑陋面具而对人类自由、美好生活憧憬的超越性。人类解放的主题与精神不仅从未脱离马克思的哲学范畴和实践步伐，而且伴随着马克思思想的深化，其在具体的实现路径上不断获得自证的合法性根据和现实力量并推至纵深发展的新境界。人类解放作为马克思的学术主题及其哲学的内核，为马克思哲学的研究视野明确了基本的方向和范围，是哲学视野显现的重要标志。

二、马克思人类解放的理论结构

关于马克思人类解放理论的结构逻辑，国内有学者以马克思的《黑格尔法哲学批判》和《论犹太人问题》为主要的文本依据而倾向于以宗教批判、政治解放和人类解放三个维度构建马克思人类解放的理论逻辑；也有学者透视马克思哲学思想领域而系统地总结马克思人类解放理论的内在构成要素，将人类解放划分为政治解放、经济解放、社会解放、劳动解放和文化解放等进行多维度板块结构研究。这两种理论结构分析和逻辑进路各有其特点，但笔者更倾向于第二种观点，因为其结构分析在呈现马克思多维度解放的内在关联及其与人类解放之间张力的同时，更全面地凸显马克思人类解放的主题贯穿其中的强大核心力和广泛研究视野。马克思哲学观在紧密围绕人类解放主题的前提下，形成政治解放、经济解放、劳动解放和文化解放四大理论结构内在统一的基本向度，呈现出马克思哲学观的人类解放理论视野下的横向维度。

马克思人类解放理论结构的划分立足于市民社会的阶级矛盾与阶级冲突，从不同的层面和关系维度来探讨人类解放思想的整体内容。从理论结构整体上看，政治解放与人类解放的张力构成了整体理论内容的轴心线索，其支撑起其他各个理论维度内在关联的核心关键。人类解放理论四个维度的逻辑关系具体表现为：通过宗教批判而实现的政治解放开启人类解放的历史前提；以生产力与生产关系的内生动力表征人与社会的本质回归的经济解放，为人类解放奠定了物质基础；以对异化劳动的积极扬弃实现革命力量转化的劳动解放是人类解放的根本动力；以文化话语权的革命对抗市民社会的权力与资本逻辑及奠基于其上的资本主义意识形态的文化解放，为无产阶级走向人类解放提供精神基础和智识条件。①

政治解放作为个人与社会相分离的现实的社会政治根源，只有消除使得人陷入抽象的市民社会以及在此之上的虚幻的共同体（即国家），才可能构建一种承认并促进人的主体性，又维护和谐新秩序的共同体模式。政治解放的首要任务就是将政治国家从宗教中解放出来，使宗教彻底失去作为国家精神而存在的地位，从而转变成为纯粹的神

① 对马克思人类解放多维度的理解，笔者部分参考借鉴了导师刘同舫教授的观点，参见《马克思人类解放思想史》，人民出版社 2019 年版。

学问题。马克思指出，"人创造了宗教，而不是宗教创造人"，"宗教是还没有获得自身或已经再度丧失自身的人的自我意识和自我感觉"。① 宗教产生的根源必须回到人的物质生产和社会交往方式中去寻找，其实质是以虚假的形式掩盖阶级社会的剥削和压迫。只有借助现实的人的实践方式，在政治国家与市民社会相分离的政治革命②中对政治异化和经济异化进行双重批判以寻求解放，才能剔除这种作为神学根源的世俗基础及其对人所产生的异化。

马克思将视角转向政治解放，他通过对黑格尔理性主义国家观的神秘主义实质以及其所反映的政治哲学进行批判，并将宗教批判从费尔巴哈人本异化批判的角度转变为对颠倒世界观的国家进行批判，揭示出国家"只是作为政治国家而存在"③，其本质是阶级统治的政治形式，并得出"不是国家决定市民社会，而是市民社会决定国家"④ 的结论。在与鲍威尔就犹太人的解放问题展开论战时，马克思在《论犹太人问题》中认为，始于自由主义国家至上的政治原则而在神学中游动的鲍威尔难以超越自

---

① 《马克思恩格斯文集》第 1 卷，人民出版社 2009 年版，第 3 页。

② 从资产阶级政治革命打破中世纪政教合一的封建专制制度套在人民头上的枷锁来看，政治革命本身就是政治解放。

③ 《马克思恩格斯全集》第 3 卷，人民出版社 2002 年版，第 147 页。

④ 《马克思恩格斯文集》第 1 卷，人民出版社 2009 年版，第 763 页。

由主义体系的局限，因而将宗教批判与政治批判困囿于宗教神学的立足点之上，① 使其无法把握到政治解放的限度问题。马克思基于对市民社会的进行初步研究，"看到了政治革命、政治解放的限度，从中提出了进行不停顿的革命、实现人类解放的目标，并找到了无产阶级作为克服市民社会中人的自我异化状态，也即完成了人类解放的担当者"②。政治解放并非一种不存在任何矛盾的解放方式，它不过是完成了市民社会从政治中的解放而已，相反，"政治解放在完成对宗教和封建特权的批判之时，在完成对'人的自我异化的神圣形象'即宗教异化的克服之时，也形成了'非神圣形象中的自我异化'——它导致了人在市民社会生活中和国家政治生活中的同时异化，即所谓'双重异化'"③。在市民社会生活中，尽管以血统、政治身份为标志的封建等级要素被消灭了，但人却在社会活动的参与中以新的方式被异化而形成新的社会阶级差别，人在根本上没有超出利己主义的权利而始终处于相互矛盾冲突的处境中；在国家政治生活中，政治国家没有履行其作为普遍利益的代表者的义务来修正市民社会中自私自利性

①　参见黄漫、刘同舫：《马克思对鲍威尔的批判角度及其哲学定位》，《学术研究》2016 年第 6 期。

②　郁建兴：《从政治解放到人类解放——马克思政治思想初论》，《中国社会科学》2000 年第 2 期。

③　刘同舫：《政治解放、社会解放和劳动解放——马克思人类解放思想再探析》，《哲学研究》2007 年第 3 期。

的"唯物"本性，而仅仅成了一种"客套"对特权的掩饰，只是在形式上关注了市民社会中成员的利益和诉求，但是实质上成为空谈。政治解放的限度在于将个人从政治领域的宗教神学中解放出来，却没有使人获得自身本质的复归，反而以新的宗教——拜物教的弥漫盛行使人陷入更彻底、更全面的异化状态。①

显然，无论是在市民社会生活中还是在国家政治生活中，人都不可能彻底摆脱肉体上和精神上的异化而获得真正的解放。马克思敏锐洞察到市民社会和政治国家的各种弊病，抓住资产阶级革命的基本立场及其暴露出来的极端片面性与根本局限性，提出"政治解放本身并不就是人的解放"②，必须超越政治解放走向人类解放。毋庸置疑，以宗教批判和理性解放为基本内容的政治解放，将消除国家作为其主要的实现方式，无疑是无产阶级通往解放之路的重要突破，也构成了马克思人类解放理论结构的首要要素。如何由政治解放走向人类解放的问题实际上也规定了马克思尔后理论研究工作展开的方向和重心。以政治解放为起点，马克思转而潜心研究政治经济学，回到经济现实的具体语境窥探解放的困境与出路，以求透过经济学与资本主义现实的关系跃过政治解放的"驿站"渗透到解放

---

① 参见刘同舫：《马克思人类解放思想史》，人民出版社2019年版，第104–106页。

② 《马克思恩格斯文集》第1卷，人民出版社2009年版，第38页。

的新"站台"，进而发掘了经济解放作为推进人类解放最为基本的动力支持。

经济解放的着力点在于消除社会层面的异化力量，为人类解放提供社会物质基础。具体来说，就是要促使生产力由作为劳动者异己力量的存在转化为能够为由其自身所支配和掌控的力量，促使生产关系由"以物的依赖性为基础的人的独立性"所表征的物与物的关系转化为"个人全面发展的自由个性"的人与人之间的应有关系，其实质是在经济活动的领域消除一切人的异己力量，从根本上说就是要消灭资本主义私有制。

在《德意志意识形态》中，马克思和恩格斯立足于唯物史观的基本原理，从生产力和生产关系辩证运动的角度揭示了人类社会发展的客观规律以及资本主义灭亡的历史必然性，这也构成了马克思进一步探究人类解放道路的经济学思路。马克思和恩格斯强调，社会层面上人作为主体被异化的状况具有历史的合理性和必然性，"只有在现实的世界中并使用现实的手段才能实现真正的解放；没有蒸汽机和珍妮走锭精纺机就不能消灭奴隶制；没有改良的农业就不能消灭农奴制；当人们还不能使自己的吃喝住穿在质和量方面得到充分保证的时候，人们就根本不能获得解放"[1]。从经济学视角对市民社会深入剖析后，马克思认为，经济力量的变革是社会层面的异化最核心和最深刻

---

[1] 《马克思恩格斯文集》第 1 卷，人民出版社 2009 年版，第527 页。

的内容。在资本主义社会中，"受分工制约的不同个人的共同活动产生了一种社会力量，即成倍增长的生产力。因为共同活动本身不是自愿地而是自然形成的，所以这种社会力量在这些个人看来就不是他们自身的联合力量，而是某种异己的、在他们之外的强制力量"①，这种社会力量在资本主义社会之下就表现为不堪忍受的力量——异化，生产力与社会交往手段在现存的关系下必然招致灾难——生产力以破坏的力量代替了生产的力量，从而产生承担社会一切重负的、不得不忍受迫害而谋求生存的阶级。显然，资本主义社会异化的根源必须追究到交往关系的异化中。

早在《1844年经济学哲学手稿》中，马克思就通过对劳动异化理论的全面阐述批判了私有制下人的异化的深刻根源。在私有制社会中，以物的形式构建起来的生产关系必然使得人与人的关系被物化，社会物质变换的普遍化致使整个社会关系的物化。只有废除资本主义私有制，才能改变生产力被盲目用来统治生产者的破坏力量的性质，人与物、人与人之间的异己现象才能被彻底消灭，从而使人成为独立自由的人，如此，人才能挣脱现实异化力量的束缚，恢复一切属人的特性和本质，人与人之间的应有关系才得以复原，经济维度的解放也必然使得社会获得真正意义上的解放。一旦社会层面的异化现象被彻底消除，意味着一种超越市民社会的新社会即将到来，这是一个打破

———————

① 《马克思恩格斯文集》第1卷，人民出版社2009年版，第537－538页。

阶级对立、以先进制度取代被消灭了的私有制、人与人处于平等和谐社会关系之中的新社会，它意味着在社会层面上实现了人的解放，人类社会也必将走向更高的发展阶段。

从个体力量维度而言，劳动解放是以扬弃异化劳动的方式促使劳动者实现现实革命力量的转化，推动每一个现实个体的劳动者走向自由发展的新境界。劳动解放首先是马克思针对资本主义社会与资本主义制度中的人的异化而提出来的，它与异化劳动深刻关联。马克思指出，劳动是人所特有的使人区别于动物并体现出人作为人本身的"类生活"和"类本质"。然而，在资本主义社会下，劳动并非作为自我本质力量的外化显现，而是作为独立于人之外的备受控制的谋生手段，在根本上发生了异化，正如马克思所说，"异化劳动把这种关系颠倒过来，以致人正因为是有意识的存在物，才把自己的生命活动，自己的本质变成仅仅维持自己生存的手段"①。劳动者生产出的劳动产品，不仅是具体形态的劳动产品和其他一切人的生产物的总和，同时还包括劳动者及劳动活动自身，劳动产品以独立于劳动者之外的异己存在物存在并与劳动本身相对立。劳动者同一切劳动产品的关系只是同一个异己力量及异己对象的关系，以至于包含国家、技术、宗教等在内的人的生产物都以异化的形式反过来支配人，成为与人相敌对的异己力量。异化的逻辑体现了马克思以人的共同本质

---

① 《马克思恩格斯文集》第 1 卷，人民出版社 2009 年版，第 162 页。

的外在性为基本立足点，并将这种外在性作为个体上升到社会性的必然环节，[①] 从而从资本主义社会现实的外部性状况揭示了人在其中被异化的本质，显现了马克思对市民社会深层本质的反思与透析。劳动的异化是一切异化现象中最具根本性的异化，它产生于人类自发的分工，随着私有制的形成而在与其相互作用中不断深化发展并在资本主义社会达到了顶峰。人们深陷于现实的异化劳动而不自知，片面性、畸形化的发展使得"效用"成为资本主义社会用来裁决一切的根据，人的本质在现实生活中无法获得彰显与满足而致使本质退化与意义丧失，只能寻求一种外在的精神寄托，进而也导致宗教、艺术等抽象领域的意识活动被嵌入异化的性质。

马克思在《德意志意识形态》中克服了《1844 年经济学哲学手稿》将理想化色彩的劳动和异化劳动的矛盾作为资本主义私有制的基本矛盾、将人类社会理解为人的类本质的异化及其扬弃的过程、将人类解放看成异化的消除过程的缺陷，进一步把劳动与同异化劳动相对立的自由自觉的活动紧密联系起来，使这种劳动观具有了能动的、创造的特性，指出劳动解放的本质是"由异化劳动转化为自主劳动，恢复人的自由自觉的本性"[②]，就是要实现

[①] 参见韩立新：《〈巴黎手稿〉研究》，北京师范大学出版社 2014 年版，第 181 页。

[②] 刘同舫：《马克思人类解放思想史》，人民出版社 2019 年版，第 117 页。

人的全面的自主活动。劳动对劳动者来说仅仅是谋生的手段和可以出卖的商品，只有以自由联合劳动制度取代雇佣劳动才可能改变这种非人性的现状。

马克思以辩证视角考察了资本主义制度及其生产方式下劳动的本质——雇佣劳动，其作为劳动的历史形式所具有的进步性及其泯灭人性的罪恶所在。雇佣劳动对于瓦解神权的奴役统治以及封建专制下旧式人身依附关系的劳动模式，推动以物的依赖关系为基础的人的独立性的社会建立，即人在以交换价值的外在标准为前提实现了法律形式上的自由与平等而言，无疑具有进步意义。然而，也正是雇佣劳动使劳动异化为"必要性和外在目的规定要做的劳动"①。对雇佣劳动展开人道主义式的道德批判并不是马克思理论研究的重心，马克思旨在通过揭露资本主义社会中人的生存状况进一步揭示雇佣劳动的实质。在资本主义社会中，劳动与资本以生产要素的"合理"存在形式掩盖了两者的本质对立，劳动二重性与劳动力商品对劳动者自由的悖逆揭示了雇佣劳动制度在虚假的劳资权力规定中深藏着资本家与雇佣劳动者之间压迫与被压迫、剥削与被剥削的真相，② 资本逻辑的扩张性与支配性不断加深人被异化的客观事实。

---

① 《马克思恩格斯文集》第 7 卷，人民出版社 2009 年版，第 928 页。

② 参见黄漫、刘同舫：《海德格尔对马克思劳动观的误读》，《国外社会科学》2020 年第 3 期。

马克思指出，"自我异化的扬弃同自我异化走的是同一条道路"①，生产力的社会化要求与生产资料私人占有之间的矛盾转化为资产者与无产者的尖锐矛盾，其在迫害人的同时也隐藏着破解资本控制的历史主体力量，为超越资本逻辑、走向人的解放创造了条件和可能空间。劳动解放的根本动力并不是来自某种外在的强制力，而是来自普遍异化为人的自由而全面发展所奠定的物质基础之上的异化劳动本身所固有的斗争力量。无论是对劳动者展现出异己力量的生产力还是以物化关系表现人与人之间的生产关系和社会关系，实则都是现实劳动主体在劳动中的积极力量与消极力量此消彼长的过程显现。从这个角度而言，经济解放与劳动解放从不同维度上体现了高度一致性。

要彻底否定和消除一切异化力量、促使人的本质复归，唯一道路就是要充分发展无产阶级作为历史活动主体的革命力量，促使劳动生产本身更多地体现为人的本质力量的展现，使生产逻辑与人的自由而全面发展和自由解放统一起来。② 异化劳动作为马克思窥视资本主义的一个重要视角，在揭露现实的人的生存状况的同时，也将异化劳动面纱之下的劳动解放之源挖掘出来，为人类解放敞开了最关键的一扇门。

---

① 《马克思恩格斯文集》第 1 卷，人民出版社 2009 年版，第 182 页。

② 参见仰海峰：《〈资本论〉的哲学》，北京师范大学出版社 2017 年版，第 84 页。

文化解放是从人的精神层面展开的一个维度。尽管马克思文本中并没有专门进行文化解放的探讨，但从精神的领域关注精神文化生产同样是渗透于马克思思想学说的一个重要内容。马克思的文化解放理念是建立在政治解放、经济解放、劳动解放基础之上，对被现实的异化侵蚀到的文化领域所产生的以枷锁般形式显现出来的文化异化的摆脱和超越的解放之路，它同政治解放、经济解放、劳动解放内在关联、相互作用，旨在从文化的理念世界中消灭一切精神异化，促使人向自身的本质回归。

文化话语权是解读马克思文化解放的重要视角，马克思、恩格斯以历史眼光考察了文化话语权问题，将其还原到阶级的对立矛盾中来把握其产生的根源、功能和作用。文化的占有权和使用权长期以来被特权阶级或统治阶级所霸占，统治阶级正是通过自身的优势地位占有政治、经济、文化等领域的权力来确认其自身统治的合法性根据，并由此形成意识形态以巩固自身的统治地位。在阶级社会中，文化话语从根本上表征着阶级对立的客观事实，争夺文化话语权自然成为文化解放的重要方面，目的是打破统治阶级固有的合法性统治，消解不同阶级在社会意识层面上的压迫性和虚假性从而消除阶级矛盾，其必然贯穿于政治解放、经济解放和劳动解放的具体实践过程之中。文化解放并不全然等同于文化话语权的夺取问题，它关涉到资本主义社会中人们生活世界的方方面面。文化解放在根本上是以反思的方式审视已然成为客观事实的根据，以期转化为现实的物质性力量并在扬弃既定客观前提的过程中，探寻历史境域下的新的可能性。

马克思看到人类文化解放并没有在德国的社会现实中受到重视，资本主义社会中统治阶级在政治、经济领域分别以权力和金钱对人们的生活进行控制和支配，在资本逻辑的精美包装之下，权力原则和金钱逻辑战胜了传统的文化精神和崇高的文化理念，以新的意识形态霸权指挥着精神文化的去向。马克思极力维护文化精神的独立和尊严，不仅批判德国资产阶级的权力和金钱至上的庸俗现象，深入资本主义生产关系之中揭露其弊端，还将批判延展到资本主义文化中，强调人类在精神层面上的文化具有反思性，能够通过反思成为抗衡资本主义社会权力和金钱控制人性与欲望的有力武器，表现出一种克服人类精神异化状态的智识力量，奋力使文化精神回归其自身，从而在精神的领域中引导无产阶级走向解放。

在追求人类解放的道路上，马克思既强调要回到现实社会的政治、经济领域中寻找解放的具体途径，也十分重视通过文化解放为无产阶级构筑一种主体性的解放意识。只有将这种解放意识注入作为革命的主体力量的无产阶级和人民大众身上，才能最大限度掌握社会现实批判的依据，凝聚无产阶级力量并提升其革命意识觉悟以进行反抗压迫的革命实践，才能促使文化解放与政治解放、经济解放和劳动解放有机统一起来，克服和超越资本主义社会的弊病，彻底地改造现实世界，最终由必然走向自由的人类解放新境界。①

"任何解放都是使人的世界即各种关系回归于人自身。"② 这个"归还"过程，是政治解放、经济解放、劳动解放和文化解放的彻底展开，这四者之间环环相扣、相互渗透，构成了马克思人类解放理论的横向结构，与马克思人类解放学术主题深度融合，以博大广袤的理论丰富性与深刻性呈现出马克思宏大的哲学视野，深深植根于全人类的解放事业之中。

第三节　解放普照之光对存在澄明之境的超越

哲学观视野是哲学家专注于某一思想研究上所展露出来的全部领域，是其哲学研究内容所关涉到的整体时空范围与学术语境。对哲学研究视野的运思的宽阔程度（宽泛抑或狭隘），直接影响其哲学观内涵在探究世界及映射现实的过程中所敞现的广度与深度。在哲学视野的显现中，马克思与海德格尔都表达了他们对传统哲学批判以及对自身理论建构的深入沉思。哲学观研究视野存在区别，致使马克思与海德格尔哲学观内涵在现实语境中流露出各具特点的理论胸襟和现实意义。

---

① 参见刘同舫：《马克思人类解放思想史》，人民出版社 2019年版，第 128 页。

② 《马克思恩格斯文集》第 1 卷，人民出版社 2009 年版，第 46 页。

一、社会实践诉求与真理自然还原的使命分歧

哲学使命的分歧与打开世界的解释前提不同，使得两种哲学显现出各不相同的关注视域和研究视野。马克思哲学观始终以人类解放为核心，他将人类解放置于一个纵向思想发展与横向理论建构相互交融并统一于社会实践基础之上的研究视野中。人类解放的学术主题从纵向上规定了马克思哲学观视野的根本性质和基本方向；多重维度的人类解放理论则从横向上将马克思哲学观视野的张力扩展到政治、经济、劳动和文化等解放视域之中。马克思纵向的学术探索历史和横向的理论结构逻辑汇合成总体性研究视野，充分体现了马克思哲学观全面性、宽广性、层次性和递进性的探究路径，展现马克思人类解放宏大主题的实践特性和精神境界，深刻彰显了人类解放思想无比宽广的理论胸襟及其对现实境遇观照中所焕发的普照之光。

海德格尔在以不同哲思路径追问存在及其本真意义的征途上，将其哲学视野由在世界之中存在推进到天、地、神、人的世界四重整体的存在维度，这与其将哲学的使命规定为将真理还原于原初自然具有内在统一性。海德格尔的哲学视野试图以多元性的维度（即天、地、神、人四方，由四方统一构成了存在及存在者的全部范围）所凝合成的世界整体涵盖存在及存在者的一切，使得存在在世界之中得以敞开其自身，作为此在的存在者在存在的自行显现中通达澄明之境。从表面上看，海德格尔的哲学视野似乎将一切直观可见范围和不可见抽象范畴统一汇聚成一整

体，为人栖居于大地之上四方之中的"如何"及其自我拯救提供基础和保障，揭示在以技术作为核心的现代性境遇中，人的生存以某种不可触及的遮蔽领域为前提并受到其牵引来实现自我展现。实际上，他划定了一个物质性的客观可见领地和一个神秘虚无的迷幻空间①共同形成存在与存在者之间"宽广领域"。

从广义上看，我们可以将马克思与海德格尔的哲学视野看作凝合了物质领域和精神领域的全部范畴，两位思想家以各自的具体视角和探究方式表达了对生存论、存在论的共同关注和信念。从狭义上看，他们对具体的哲学视野中"物质"与"精神"所意指的内涵存在较大区别，致使他们的哲学观折射出不尽相同的哲学意蕴、理论诉求和思想境界。较之于海德格尔的哲学视野，马克思学术发展历程和理论结构性质相统一所展现的价值旨趣更彰显其哲学视野的开阔性、现实性与革命性。

在哲学视野的广延性上，马克思的哲学视野体现世界的统一性与人的主体性的内在统一、物质性的客观世界与精神性的思维世界的辩证统一。马克思本体论视域中的物质领域强调客观实在性，不是一味地等同于人的肉眼所能及的一切存在的事物，它包含了整个自在存在的自然界以及人在其中自为发展的人类社会，以自然存在的发展历史和人类社会的发展历史共同构成了物质的客观存在基础，

---

① 海德格尔的神性倾向实际上就是要构造一个信仰世界，或者说是构造一个收摄于人的内心之中的神圣价值。

而社会实践构成了其达成世界统一性的现实基础。物质的客观实在性内涵是丰富的、具体的，物质世界不是先见被规定的存在，世界历史是人的劳动生成的过程，物质世界必然在与人的感性活动发生关联时从人的自由自觉的实践活动转向生产，现实的人及其与自然、与人本身、与社会的关系作为整个人类社会发展的物质前提和根本动力，推动了人类历史的发展。马克思将对人的生产性的理解放置到现代历史的深处来敞开分析现代性下人的异化的生存状况以及资本主义社会现实，展现深刻的历史性意义。在《关于人道主义的书信》一文中，海德格尔还曾因此对马克思给予了高度评价，认为"马克思在经验异化之际深入到历史的一个本质性维度中，所以，马克思主义的历史观就比其他历史学优越"①，甚至认为无论胡塞尔还是萨特都无法达到与马克思对话的维度。

在复杂关系链条中的生活实践所生成的现实视域中，人的世界与世界的人不断地在交互作用中发展，同时也生成和展现了马克思所关注着的人的精神领域。马克思哲学视野中的精神领域，并非人依据其对人或物的依赖和需要而想象出来的虚无的、不着边际的"理念""神性"或"物性"崇拜，它是一种依赖客观存在并通过实践活动对人自身生存和发展需要及价值追求的真实反映，是一切社会物质力量的精神反映。它从人自身的发展需求出发，融

---

① ［德］马丁·海德格尔：《路标》，孙周兴译，商务印书馆2000年版，第401页。

合人的目的诉求，将精神领域的力量转换成为物质性的力量，以克服现实困境、满足人的需要、促进人的自我提升和发展为根本目的。

马克思的哲学视野始终没有脱离物质领域和精神领域的框架，表现出世界的物质统一性与人的主体性相统一的逻辑，他将一种现实的、历史的尺度内置于物质领域和精神领域的统一体中，贯穿于整个宏大哲学视野的探究范畴，诉诸社会实践通往其哲学的目标趋向。现实的人在发展过程中的境遇及其由此所产生的解放的内在需求不仅内嵌于马克思哲学视野之中，而且成为马克思建构其哲学视野的根本出发点和最终归宿所在。马克思哲学视野的广延性科学地融合了人存在与发展的物质领域与精神领域，并从政治、经济、劳动和文化四个维度打开改变社会现实、改造世界未来的切实内容与思想境界，以一种全面性的视角将物质领域与精神领域放在社会实践中进行完整的现实转换，尤其在资本主义历史境遇中表征为无产阶段的革命力量和消灭形而上学与资本逻辑的双重钳制。推翻资本主义制度构成了社会实践的现实诉求，在哲学视野中展现马克思哲学现实性与超越性。

在当今世界各国物质文明与精神文明的发展过程中，尽管物质领域与精神领域的现实表达与改造方式及关注聚焦点与马克思的解放逻辑进路有所区别，但这并不能否认马克思哲学视野中四重解放维度的历史性、现实性和发展导向性意义。马克思的"解放不是从一种思想到另一种思想的解放，而是一种寻求'现实道路'的解放"①。马克思哲学视野中四重维度的理论分析与其人类解放的学术主题紧密结合在一起，从物质层面和精神层面对社会的内在规律及其自身的发展进行全方位的深入剖析，揭示人在不同的历史阶段中所遭遇的困境及其根源所在，诉诸具体实践中拯救人、解放人的根本道路，充分展现了马克思人类解放思想的理论境界及其在历史与现实境遇中对人的普遍观照，这种宽广的哲学视野使得马克思人类解放以其广阔和深邃的内涵将其理论的智慧光芒洒向一切人的存在之境中。

海德格尔在世界之中寻求对存在的澄明之境，其存在从传统哲学的终极本质中被拯救，奠基于大地本质上的自行锁闭。此在在世界之中存在，以"在世界之中存在"的生存论机制来揭示此在的人"去存在"的方式。在天地神人的世界整体之中，此在的去存在过程与天、地、神三方一同出场，任何一方都无法脱离其他三方而存在，正是由于四重整体中各方之间的相互作用、相互映射的世界游戏，世界整体才得以敞开，此在的存在才能够通达澄明。与海德格尔早期的此在在世的研究范畴相比，海德格尔后期四重整体的视野显然更为开阔，但他在以天地神人四重整体作为存在与存在者的存在之境的阐述中，仍然显现出其存在主义哲学视野的局限性和狭隘性。

---

① 张文喜：《颠覆形而上学——马克思和海德格尔之论》，中国社会科学出版社 2004 年版，第 310 页。

一方面，海德格尔哲学中通过对时间和空间的阐释虽然也显现出追问存在的历史性维度，但其分析过程中也仍存在历史性视野缺失的问题。海德格尔对此在的人与自然、他人"打交道"的分析没有立足于具体的社会背景之中，他在批判现代性时并没有真正将此在置身于其语境中进行分析，而是用"存在者状态"或"在大地之上"等表述将具体的现实性含糊掩盖过去，这种缺乏历史性的分析方法使得此在的存在方式（栖居方式）停留于一般的生成论层面之上，使得在世界之中的存在者的存在方式必然囿于一种抽象性的分析。尽管历史性视野的缺失不会对海德格尔在特殊意义上揭示存在者之存在的本质造成否定性影响，但这也使得海德格尔的哲学观难以在历史的动态发展过程中具有普遍的观照意义。

另一方面，虽然海德格尔的哲学视野中不乏物质领域与精神领域的内容，但海德格尔在天、地、神、人的四方之中以思的方式对物质（天空、大地、此在的人）与精神（神性）进行定性，致使其哲学在现实意义的广延性上受到限制。从表面上看，天、地、神、人四重世界整体似乎包含了物质领域和精神领域的全部内容，实则不然。海德格尔在神性之下，在天地之间追问存在者的存在就是要揭示隐藏在存在者（事物）背后的秘密，现象学的认识方法促使其将现象与本质等同于研究的整个世界范畴，并试图透过存在者的表象及存在（本质）的敞亮来揭示本质性问题。天、地及一切存在者甚至可归结于现象之中，天、地与此在的人之间的交互性展现的协调和制约问题是构成现象的影响因素。而海德格尔认为，用以度量自身的神性，作为精神领域的内容，实际上是力求把一种神圣价值（现代人尚未出现的新的精神信仰）统摄于人的内心之中，使得人受着神圣价值的指引而诗意栖居，沿着他追问存在所"指引"的方向必将回归到形而上学的想象中去。

在这种哲学视野的范畴之中展现哲学观，尽管海德格尔认为能如其所愿地使澄明之境的存在得以显现（我们姑且不去评价他纯粹以思的方式通达敞亮的境界是否可行），尤其在艺术、技术等追问中深刻揭露现代性危机和人的生存状况问题展现其哲学智慧的深刻性，但不容忽视的问题在于，其哲学观的全部内容难以在普遍的意义上深刻嵌入现实之中。

二、扬弃异化根源对解蔽存在归家的历史性超越

马克思的哲学使命决定了其通往理想的现实道路是变革一切现存状况的现实力量，其哲学视野的展开以扬弃异化为现实之路，与海德格尔基于存在之历史的"解蔽"归家呈现出本质差异。

"使现存世界革命化，实际地反对并改变现存的事物"① 是马克思哲学区别于从逻辑范畴出发的哲学的根本性质，这意味着马克思哲学视野的现实基点就是资本主义

---

① 《马克思恩格斯文集》第 1 卷，人民出版社 2009 年版，第527 页。

社会现实。在现代性境遇下的现实世界，抽象的异化形式根源于资本主义生产方式而非宗教神学，资本主义创造了现代形而上学的主体并化身为商品、货币和资本等形而上学全部的争论对象。与海德格尔以技术探讨和揭示主体对客体进行操纵和支配的现时代的本质不同，马克思强调必须回到现实生活的关系之中，深入"商品的形而上学"与"日常生活的宗教"① 之中去理解现代形而上学的本质。马克思哲学革命的意义在于对近代形而上学根基点的彻底清除，为哲学确认现实的存在论基础。居于主导地位的形而上学以各种方式渗透生活世界，这决定了对形而上学的批判必须从理论层面转换到具体的历史内容之中，对资本主义社会中作为抽象统治力量的资本逻辑展开社会历史批判，揭示现实的人被宰制的生存境遇及其摆脱这种困境的具体路径，即无产阶级的革命实践。

异化表征马克思对现代资本主义的整体性批判，扬弃异化是解放力量敞现普照之光的根源问题，也是马克思多重解放理论的现实要求。从单纯的观念批判视角走向从现实历史活动出发对异化事实的考察，再到确立历史唯物主义的立场和观点，强调物质生产和交换方式的基本立足点，马克思始终将异化作为历史现象置于具体的社会历史环境中加以审视。在人类历史进程中，个人的自由而全面发展与普遍异化是同一过程，交换价值基础上的生产使得

① 参见《马克思恩格斯文集》第 5 卷，人民出版社 2009 年版，第 88、97 页。

人的自由而全面发展得以成为可能，但同时也产生了人同自己与人同他人的普遍异化，对异化和物化现象的扬弃必须在具体的历史条件下才能进行。在深入分析资本主义生产活动时，马克思抓住了异化劳动的根本特征在于"以交换价值为基础"的雇佣劳动，他从历史唯物主义角度指出雇佣劳动作为劳动的极端异化形式是一个必然的过渡点，[①] 并在道德上谴责资本主义生产的功利性和雇佣关系下异化劳动对人的本质的破坏。马克思在《资本论》中对异化理论的深入推进更加彻底地显现出历史唯物主义的根本原则。通过对商品形式的揭秘，马克思指出商品拜物教成为资本主义社会异化最普遍的表现形式，他透过具体事物之间的虚幻关系揭示了人同人之间的真实关系，从而确立了改造资本主义社会的根本旨归。

马克思在不同时期对异化及其扬弃的思考始终以当下资本主义的历史现实为根本基点。尽管他的早期研究受到人本主义的影响而将对异化的批判更多地表现为一种价值判断，但其哲学思考中也潜在引入了历史性的内容；随着马克思历史唯物主义的确立和政治经济学研究的全面展开，他不仅把对异化及其扬弃的认识和判断转向基于历史评价维度并结合道德评价的深化探讨，而且重在透视资本逻辑背后的资本主义社会发展的一般规律，揭示主体性发展依附于社会物质发展的深层逻辑及其对人之自由而全面

---

① 参见《马克思恩格斯全集》第 30 卷，人民出版社 1995 年版，第 511 - 512 页。

发展的意义。历史唯物主义对形而上学在历史境遇中异化本质的揭示及对资本主义现实境遇的批判，既契合马克思形而上学理论批判逻辑的客观需要，也在对资本的批判与工人运动的革命实践中展现了其应用于现实的无穷力量，印证了马克思人类解放的哲学主题。借用诗人荷尔德林的诗句"你如何开端，你就将如何保持"①，马克思历史唯物主义的开端同样也规定着马克思哲学视野下的存在论性质及其在革命实践中的现实威力。

对于海德格尔来说，其哲学视野展现的存在之思在解蔽中通往存在的澄明之境。作为消解和克服理性的由来根据的大地，其自身作为自行锁闭者，使得此在得以"穿透"大地的根基寻求根据，因而将光明带入大地的黑暗之中并在其中徘徊，由此获得对作为大地所相对置的天空——为物质性存在提供其所是的位置的敞开维度——的理解，正如此在的"日常性"生活得以实现正是以黑夜的遮蔽状态和对睡眠的遗忘为前提。存在之思解蔽存在的返回，就是于天空与大地这两个自行开启与自行封闭的世界区域之中紧张与和谐、冲突与调停地发生着的沉思，以一种动态的、接续性的方式持续着，是一个自为存在的世界总是试图努力使自在存在的大地澄明。② 这种归家的返

① 转引自［德］马丁·海德格尔：《在通向语言的途中》，孙周兴译，商务印书馆2004年版，第92页。

② 参见张文喜：《颠覆形而上学——马克思和海德格尔之论》，中国社会科学出版社2004年版，第322－325页。

回——存在之思返回原初的本真存在——的本体论遭到了阿多诺的批判，缘于其显露出以手段的方式夺取了目的，同时引致了一种形而上学中"向不可还原性的还原"的尴尬。以致在阿多诺看来，海德格尔的存在主义哲学在消解一切传统形而上学本体论后，却在更隐蔽的层面上铸造了无确定性的本体论。

即便技术全球化所带来的现代性危机和灾难被海德格尔视为存在之天命并将其与"家"等非持久的事物关联起来，但并不意味着海德格尔洞察不到其本质显现所带来人的生存困境，相反，正是基于此，海德格尔认为"思想的任务，能够在它的限度之内帮助人们与技术的本质建立一种充分的关系"①，他借助语言向人们允诺自身，从而形成运思经验而促使人们踏上通往思与诗的路径。然而，如何确保这种倾听语言的允诺能够通达其自身？语言如何决定人的存在方式？被理解为具有历史性的此在又如何确保在自觉中把捉到不确定性的存在？诸如此类的问题在海德格尔那里未能获得确定性的答案，从而使得解蔽返回的道路充满玄思的"陷阱"。

较之于海德格尔在世界四重整体的广袤视野中以澄明存在意义为基点窥探人类命运，在悲观忧虑中提出唤醒人类以思的方式掀开遮蔽本质的"薄纱"而走向自我拯救的道路，马克思人类解放哲学视野的丰富内涵和深层意义

---

① ［德］马丁·海德格尔：《海德格尔选集》，孙周兴选编，上海三联书店 1996 年版，第 1311－1312 页。

更加彰显积极的人文关怀和智慧魅力。马克思人类解放的哲学视野凸显了他对全人类的生存境遇和发展命运的深切关注，从形而上学批判到资本逻辑批判构成了其哲学视野中的全部内容，内嵌于政治解放、经济解放、劳动解放与文化解放的理论逻辑和解放路径之中。尤其是随着历史唯物主义的创立，他立足于无产阶级立场，通过揭示资本主义私有制下生产方式内在机制，发掘资本与劳动的悖逆矛盾背后的人与人的关系实质，将理论批判与无产阶级的现实革命深度结合起来，指导无产阶级开展走向解放的革命实践运动，充分展现了他构建哲学观的目的不仅在于解释世界，关键在于谋求变革和改造世界的整体性策略。同时，马克思也在论证理论之于实践的指导性、现实性与可行性的过程中指明人通往自由与解放的具体路径。可以说，其哲学视野中渗透出来的哲学胸襟和实践魄力使得哲学家和革命家的双重身份和角色完美地统一于马克思。马克思哲学视野为其哲学观提供了崭新的理论研究视角和宽广的现实空间，这不仅对与马克思同时代的学者以及后人的哲学思考和学术探索开辟了新的境界，同时，它以一种普照之光般的精神力量引领当代社会运动的前进方向。

第四章 逻辑与过程：哲学方法的运用

方法既意味着路标和开始，也关涉过程和结果。面对同一问题域，不同的方法将达至不同的理解和结果。不同的哲学观通过不尽相同的研究方法展开其哲学立场和哲学观点的诠释与推演，或许能够在某种程度或层面上显现殊途同归的哲学意蕴，但要达成整体一致的可能性却是微乎其微的。哲学研究的重点不仅仅在于研究什么，更在于如何研究。不同哲学方法的运用预示着哲学思考可能会在其探究倾向和观点结论上表现出某种差异性，而内含某种倾向和观点结论的哲学观却必然始终围绕其所依据的哲学方法展开运思逻辑和论证过程。

在比较马克思哲学观与海德格尔哲学观的过程中，注重对两者在哲学方法论上的差异分析，对于深刻把握马克思和海德格尔的哲学观主题及其哲学观呈现的思维理路极其重要。

第一节 海德格尔现象学与解释学的方法

如果说，海德格尔哲学观在世界四重整体存在之维的视野之中，展现出其哲学建构的整体性和完整性，那么，海德格尔的整体性视域则成为其哲学方法的根据所在，凸显了海德格尔哲学观在方法论所具有的特征。但作为一种认识世界的基本工具和根本方式，海德格尔结合本体论的现象学和解释学的方法贯穿于其哲学观的始终，具体哲学表达和方法运用对其整个哲学观更具根源性、普遍性和指导性的意义。

在海德格尔的视域中，存在论与现象学从对象与处理方式两个方面描述着哲学本身，"哲学是普遍的现象学存在论；它从此在的诠释学出发，而此在的诠释学作为生存的分析工作则把一切哲学发问的主导线索的端点固定在这种发问所从之出且向之归的地方上了"①。海德格尔的诠释学（即解释学）并不是传统意义上对古典文本和基督教圣经的解释的意义，也不是某种具体的方法论意义上的学说，而是将解释学与"实际性"的此在或"实际性"自身结合起来赋以其定义，强调的是一种对此在的实际性的去蔽过程，与反思式的自我意识并无关联。

现象学作为一种独具特色的研究方式，是开启海德格尔哲学观的根本方法，而现象学的解释学则是进一步对此在的存在本身的释义。可以说，海德格尔哲学前期侧重于此在在世生存的"现象学还原"，后期则侧重于存在本身

---

① ［德］马丁·海德格尔：《存在与时间》，陈嘉映、王庆节译，生活·读书·新知三联书店 2006 年版，第 45 页。

的"解释学释义"。[①]

一、本体论的现象学：解构方法的现象回归

海德格尔对传统哲学的批判是其哲学观极为重要的组成部分，他在批判传统哲学混淆存在与存在者两者之时，强调关键是要消除传统哲学将哲学的基本问题归结为存在者问题的研究方法（即理性主义的方法），使得存在者问题还原为存在的问题，才能使存在回归无蔽的澄明之境。现象学作为一种构造方法的现象回归，无论在对传统哲学的批判过程还是在构造"此在"的存在状态和可能性，本体论的现象学方法始终贯穿其中，对整个"思"的过程发挥着根本的方法引导作用。海德格尔的哲学观是以本体论的现象学为基点，构建其全部的哲学内容。

传统哲学以理性主义作为基本的哲学方法，这种哲学方法将存在作为某种对象来研究，致使"存在"不是其应有之义的"存在"而被认识，取而代之的是"存在者"的外显"身份"。传统哲学中的存在注定是虚无缥缈、模糊不清的，源于传统哲学更倾向于追寻存在普遍确定的性质，即存在者的性质。海德格尔洞见理性主义思维方式的缺陷和不足，试图通过以现象学作为通向哲学真正基础的方法来开辟一个崭新的哲学路径。

海德格尔认为，"使存在从存在者中崭露出来，解说

---

① 参见王庆节：《解释学、海德格尔与儒道今释》，中国人民大学出版社 2004 年版，第 78 页。

存在本身，这是存在论的任务"①。存在论②就是要探讨存在的意义，处理这一主导问题的方式是现象学的方式，即对现象学方法的运用。何为现象学？作为一个方法概念，"它不是关乎实事的方面来描述哲学研究的对象是'什么'，而描述哲学研究的'如何'"③。因而现象学不是某种"立场"或某种"流派"，而是提供了一种方法论上的指导。如果说，存在论是从问题领域上来称呼哲学的，那么，"现象学"则从方法上来称呼哲学，"现象学"是哲学的方法，也是存在论的方法。海德格尔对"现象学"的阐释和理解，就是对其存在论的方法的表达和舒展，"现象学"构成了他追问存在及其意义的根本立足点。

海德格尔强调，作为方法的现象学是与本体论根本一致的，他的哲学的全部内容就是普遍的现象学的本体论，也只有作为现象学，本体论才是可能的。海德格尔在导入现象学的方法时是从存在论的角度着手的。

存在论的任务就是要解说存在自身，旨在将存在者的存在与存在者区分开来，从而明晰凸显出存在者的存在。海德格尔的存在论并不是历史上流传下来的存在论，或者

---

① ［德］马丁·海德格尔：《存在与时间》，陈嘉映、王庆节译，生活·读书·新知三联书店 2006 年版，第 32 页。

② 在国内学者对海德格尔的文本翻译中，有学者将"Ontology"翻译成本体论，也有学者将其翻译成存在论，笔者在该部分从等同的意义上使用了这两个概念。

③ ［德］马丁·海德格尔：《存在与时间》，陈嘉映、王庆节译，生活·读书·新知三联书店 2006 年版，第 32 页。

在其他学科中的某一门确定的哲学学科的存在论，如果从存在论的历史和学科理解来尝试澄清存在论的方法，那终究会误入传统哲学的存在论范畴之中而面临着死胡同的困境。海德格尔的存在论是一种源始意义上的存在论，这种源始意义并非指"存在论"这个概念术语在近代刚出现之时，作为被遮蔽了其源始的意义而以"存在者论"的内涵表现出来所具有的含义，存在论的源始意义是指存在论的本真意义。①

既然"存在论"已非近代哲学所使用的"存在论"内涵，因而，追问存在的真正"存在论"就必须破除和超越西方传统的被海德格尔视为"颇成问题"的存在论方法。真正的存在论必须"从某些特定问题的事质的必然性出发，从'事情本身'所要求的处理方式出发"② 对存在进行追问，以现象学的方式来加以处理。海德格尔将现象学看成了源始意义上的真正存在论方法，一种不拘泥于实事描述层面的"什么"，而是展现哲学研究的"如何"的方法。但现象学的方法也区别于一般意义上程序化的"技术手段"或"技术方式"，它是"一种方法概念愈真切地发生作用，愈广泛地规定着一门科学的基调，它也就愈源始地植根于对事情本身的分析之中，愈远离我们

---

① 参见李章印：《解构—指引：海德格尔现象学及其神学意蕴》，山东大学出版社 2009 年版，第 165 页。

② ［德］马丁·海德格尔：《存在与时间》，陈嘉映、王庆节译，生活·读书·新知三联书店 2006 年版，第 32 页。

称之为技术手法的东西"①。

在海德格尔看来，"现象学"的核心原理在于"面向事情本身"，这也是海德格尔现象学方法最为本质的关键所在。面向事情本身，就是要反对一切漂浮无根基的虚构和偶然的发现，反对采纳任何貌似得以证明的概念，反对任何铺张式的以"问题"自恃的伪问题。如此抽象宏观的含义似乎不证自明却又不得不让人产生疑问：现象学表达的不是任何一种科学认识都具有的原则吗？海德格尔强调这种自明性正是其所要切近考察的重点所在。"面向事情本身"是寻求自身显现使得存在者背后的存在得以敞现，这种原则既不同于实证方式的印证，也不同于传统哲学理性主义思维下的客体性经验。海德格尔对现象学方法的具体展开始于对先行概念的阐明过程之中。

现象学（Phänomenologie）包含"现象"和"逻各斯"两个组成部分，二者都可以追溯到古希腊语的词源中，从名称外形上可以翻译为"现象的科学"。"现象"一词从希腊术语 φαινόμενον（显现者）派生而来，它包含两个层面的含义。一方面，它意味着显现自身，即显示着其自身的东西，是显现者、公开者的意思，从这个层面上看，"现象"的意义可以确定为"就其自身显示自身

---

① ［德］马丁·海德格尔：《存在与时间》，陈嘉映、王庆节译，生活·读书·新知三联书店 2006 年版，第 32 – 33 页。

者，公开者"①；另一方面，由于存在者可以通过各种各样的不同方式显现自身，甚至作为其本身所"不是"的东西显现出来，使得存在者显现为"看上去就像……一样"，这种显现被海德格尔称为"显似"，正是从这个意义上看，"现象"必然包含了"假象"的含义，即"貌似的东西"。因而，"现象"，即"作为自现者的'现象'与作为假象的'现象'"②。

进一步阐释"现象"概念的关键在于厘清这两种基本含义如何按照现象概念的结构相互联系，海德格尔着重区分"现象""假象"和"现相"（即"显现"）三者的差异，他在《存在与时间》中尤以"光照下某个人双颊赤红与可能表征出发烧的现实存在的关系"为例辅以说明上述三者的关系。所谓的现象是"就其自身显现其自身"③，意指某种东西显现出来但这种东西自身并没有作为一种显现，如同发烧的显现，但又不是通过发烧自身显现出来；而假象是源始意义的现象的否定性变式，即上述现象词义中的第二层含义；而现相不同于现象或假象，是宣示自己的东西。从词义梳理上进一步厘清几种可能导致

---

① ［德］马丁·海德格尔：《存在与时间》，陈嘉映、王庆节译，生活·读书·新知三联书店 2006 年版，第 34 页。

② ［德］马丁·海德格尔：《存在与时间》，陈嘉映、王庆节译，生活·读书·新知三联书店 2006 年版，第 34 页。

③ ［德］马丁·海德格尔：《存在与时间》，陈嘉映、王庆节译，生活·读书·新知三联书店 2006 年版，第 37 页。

混乱的含义：一是指显示自身的东西，即被宣示、引出来的东西（脸红），这种东西在显示自身的时候，指引出某种没有显示自身的东西，如脸红，实则引出了没有显现的发烧；二是指显示本身，如脸红；三是指宣示自身的东西，但现相恰恰不是显示自身，即不是"发烧"但宣示了发烧；四是指这种意义上的脸红：在发烧被看作本质上从不显示的东西时，脸红就作为被带来的东西，它本身并不构成带出它的东西（发烧）的真实存在，即二者之间并没有必然的关涉性；五是指上述情况下，发烧本身所做出的带出行为。[①] 在海德格尔看来，上述的第一、第二种含义则为"现象"，并倾向于将第二种含义视为源始意义上的"现象"；第三种含义称为"现相"；而第四、第五种含义是自在之物情况下的"纯粹现相"。可见，现相与现象不同，现相指的是"存在者之中的某种存在者层次上的指引关联；而只有当指引者（有所呈报者）就其本身显现着，只有当指引者是'现象'，它才能够发挥其可能的功能"[②]。它作为宣示自身者，必须依赖一定的关联关系，显示自身或显示自身的东西，且总会再进一步宣

① 参见［德］马丁·海德格尔：《存在与时间》，陈嘉映、王庆节译，生活·读书·新知三联书店 2006 年版，第 34 – 37 页；李章印：《解构—指引：海德格尔现象学及其神学意蕴》，山东大学出版社 2009 年版，第 155 页等。

② ［德］马丁·海德格尔：《存在与时间》，陈嘉映、王庆节译，生活·读书·新知三联书店 2006 年版，第 36 页。

示或关涉另外的东西；而"现象"本身在本质上是独立于这种关联关系的对自身的显现。至此，现象、假象和现相三者的关系逐渐明晰起来：假象和现相必然以现象为基础和前提，依赖于现象而得以呈现；现象既可能导致假象，也可能导致现相，而现相也可能导致假象。

基于对"现象""现相""纯粹现相"和"假象"等基础概念的把握，海德格尔将显示或显示出来的东西作为源始意义上的现象明晰出来，正如他所言，"唯当我们一开始就把现象概念领会为'就其自身显现其自身'，我们才能够廓清由此而生的混乱"①。在海德格尔那里，现象学的现象必须区别于康德意义上的经验直观而与形式的现象概念相一致，现象学的现象是与直观形式具有一致性的显示自身或显示自身的东西，而不等同于经验直观中的存在者。只有透视形式的现象概念及其在通常含义中的合法使用才能真正把握现象学的现象内涵。

现象学一词的后缀"逻各斯"（λόγος）在希腊语中意为理性、判断、概念、定义、根据、关系等，其原初意义被看作"话语"。"逻各斯"（即现象学的"学"）作为"话语"，其功能在于"把某种东西展示出来让人看"②，也就是让某种东西作为某种东西而被看见，它具有了综合

---

① ［德］马丁·海德格尔：《存在与时间》，陈嘉映、王庆节译，生活·读书·新知三联书店 2006 年版，第 36 - 37 页。

② ［德］马丁·海德格尔：《存在与时间》，陈嘉映、王庆节译，生活·读书·新知三联书店 2006 年版，第 39 页。

的结构形式。话语所谈论的东西一般包括两种情况，一种是话语所及的存在者从其隐藏状态中显现，除去掩蔽而使其作为非隐藏的东西被看见，即揭示所谈及的存在者的"真在"；另一种是"假在"，是在遮蔽意义上被欺骗，即把某种东西（A）放在另一种东西（B）前（使得B被挡住而A被看见），并把它（B）作为它所不是的东西（A或其他可能）而呈现出来。海德格尔认为，这种话语中的真假无关真理概念，而是朴素地"让人来看的一种确定样式"①，关键在于让人把捉到存在者。因此，"学"意指理性，"它作为某种由它谈起的东西，乃在它同某种东西的关系中才变得明白可见，即它的'相关性'中才变得明白可见"②。"学"就是有所展示的话语，具有理性、关系与相关的特性。

在海德格尔看来，"现象"和"逻各斯"（"学"）所意指的东西之间的内在关联以"现象学"呈现出来。他的现象学概念是形式的现象学概念，现象学就是"面向事情本身"，是"让事物从自身被看见的科学"，让人能够从存在者以其本身所显现的那样被把握，形式意义上的现象和通常流俗意义上的现象都属于形式上的现象学。海德格尔指出，现象学要"让人来看"的是那些在本质上

---

① ［德］马丁·海德格尔：《存在与时间》，陈嘉映、王庆节译，生活·读书·新知三联书店2006年版，第39页。

② ［德］马丁·海德格尔：《存在与时间》，陈嘉映、王庆节译，生活·读书·新知三联书店2006年版，第40页。

显现于存在者之中而又构成存在者的意义与根据的隐藏不露的东西，即存在者的存在。最本己的事质是存在者之存在，其隐藏于存在者的自我显现中，无论是存在者的前科学的还是科学的自我显现中，它都以一种与众不同的特殊方式的指示自在地自我显现，而这种与众不同的意义要求成为现象的东西才进入现象学的研究对象之中。因此，现象学是通达存在及其意义的方式，是在各式各样掩蔽方式之下对隐藏不露的东西的规定，"存在论只有作为现象学才是可能的"，"现象学是存在者的存在的科学，即存在论"。①

可见，现象学作为方法论，所领悟的现象只是构成存在的东西，而存在是作为存在者的存在，因而它在本质上与存在论是根本同一的，而现象学在"此在"的探究就是诠释学（或称为解释学）。由于现象学所"掌握"的存在是存在者的存在，此在作为存在论上及存在者层次上最特殊的存在者，对其探索就必然回到一般存在意义的问题面前，以这种探索方式本身出发，其结果就是以现象学描述方法的解释的过程。此在的现象学就是解释学，就是通过解释使得"存在的本真意义与此在本已存在的基本结构就向居于此在本身的存在之领会宣告出来"②。

---

① ［德］马丁·海德格尔：《存在与时间》，陈嘉映、王庆节译，生活·读书·新知三联书店 2006 年版，第 42、44 页。

② ［德］马丁·海德格尔：《存在与时间》，陈嘉映、王庆节译，生活·读书·新知三联书店 2006 年版，第 44 页。

海德格尔在追问存在论的方法特性时，正是通过揭示存在论实行着的认识方式，即对现象学的方法的结构分析而得以实现的。现象学作为一种方法概念，是存在论（亦即科学哲学）方法的名目。① 海德格尔在存在论的存在基础上，通过对现象学三个基本环节的剖析，进一步揭示现象学如何是一种方法以及是一种什么样的方法。

存在总是存在者的存在，只有从一切存在者出发，存在才是可能通达的。现象学的目光投向存在者才能透视存在者背后的隐藏不露的存在，而且必须采用一种方式使得该存在者之存在显露出来并完成可能的主题化转变。对存在的把握必然从存在者着手，但它却被存在者以某种特定的方式引离而又引返其存在，被遮蔽而隐而不现，因而研究就必然"把现象学的目光从对存在者的（被一如既往地规定了的）把握引回对该存在者之存在的领会（就存在被揭示的方式进行筹划）"②，即现象学还原，构成了其现象学之基本方法的首要环节。

但现象学还原并不是现象学的唯一方法或核心环节，因为存在并不像存在者那样可以直接通达，现象学的目光引返到存在自身时，需要以正确的方式将其带向存在本身，即这种引离存在者本身必须蕴涵着正面的肯定姿态和

---

① 参见［德］马丁·海德格尔：《现象学之基本问题》，丁耘译，商务印书馆 2018 年版，第 26 页。

② 参见［德］马丁·海德格尔：《现象学之基本问题》，丁耘译，商务印书馆 2018 年版，第 27 页。

正面的引导。单纯的闪避作为一种否定性的方法姿态，需要通过肯定性的方法姿态获得补充并且引向存在，使得存在必须在一种自由的筹划中自觉进入我们的目光，而这种对预先所与的存在者的自由筹划，则为现象学另一基本环节，即"现象学建构"。筹划存在和存在结构的现象学建构比现象学还原环节对存在更加逼近了一步，但仍不是存在得以显现的关键所在。

现象学最关键的环节是"解构"。由于对存在的每一个筹划都是从对存在者的还原开始的，所以在开端之处必然总是受到存在者的实际经验和可能经验之规定；同时，不同的存在者及其特定领域并非在任何时空条件下对所有人都以同样的方式得以通达的，存在者与此在的历史性使得现象学的还原和建构存在困难，即便是在经验范围之内的存在者可以通达，但此在本己性生存的历史性使其展现出通达存在者的可能性与差异性，而存在者自身是否在其特殊的存在方式中获得了恰当的理解和领会也仍具有不确定性。现象学的存在论探索由于受其历史处境的规定，也被通达存在者的某种可能性以及以往的哲学传统规定着。哲学传统的基本概念至今依然发挥着巨大的影响力，这表明所有哲学的探讨都是通过传统概念、传统视角和传统路径来展开，而这些传统的概念、视角和路径并不都是真正源于它们所要求的以概念方式把握的存在领域和存在而构成自身，而是以解构通达其自身从而获得肯定性的养成。"一种解构，亦即对被传承的、必然首先得到应用的概念的判断性拆除（一直拆除到这些概念所由出的源泉）便必然属于对存在及其结构的概念性阐释，亦即属于对存在的还原性建构。"① 现象学必须先行解构关于存在者的经验，解构不恰当的对存在者的通达方式，解构通常的存在及其解构的概念，进而在其中形成肯定性养成，表现出解构的建构意义，使得存在论以现象学的方式充分保证其存在的本真性、纯正性。

现象学方法中的还原、建构和解构三个环节是相互渗透的。存在者向存在的还原离不开解构，而建构在某种意义上说就是解构。解构这关键一环不仅使得现象学方法的三个环节在内容上和方式上融为一体，还使现象学方法在实质上成为形式指引的方法，使得存在论再次将哲学史包含到自身之中。在海德格尔看来，"存在论方法使得我们可能把现象学之理念表明为哲学的科学进路"②。现象学是一种方法，哲学在本质上也是一种方法，这是海德格尔存在论之科学方法与现象学的理念之所在。

无论海德格尔将现象学方法作为同传统哲学方法相反的另一面来对待，还是作为一种区别于通常意义上的"现象"（存在者的现象）而敞开的方法，他在对现象学方法的探究理路中无不透露出他对胡塞尔现象学的批判和

---

① ［德］马丁·海德格尔：《现象学之基本问题》，丁耘译，商务印书馆2018年版，第29页。

② ［德］马丁·海德格尔：《现象学之基本问题》，丁耘译，商务印书馆2018年版，第30页。

发展。一方面，海德格尔在某种意义上继承了胡塞尔意向性理论的观点，认为传统哲学范畴中的"存在"（即实际意义上的存在者）只能在纯粹的意识活动中被感知和理解。他从本质上将这种哲学所研究的存在者的对象排除在现象学的范围之外。在意向性的活动中，尽管存在不能从概念和理性上得以把握，但这种实体的存在在意识的活动中以现象的东西得以出场。另一方面，与胡塞尔不同的是，海德格尔并不主张将纯粹意识活动以及在其中被构造出来的意识对象定性为"现象"。他认为，"只有存在与存在结构才能成为在现象学意义上的现象，而只有当我们获得了存在与存在结构的鲜明概念之后，才可能决定本质直观是什么样的看的方式"①。海德格尔进一步深化现象学的探究并将其延伸至基础存在论之中，也将胡塞尔的意向性理论在其哲学观中进行更深入的扩展，覆盖了他所研究的存在领域，通过对存在的意义的追寻最终得出此在的存在意义体现在生存的状态之中的结论。

尽管海德格尔一度着迷于胡塞尔的现象学并给予了高度的评价，正如他所说的，现象学的探索"只有在胡塞尔奠定的地基上才是可能的"②，但对海德格尔而言，现象学是一种可能性，也并非只有作为一个哲学"流派"

---

① ［德］马丁·海德格尔：《存在与时间》，陈嘉映、王庆节译，生活·读书·新知三联书店 2006 年版，第 172 页。

② ［德］马丁·海德格尔：《存在与时间》，陈嘉映、王庆节译，生活·读书·新知三联书店 2006 年版，第 45 页。

或者源自某个个人才是现实的，相反，"比现实性更高的是可能性"，"对现象学的领会唯在于把它作为可能性来把握"才是真正符合其本质上的要求的。[①]"面向事物本身"的现象学方法在构造中使得存在的意义得以回归，从而揭示存在及其本真意义，这种探索方式始终贯穿于海德格尔哲学观之中。

二、实际性的解释学：现象学的解释学转换

海德格尔是第一位在存在论层次上将解释学与现象学关联起来，提出"实际性的解释学"的人。他指出，"从这种探索本身出发，结果就是：现象学描述的方法论意义就是解释。此在现象学的 λόγος 具有 έρμηνεύειν〔诠释〕的性质。通过诠释，存在的本真意义与此在本己存在的基本结构就向居于此在本身的存在之领会宣告出来。此在的现象学就是诠释学〔Hermeneutik〕"[②]。只有通过解释才能发现存在的意义与此在基本结构的意义。实际的解释学是海德格尔现象学方法的解释学转换，作为哲学观方法与理论的进一步深化探究，它对海德格尔哲学观的转向和趋于成熟起到了根本性引导作用，也在海德格尔的哲学观中具有重要意义。

---

① 〔德〕马丁·海德格尔：《存在与时间》，陈嘉映、王庆节译，生活·读书·新知三联书店2006年版，第45页。

② 〔德〕马丁·海德格尔：《存在与时间》，陈嘉映、王庆节译，生活·读书·新知三联书店2006年版，第44页。

当海德格尔将胡塞尔的现象学从意识领域的"描述"引向了生活世界领域的"解释"时，现象学的直观实际上就是解释学的直观，实际性的解释学是存在论的现象学的解释学或解释学的现象学。他改变了传统解释学方法论主义的路向，将传统解释学从方法论和认识论性质的研究转变为本体论性质的研究，在阐释现象学的理论与方法的过程中，将解释学纳入其哲学的基础存在论之中，找到了解释学与现象学相互糅合的凝结点，从而实现了哲学方法论在存在论层面上的统一。

在海德格尔解释学方法的视域中，解释学被赋予了一种独特的存在论维度，这意味着解释学不再被看作人文科学的辅助性方法，也不再被看作对文本解释规则的处理，而是作为一种独立的哲学视野出现的。① 在《存在与时间》中，海德格尔基于诠释学概念的始源，指出此在的现象学就是诠释学，解释的诠释学的现象学是存在论，现象学的解释学转换就等同于其存在论转换，二者是根本一致的。在海德格尔哲学观中，胡塞尔现象学中先验意识的构造行为已被厘清界限，现象学转向了存在领域而成了一种现象学的存在论。海德格尔的解释学是在现象学的意义之上提出来的，与现象学、存在论相互交融。作为现象学的解释学，其首要意义是对此在生存的生存论建构的分

---

① 参见［匈］M. 费赫：《现象学、解释学、生命哲学——海德格尔与胡塞尔、狄尔泰及雅斯贝尔斯遭遇》，朱松峰译，《世界哲学》2005 年第 3 期。

析，因此，在解释学上被转换了的现象学必然直接就是基础存在论，其聚焦点在于此在的历史性建构，是对作为存在者的此在的存在意义的追问。而海德格尔在《存在论：实际性的解释学》中所讲的"实际性"就是意指人的此在，它不是现成的、既定的存在，不是当下在手的存在，而是相关人的存在即此在，是"生活在他自己的时间和他当下的'此'（Da）而言的人的存在样式"①，实际性的解释学无疑与此在自身的解释密切相关。它至少包含主客观两层意义：客观上指这种解释学以实际性（即此在）作为它探讨的对象，是实际性的解释学；主观上指这种解释学是实际性自身的解释，而不是外在强加的解释，它同传统意义上以文本（尤其指古典文本和基督教圣经的解释的意义）为中心的方法和方法论意义上的解释学说具有根本不同。②

海德格尔认为，解释学不是一种人为想象或满足人的好奇心的分析方式，它在人作为此在本身要突出的是"如何（inwiefern）和何时（wann）要求这种确定的解释"③。解释学和实际性不是一种在预设关系中的对象的

---

① ［美］约瑟夫·科克尔曼斯：《海德格尔的〈存在与时间〉——对作为基本存在论的此在的分析》，陈小文、李超杰、刘宗坤译，商务印书馆 1996 年版，第 35 页。

② 参见［德］马丁·海德格尔：《存在论：实际性的解释学》，何卫平译，人民出版社 2009 年版，译者序第 11 页。

③ ［德］马丁·海德格尔：《存在论：实际性的解释学》，何卫平译，人民出版社 2009 年版，第 19 页。

把握和被把握的对象之间的关系，解释本身就是此在存在可能特征的独有方式，是此在实际生活如其所是的存在方式。解释学以本己的此在为研究主题，通过解释性地询问此在的存在特征可能性（即生存）以发展其自身的彻底觉醒，而不是纯粹对此在直观的表象阐释。"实际性的解释学"就是此在或实际性自身本己存在的解释，是此在的一种原初或本源的觉醒，并且它是在此在的自我觉醒过程中展开的，为生命或生活活动本身所伴随着的源始或本源的领悟，或者说生存的领悟，而不是认知意义上的理解。实际性的解释学在被理解成一种认识方式之前，它首先是一种存在方式，而且是与此在特殊的存在本身相关联，与胡塞尔哲学中的朝着某个对象的意向性活动展开具有本质区别。①

至此，我们对海德格尔的实际性的解释学的理解及其实际性、解释学与存在论三者之间的关系更为清晰。实际性的解释学就是对人的实际性的去蔽，是此在自身的一种投入，它与反思式的自我意识无关，"存在论必须是实际性的解释学"②。

海德格尔形成实际性的解释学方法有其理解和认识上的发展过程。在青年时期，海德格尔对解释学的把握倾向

---

① 参见［德］马丁·海德格尔：《存在论：实际性的解释学》，何卫平译，人民出版社 2009 年版，译者序第 23 页。

② 参见［德］马丁·海德格尔：《存在论：实际性的解释学》，何卫平译，人民出版社 2009 年版，译者序第 10 页。

于还原解释学的主旨，包含对解释学的前理解概念以及解释学的循环概念。海德格尔最初批判心理主义以一种潜在的神学动机影响导致了哲学依附于主体而失去独立性，更导致了将心理学与逻辑学分离开来的对立思维，要求重新审视现象学的哲学前提，重新厘清二者的内在关联，为促成海德格尔将现象学注入解释学维度奠定了基础。胡塞尔的意识现象学进入心理学范畴中，揭示心理主义的怀疑论结果及其从根本上对心理学对象的混淆，导致了心理学意义上的主观性与逻辑学意义上的客观性相对立。胡塞尔强调意识行为与对象"相即性"的一致性，[①] 在现象学的研究原则上超越主客体之间的对立，并把揭示行为与对象的相互关系作为其研究领域。[②] 这推动了海德格尔将哲学与心理学关联起来，促使其以作为实际性的解释学进行阐释展开此在生存论分析。

在海德格尔看来，传统逻各斯在理论上将存在阐释为作为存在者的人的衍生样式而窥探其更深层面，从人的维度以逻辑学意义上的客观性原则赋予存在问题的运转根基，由此将作为将拥有逻各斯的存在者的人专题化。[③] 海

①　参见倪梁康：《现象学及其效应——胡塞尔与当代德国哲学》，商务印书馆 2014 年版，第 83 - 84 页。

②　参见［德］汉斯－格奥尔格·加达默尔：《哲学解释学》，夏镇平、宋建平译，上海译文出版社 2004 年版，第 145 页。

③　参见［匈］M. 费赫：《现象学、解释学、生命哲学——海德格尔与胡塞尔、狄尔泰及雅斯贝尔斯遭遇》，朱松峰译，《世界哲学》2005 年第 3 期。

德格尔在《存在与时间》中以生存论分析呈现出逻各斯的运转根基问题及其解释学维度的内涵："命题源出于解释和领会，并由此摆明：λόγος的'逻辑'根植于此在的生存论分析工作。"① 尔后，他在《面向思的事情》等相关论著中详细清晰地将解释学逻辑及提问的一般形式结构的思想内容渗透出来。

"二战"后，海德格尔以一种新的解释学的哲学观念试图摆脱和超越当代哲学根本性理论存在的问题，包括科学哲学、历史主义和现象学被批判甚至否定的遭遇背后的缺陷。对现象学的重新界定为海德格尔提供了审视哲学概念的方法，他将解构融合于基础存在论的筹划之中，从原初性中回到生活中。他致力于抛弃先验哲学固有的理论性概念体系和基本立场，将理论的知识让位于生存论的关联性的理解和解释，以实现对"生活"真实的把捉。在此过程中，海德格尔系统地分析其解释学概念及其形式显现，逐渐阐释"实际性的解释学"，并沿着现象学方法踏入对生存论的分析，将其作为实际生活进行描述。

解释学并非以某种方式对存在者显现描述性的客观扩展，而是先行内嵌于对存在的历史性的领会之中，"生存上的本真领会不是要从流传下来的解释中脱出自身，它倒向来是从这些解释之中、为了反对这些解释同时却也是为

---

① ［德］马丁·海德格尔：《存在与时间》，陈嘉映、王庆节译，生活·读书·新知三联书店2006年版，第187页。

了赞同这些解释才下决心把选择出来的可能性加以掌
握"①。实际性的解释学将自身称为解释，既要大胆抛弃前
解释性概念的禁锢、传统的话语和闲言，基于变化了的历
史状况以源自生活的话语通向本源的事物，而使得事物能
够以解释性的方式被看到；同时，不只是根据事物最初显
现的样态来对其进行描述，而必须在对象的关系中来审视
要解释的先有及其存在特征，并由其最初的显现走向其基
础。我们要解释实际性的这种"先有"，就必须在对象的关
系中进行审视、描述和理解，从最初被给予的事情走向它
本真的存在基础，而解释学根据对其对象本身的看就是走
向它的基础的关键所在。而作为实际生命的此在在世界中
存在，同样作为整体备置于先有之中，对其交道和领会的
现象的解释学的开端和实现方式必然取决于先有的本源性
和真实性。② 因而海德格尔的实际性的解释学实则也是实际
性的自我解释，内在包含对此在者自身在内的一切存在者
的解释，也印证了解释学与存在论必然深刻关联的问题。

　　海德格尔的现象学在批判之中实现了解释学转换，将
一种作为实际性的解释学呈现出来。他从现象学的方法着
手，在探索实际性的解释学所走向的道路过程中，通过采
取一种解释学的"看"的方式，"以自我掩盖和自我遮蔽

---

　　① ［德］马丁·海德格尔：《存在与时间》，陈嘉映、王庆节
译，生活·读书·新知三联书店 2006 年版，第 434 页。

　　② 参见［德］马丁·海德格尔：《存在论：实际性的解释
学》，何卫平译，人民出版社 2009 年版，第 82 页。

的方式去存在属于存在的存在特征（Seinscharakter des Seins）——并且不是附加的意义，而是与其存在特征一致的——那么，这就成了真正的现象学范畴了"①。现象学作为一种不断的道路的准备，其任务是将它带入现象之中，使这里成为彻底的现象学的路，这也正是实际性的解释学所试图要走的路。

海德格尔对现象学的解释学改造，以一种原初的方式回到事情本身。现象本身包含着一种防御非本真的、但可能事实上占主导地位的在者的对象存在方式，因而现象学的解释学作为一种通达方式显得尤为重要。海德格尔着重强调现象学方法中的解构，并赋予这种解构方法以强大的"功能"。现象学的解释学实质上是一种现象学的批判，一种无前提或无原则的对存在者的批判，通过批判性的拆解让存在的可能性崭露出来，使得通达的道路得以敞开。"这样解构就从属于他的解释学的现象学或现象学的解释学，它也就回到海德格尔赋予它的本义：去蔽，开显，释放，给意义'松绑'、让其自由地解放出来。"② 正是在这个意义上，海德格尔说，"解释学就是解构"③。

---

① ［德］马丁·海德格尔：《存在论：实际性的解释学》，何卫平译，人民出版社 2009 年版，第 81 页。

② ［德］马丁·海德格尔：《存在论：实际性的解释学》，何卫平译，人民出版社 2009 年版，译者序第 17 页。

③ ［德］马丁·海德格尔：《存在论：实际性的解释学》，何卫平译，人民出版社 2009 年版，第 105 页。

第二节 马克思历史分析与辩证分析的方法

马克思哲学包括方法、问题和结论三个基本方面，我们需要的不是其理论直接产生的某种具体结论，而是其解决问题的基本方法。[1] 马克思哲学观在方法论上以历史的解释原则和辩证法为核心，在其理论方法导向下，不断反复徜徉于哲学与经济学的研究之间并逐渐形成和完善其建构性与批判性相统一的哲学观。

"迄今为止的一切历史观不是完全忽视了历史的这一现实基础，就是把它仅仅看成与历史进程没有任何联系的附带因素。因此，历史总是遵照在它之外的某种尺度来编写的：现实的生活生产被看成是某种非历史的东西，而历史的东西则被看成是某种脱离日常生活的东西，某种处于世界之外和超乎世界之上的东西。这样，就把人对自然界的关系从历史中排除出去了，因而造成了自然界和历史之间的对立。因此，这种历史观只能在历史上看到重大政治历史事件，看到宗教的和一般理论的斗争，而且在每次描述某一历史时代的时候，它都不得不赞同这一时代的幻想。"[2] 基于对马克思之前哲学家的历史观批判，马克思

---

[1] 参见韩庆祥：《与时俱进的马克思哲学》，《北京大学学报》（哲学社会科学版）2004 年第 1 期。

[2] 《马克思恩格斯文集》第 1 卷，人民出版社 2009 年版，第 545 页。

回到现实尺度中发现了真正的历史之谜，他提出解释世界的历史原则，既包含对过去、现在和未来以及贯穿其中的发展规律的揭示，也包括了对客观实在世界以及超乎世界之外的事物的把握。正是这一方法论前提的规定，使得马克思的哲学观的逻辑思想力与现实解释力展现出超越时代界限的不朽魅力。

历史的解释原则并不是马克思哲学观方法论的全部，作为世界生成样式的辩证法也构成了马克思哲学方法的核心之一。马克思的辩证法作为合理形态是颠倒黑格尔辩证法的理论思维前提的实践论批判，是现实生活世界范畴的根本注脚；作为人和世界生成样式的内在规定，展现"人的生命存在的内涵逻辑"①，是一切事物存在、变化和发展的理论表达。

历史分析与辩证分析的方法贯穿马克思哲学观的生命脉络，以现实实践为根基，其以一种动态的、发展的解释特性阐发人与自然、人与人、人与世界之间的存在奥妙、内在规律和发展趋势，蕴含着批判性与革命性的解放力量。

一、根据与动力：历史解释原则及其现实运动

以历史的解释原则及分析方法作为马克思哲学观的方法论基础，由此展开一切思想与事实之间的对话，是马克思哲学被定性为科学理论体系的重要前提。马克思哲学立

---

① 贺来：《辩证法的生存论基础——马克思辩证法的当代阐释》，中国人民大学出版社 2004 年版，第 218 页。

足于人的现实社会关系的基点，从客观实在性的本体维度出发考察外部世界及人的主体世界，在返回历史中剔除了上帝、神灵、精神、抽象的人等历史创造说，与旧唯物主义和唯心主义彻底分裂，以科学的分析方法代替想象的客观来解释历史的生成与社会的发展，在现实的人及其劳动实践中还原了历史的应有内涵，创立了唯物史观并将历史的解释原则运用于哲学的全部范畴，构成了马克思哲学观的方法论核心。历史的解释原则意味着马克思哲学观并非止步于现时代的哲学抽象或消极的直观表象，而是基于对既成事实和过去传统的真实把握，合理地对当前时代和社会现实做出具体的分析，使得马克思在阐发人与物真实关系的现实性与制约性、自在性与自为性时始终把握住历史发展的命脉和历史演变的尺度。然而，马克思的历史解释原则并不是在认识论的基础上展开的，而是在本体论的意义上对历史理解和历史认识进行阐述的。历史既是现实的人的实践运动所创造的，同时又是作为主体的现实的人的存在方式与存在状态的敞开过程。

　　对西方传统哲学中历史解释原则的突破和变革是马克思开启哲学方法的钥匙。西方传统哲学对历史的关注肇始于中世纪的基督教神学，哲学的历史之谜从传统的上帝、神灵之处所获得了此岸的本己内涵，人对时间、现象乃至一切事物的发生机制产生了崭新的理解方式，无处不洋溢着神秘梦幻而又虚无缥缈的浓郁色彩。直至维柯提出"历史是人创造的"观点，人开始被赋予了创造历史的主体地位，从而使得哲学所关注的历史由天上下落到人间，历史的解读方式发生了根本方向性的转变。当哲学家重新试图追问反思"从人出发能否再回到人本身"时，他们却在维柯的哲学体系中发现，其创造历史主体的人受制于抽象意义上的人的概念，无法真正直面"人是什么""人从何而来""人如何创造历史"等质问。

近代德国哲学大师黑格尔汲取了维柯的历史之解，他站在其哲学体系的基础之上对现实人类社会历史的发展展开反思，并将历史看作是具有内在规律的发展过程；通过思辨思维对历史进行阐释，认为历史的进程必须符合于逻辑、服从于逻辑。尽管黑格尔对维柯的修正和发展还未能真正摆脱抽象理性而陷于形而上学的窠臼之中，但他对开解历史之谜的巨大贡献显然是毋庸置疑的。正如亨利希·库诺所说，"黑格尔的历史观尽管有着唯心主义结构形式，然而较之于康德、费希特或谢林，他对历史进程的观察却是无与伦比的尖锐而现实，甚至可以毫不夸大地说，在某种程度上，黑格尔的历史哲学已从抽象问题的思辨天空回到了现实，是力图把握历史运动及其中因果规律性的大胆创举"①。马克思也指出，黑格尔的伟大功绩在于他"把整个自然的、历史的和精神的世界描写为一个过程，即把它描写为处在不断的运动、变化、转变和发展中，并

---

① ［德］亨利希·库诺：《马克思的历史、社会和国家》，袁志英译，上海译文出版社 2006 年版，第 218 页。

企图揭示这种运动和发展的内在联系"①。

黑格尔认为，人与动物最大的区别在于人具有思想的能力，是唯一理性的存在，而正是理性使得哲学与历史之间必然建立了不可分割的关联性。他认为，哲学的历史并非在世界之外或世界之上形成的，而是"世界历史最内在的东西"。哲学是通过理性来考察和把握历史的，应该把哲学自身看成是历史。理性不仅主宰世界、统治世界，作为理性最高形式的哲学方法还为人类提供了认识上帝、认识历史的本质的一切可能性，也正由于理性的至高无上的统治地位，"世界历史因此是一种合理的过程"②。精神的辩证运动在历史的要素中构思，并完成了精神的历史。"谁用合理的眼光来看世界，那世界也就会现出合理的样子。两者的关系是交叉的。"③ 不论始于东方历史沉重单调的精神性实体，还是终结于西方基督教—日耳曼世界的纯粹自由意志中，对基督教绝对肯定构成了黑格尔哲学的历史意识构思的最终根据，并具体反映为各个时代的历史完成与历史无止境的不断发展。

精神自由的原则是黑格尔的根本出发点，而随着其历

---

① 《马克思恩格斯文集》第 3 卷，人民出版社 2009 年版，第542 页。

② ［德］黑格尔：《历史哲学》，王造时译，上海书店出版社2006 年版，第 8 页。

③ ［德］黑格尔：《历史哲学》，王造时译，上海书店出版社2006 年版，第 10 页。

史的完成，自由的历史也随之实现了。① 实际上，黑格尔所理解的历史与现实的历史在精神与现实中相互错失，黑格尔没有渗入具体的现实语境深处去探究历史本身，"理性与现实的统一和自身作为本质与实存的统一的现实"②的根本原则归根结底回到纯粹而普遍的精神运动中，历史成为受理性支配的"纯粹的历史"，其本质上就是理性活动过程的产物。由此推断出的历史必须符合逻辑的结论更加使得黑格尔的历史发展运动展现出主观抽象的色彩。尽管在黑格尔的历史意识下精神历史无法摆脱精神范畴的先见与规定而显现出内在化和绝对精神的巅峰，但黑格尔的历史意识为其后的思想家费尔巴哈、卢格、施蒂纳、鲍威尔和马克思等带来深刻的影响，在各种被批判和继承中彰显出其历史观的贡献和意义。

马克思充分肯定了维柯将自然史和人类史分离开来的论断，但他并不局限于这种简单的自然与人类社会二分的观点，而是进一步深入挖掘两者之间的内在关系，探索自然发展规律和人类社会发展规律的客观必然性。他看到了黑格尔在哲学方法论上透过历史表象寻求历史内在精神实质的进步之处，也看到了超越思想的内涵逻辑走向历史内涵逻辑的深层意义，但他尖锐地将矛头直指"绝对精

---

① 参见［德］卡尔·洛维特：《从黑格尔到尼采》，李秋零译，生活·读书·新知三联书店 2014 年版，第 41－45 页。

② ［德］卡尔·洛维特：《从黑格尔到尼采》，李秋零译，生活·读书·新知三联书店 2014 年版，第 125 页。

神"，犀利指出了黑格尔历史分析过程中的抽象性，并打破了黑格尔"历史与理性相统一"的理论基调。"黑格尔根据否定的否定所包含的肯定方面把否定的否定看成真正的和唯一的肯定的东西，而根据它所包含的否定方面把它看成一切存在的唯一真正的活动和自我实现的活动，所以他只是为历史的运动找到抽象的、逻辑的、思辨的表达，这种历史还不是作为既定的主体的人的现实历史，而只是人的产生的活动、人的形成的历史。"① 思维的任务并非像黑格尔的理性一样对历史富有强大的宰制权力，而是要透过一切迷乱的现象来探索人类本身发展的过程，揭示这一过程内在的客观规律性。马克思历史的解释原则冲破了传统哲学将历史概念抽象化的瓶颈，以现实的人为根基、以实践为逻辑起点，揭露理性与现实、本质与实存相统一的原则，集中展现了唯物史观的深刻之处，体现了作为一种新的历史的方法论——历史的解释原则——所特有的理论威力。

　　梳理马克思历史唯物主义的创立过程及其世界观的基本内容，也一一映射呈现出历史的解释原则丰富的方法论内涵。马克思在清理西方传统哲学对于历史的认识的过程中，其扬弃的关键不仅在于从黑格尔及其以前哲学家思辨哲学中抽离出值得借鉴的思维方法，而且在于从费尔巴哈感性直观的人本哲学中找到真正历史的现实支撑点。历史

---

① 《马克思恩格斯文集》第 1 卷，人民出版社 2009 年版，第 201 页。

概念涵涉社会根基与社会变化发展的辩证统一，由此形成的历史解释原则才达到了方法论意义上的高度和普适性。他从不同的维度阐释了作为世界观方法论内核之一的历史的解释原则所潜含着的丰富内涵。

首先，如何理解人的问题是历史的解释原则的首要问题。历史性必然以客观现实为条件并内在于现实性之中，而现实的人则构成了历史解释原则的方法论前提。马克思继承了自维柯以来将整个历史归因于主体的人的创造之观点，尤其发展了黑格尔和费尔巴哈哲学中关于人的历史地位和历史作用的观点。在洞察历史的过程中，马克思没有像黑格尔那样将绝对精神视为古往今来世界历史变化的推动者和主宰者，没有将历史哲学直接等同于"历史思想的考察"；也与费尔巴哈在抽象思辨范畴内重新确立"人和自然"的感性存在并在黑格尔哲学的基石上发展感性直观的人本学不同。人类历史发展处于无所不在的矛盾之中，人作为认识主体与认识对象的统一体，是解开自然、社会、人类及观念发展过程的核心枢纽，人通过实践所展现的历史性存在方式正是"自然—社会"生成过程的现实写照。青年黑格尔学派将对人的理解回归到自我意识或普遍实体的概念之中，来把握主体与其客观生活条件的关系，最终都使得人类社会的历史陷入一种机械式、抽象化和普遍化的规定中。

马克思认为，"全部人类历史的第一个前提无疑是有生命的个人的存在"①。现实的人作为历史的创造者，既是对人类历史发生发展考察的前提，同时也是人类社会历史发展的结果。马克思强调，"各个人的出发点总是他们自己，不过当然是处于既有的历史条件和关系范围之内的自己，而不是意识形态家们所理解的'纯粹的'个人"②，即不是离群索居的虚幻的人或是抽象原子式的人，而是生活世界中基于一定历史条件而现实活动着的人。可见，"从事实际活动的人"是马克思考察历史的出发点，每一个体的生存与发展都是在特定社会历史关系中具体的个体，是以其他人的关系为前提的个体，在生产力及其所决定的交往方式基础上发生的不以人的意志为转移的关系，体现了社会历史规定性。

在马克思的语境中，诸如"谁生出了第一个人和整个自然界"③之类的问题均被视为伪命题，马克思拒斥对这种问题进行回答，因为一旦这种命题成立的话则发问者早已陷入了抽象自我预设的前提之中。马克思在《德意志意识形态》中指出，历史可以划分为自然史和人类史，人的存在使得自然史与人类史成为不可分割并相互制约的

---

① 《马克思恩格斯文集》第 1 卷，人民出版社 2009 年版，第 519 页。

② 《马克思恩格斯文集》第 1 卷，人民出版社 2009 年版，第 571 页。

③ 《马克思恩格斯文集》第 1 卷，人民出版社 2009 年版，第 196 页。

存在，他强调其讨论的"历史"是人类史。① 从自在的自然界而言，自然对象具有客观实在性和历史先在性是毋庸置疑的，自然界的自在发生有其客观规律，但并不否认在存在论意义上，人类视域中的自然界总是历史的，是现实的人活动的结果。人与自然的现实的历史关系是"一切人类生存的第一个前提"，也是"第一个历史活动"② 的规定，费尔巴哈最终回归到形而上学的人本主义谱系正是因为他无法认识到这一点。人与自然通过实现具体的历史连接达成真实的统一，自然物质是人的直接依存的基础，但一定形式的社会实践构成了人获得自身本质的主导因素。③ 随着分工的发展和生产方式的进步，自然在人的实践活动中逐渐隐退，人的物质生活资料的再生产、人自身的生产以及社会关系的生产逐渐成为人们生活世界的显性内容。社会同自然一样，都是现实的人敞开的自身形式。现实的个体是社会存在物，无论现实的人是否采取与他人共同完成的生命表现形式，其生存方式及存在样态都成为社会生活的表现和确证，并且这种生命的表现和确认必然具有历史性特征。正如在工业社会发展中被异化了的现实

---

① 参见《马克思恩格斯文集》第 1 卷，人民出版社 2009 年版，第 516－519 页注释 2。

② 《马克思恩格斯文集》第 1 卷，人民出版社 2009 年版，第 531 页。

③ 参见张一兵主编：《马克思哲学的历史原像》，人民出版社 2009 年版，第 275 页。

的个人所无法避免的遭遇，同样表达着人在特定历史环境下的敞开形式。无论是自然史还是人类史，无不是现实的人基于实践活动的历史表达形式的结果，而现实的人作为历史性的存在，固然是承载着"过去"继续前行而呈现出人类视域中的人类社会。因此，将现实的人作为历史的第一前提，且将其理解为历史性存在，成为历史的解释原则必须首先解决的问题。

其次，历史的解释原则的最直接者——人的本质是在实践活动中生成。马克思转变传统哲学理性的解释原则，从人的感性活动、人的劳动实践中阐释人的本质问题，揭示人类社会发生发展的秘密，以最直接的形式崭露其逻辑运思所潜藏的独特的历史的解释原则内涵。对人和社会的认识和理解必须将其与历史有机地结合起来，人的本质实现必然承载着特定的历史形式和历史特征，要用历史的眼光和研究视角来考察和分析人的存在方式、人的本质及其在人类社会中的发展。

劳动实践作为最基本的物质生产活动，既是人的历史性生存在社会存在层面一般规定性的外在显现，也是作为人所展开的具体有序的活动形式内容。马克思指出，"整个所谓世界历史不外是人通过人的劳动而诞生的过程，是自然界对人来说的生成过程，所以关于他通过自身而诞生、关于他的形成过程，他有直观的、无可辩驳的证明"①。以自然为基础的现实的人的劳动生产过程也就是历史的发展过程。一方面，作为历史主体的人的本质在具体的感性实践活动中得到全面的释放，将人的自由的、有意识的活动的类特性发挥得淋漓尽致，人的本质彻底地脱离了单个人所固有的抽象物的误解，并在其现实意义上表现为一切社会关系的总和；另一方面，物质生活资料的生产和再生产的过程决定现实的人的生存和发展经历着不同的历史阶段，更加具体地体现了人的历史性生存与发展。生产方式首先取决于人们"已有的和需要再生产的生活资料本身的特性"，但不仅仅局限于人肉体存在的再生产，生产方式更重要的是"这些个人的一定的活动方式，是他们表现自己生命的一定方式、他们的一定的生活方式"，换言之，"个人是什么样的，这取决于他们进行生产的物质条件"。②生产方式中蕴含着的"生产什么"与"如何生产"的问题既体现了人们生存活动中对社会历史的创造过程，也反映出其实践活动受制于历史性前提，即受到特定历史特性和条件的制约作用。

人类的生产始终围绕着人的生存、发展和个性解放的完善而展开的，不同发展阶段人的生存方式和存在状态决定了历史的不同样貌和发展态势，即在某一时代下，人是

---

① 《马克思恩格斯文集》第 1 卷，人民出版社 2009 年版，第196 页。
② 《马克思恩格斯文集》第 1 卷，人民出版社 2009 年版，第519 - 520 页。

什么样子的、人如何生活，那么历史就是什么样子的。相反，历史意识或历史认识实际上是人们的存在状态的表现，因为"意识在任何时候都只能是被意识到了的存在，而人们的存在就是他们的现实生活过程"[1]。人的劳动实践活动所生成的社会不是抽象的存在物，而是包含历史内容、与历史不可分割的客观实在，只有在历史中把握人与社会的关系，才能够透彻地领会"人的感性实践活动具有社会性"的言中之意。透过历史性的方法来认识和探究劳动实践活动的现实作为和历史意义，使得人的本质生成性与实践性奥秘呼之欲出，在揭开人类社会发展规律与人类历史进程的神奇面纱的同时，也不可避免地显现出马克思历史的解释原则的方法论在绵延而深邃的时空动态交集之中的深层蕴意。

再次，历史的解释原则内含经济学语境中对资产阶级批判的科学方法。马克思为深入寻求"从对历史运动的批判的认识中，即对本身就产生了解放的物质条件的运动的批判的认识中得出科学"[2]，由哲学批判转向经济学和历史现象学的研究。恩格斯在致瓦尔特·博尔吉乌斯的信中强调，"并不像人们有时不加思考地想象的那样是经济状况自动发生作用，而是人们自己创造自己的历史，但他

---

[1]　《马克思恩格斯文集》第 1 卷，人民出版社 2009 年版，第 525 页。

[2]　《马克思恩格斯文集》第 3 卷，人民出版社 2009 年版，第 20 页。

们是在既定的、制约着他们的环境中，是在现有的现实关系的基础上进行创造的，在这些现实关系中，经济关系不管受到其他关系——政治的和意识形态的——多大影响，归根到底还是具有决定意义的，它构成一条贯穿始终的、唯一有助于理解的红线"①。马克思、恩格斯将历史发展的逻辑触觉与对资产阶级的批判结合起来，驳斥否定人的作用以达至否定唯物史观的企图，充分展现了唯物史观中所蕴含的历史辩证法。他们透过资本主义下各种颠倒和物化的经济关系假象揭示生产方式的运动规律：它的根本内容是生产力决定生产关系，进而决定整个社会关系，但这并非意味着否认人在其中所发挥的作用。在历史现实的经济学视域中，人的生存及其本质都是发生学意义上的历史规定。② 在马克思看来，人的生存及其本质表现为人与自然、人与人、人与社会的关系，无论是前资本主义阶段的朴素自然联系，还是资本主义市民社会中被物与物所取代了的人与人之间的关系，都是特定历史条件下生产方式的写照，就其根本而言是一定社会关系的总和。代表人类影响和改造自然能力的生产力反映了人与自然之间的相互关系和相互作用，而生产关系则包含了物质生产实践过程中所形成的人与人之间的各种关系，它影响并制约着社会各

---

① 《马克思恩格斯文集》第 10 卷，人民出版社 2009 年版，第 668 页。

② 参见张一兵：《回到马克思：经济学语境中的哲学话语》，江苏人民出版社 2009 年版，第 533 页。

个领域的发展状况，同时制约着人所创造的现实世界及其历史的发展过程和发展方向，人作为历史活动主体的实践活动过程与生产力和生产关系的辩证运动具有内在一致性。正如恩格斯针对历史唯物主义基本观点所指出的，"一切重要历史事件的终极原因和伟大动力是社会的经济发展，是生产方式和交换方式的改变，是由此产生的社会之划分为不同的阶级，是这些阶级彼此之间的斗争"①。

马克思觉察到经济发展对社会历史进程和世界历史运动发展趋势的影响作用，同时也觉察到生产方式发生机制所内含的历史性，即它不可能独立地或抽象地产生促进或阻碍历史发展的现实力量，也不可能肆意地影响社会发展的方向，它总是在历史的动态发展境遇中存在，在对现实的分析判断中也始终贯穿着历史科学的分析方法，体现与历史的解释原则的内在统一。在具体的经济学语境中，马克思通过创立剩余价值学说进一步揭示了资本主义社会存在的历史性与暂时性，尤其在对资本主义、资产阶级和无产阶级的历史性的论证中敞现了资本统治遮蔽经济假象的社会本质，在对资本主义社会现实的分析中指明其颠倒本质与现象逻辑症结，并在对资产阶级剥削事实的批判中阐明无产阶级的解放条件及其革命取得胜利的历史必然。

最后，历史的解释原则是一种蕴含着历史总体性分析方法的原则。马克思哲学的思考与存在问题紧密关联，

---

① 《马克思恩格斯文集》第 3 卷，人民出版社 2009 年版，第 509 页。

"马克思的历史唯物主义作为一种对历史规律的探寻，不仅被用来进行历史分析，而且还被看做对一个普遍认可的历史目的（共产主义）的探寻"①。历史的解释原则从本质上说是马克思哲学最为根本的方法论基础，它从历史本身的概念内涵、历史与现实世界的内在关系、历史活动与客观规律的辩证关系、历史的演进与人类文明的发展等方面系统地阐释了其自身历史性的方法内容。作为方法论，它要求在考察人类社会历史时务必深入人们现实生活的时代条件中，深入哲学和经济学等领域中重审已然发生了的矛盾与事实，重视事物之间的有机整体性，要以整体的、发展的眼光来把握各种联系，促使其发生存在论革命以达到改变世界的目的。

历史的概念潜含于人与人类活动所创造的历史的关系之中。"人们自己创造自己的历史，但是他们并不是随心所欲地创造，并不是在他们自己选定的条件下创造，而是在直接碰到的、既定的、从过去承继下来的条件下创造。"② 现实的人是历史性的个体存在，在现实的人及其实践活动的过程中无不积淀着构成既定前提的历史元素，现实的生产过程也是历史性的动态发展过程，从而使得历史在人类社会发展进程中也表现出自身的承继特性。历史

---

① 张文喜：《重建历史唯物主义历史总体观》，中国人民大学出版社 2013 年版，第 35 页。

② 《马克思恩格斯文集》第 2 卷，人民出版社 2009 年版，第 470－471 页。

的解释原则所揭示的历史内涵不仅包括了由人与自然、人与人的历史性问题、人的实践活动的历史性所构成的人与历史的关系，还包括了历史在发展中所呈现出来的规律性。以总体性的历史分析方法来理解历史的解释原则还要求我们正确地把握历史与现实世界、与客观规律之间的关系。历史并不是黑格尔历史考察方法中所描述的"原始的历史"（即历史事件的记载）或"反省的历史"（即史料的辨伪），而是现实实际实践运动的生成史。现实的世界既是历史发展的必然前提，也是历史发展的结果，只有改变现实世界的状况才能真正变革历史，而已变革的历史又必然为改造新的现实的世界创造条件。正是在人类实践活动的过程中，历史融合于现实世界的变化之中，现实世界也由于历史的沉淀与发展的影响而成为有意义的世界。

任何规律都是潜藏于人的实践活动的必然之中，是人在现实的历史活动中所抽象出来的一种具有普遍性意义的内在关系，规律具有历史性，历史规律也不例外。在黑格尔那里，他将"自由的概念""绝对精神"作为历史的主体，将历史运动等同于一种抽象的、逻辑的、思辨的表达，由此得到历史服从于逻辑的规律。马克思对历史规律的探讨则是站在现实历史的基础之上，实践是其历史展开范畴前提，在人的劳动实践过程中发掘规律、揭示规律并反过来阐发人类创造的现实的历史。不是历史服从于逻辑，而是逻辑服从于历史，历史源于主体的人的劳动实践活动的创造。正如恩格斯所说的，"历史从哪里开始，思想进程也应当从哪里开始，而思想进程的进一步发展不过是历史过程在抽象的、理论上前后一贯的形式上的反映；这种反映是经过修正的，然而是按照现实的历史过程本身的规律修正的，这时，每一个要素可以在它完全成熟而具有典型性的发展点上加以考察"①。

放眼整个人类历史的发展进程，人类社会发展的历史并不是一部由历史事件堆砌而成的史书，它从本质意义上看是人类实践活动的生成和发展的历史。历史的不断演进承载着人类文明的沉淀和延续，是一个不断推进人的价值和意义得到更高层次实现的过程，更是人类走向自由发展与全面解放的过程。历史规律的揭示和解读，在人类文明行进的征程上无疑是一盏明亮的导航灯。马克思的历史唯物主义不只是一部厚实的历史理论，更是马克思解释原则的总体的世界观，"马克思的整个世界观不是教义，而是方法。它提供的不是现成的教条，而是进一步研究的出发点和供这种研究使用的方法"②，即以历史为解释原则的方法。

作为马克思哲学观方法论核心之一的历史的解释原则，既没有迷恋于哲学式的绝对回答，也没有沉陷于永恒的设想之中，它以历史的分析方法展现了对以抽象的思维为基础的方法的反叛与超越，切实地展开人类社会历史发展的基本原则和根本规律，是科学方法论的重新起点。

---

① 《马克思恩格斯文集》第 2 卷，人民出版社 2009 年版，第 603 页。

② 《马克思恩格斯文集》第 10 卷，人民出版社 2009 年版，第 691 页。

二、批判与否定：作为生成样式的辩证法

"作为世界观理论的辩证法，它的根本使命是理解和协调人与世界的关系，它所探讨的根本矛盾是人与世界、思维与存在之间的矛盾，它所回答的根本问题是人与世界、思维与存在如何在矛盾运动中实现统一，它所具有的基本功能是以辩证的思维方式去看待和解决人与世界、思维与存在之间的矛盾。"[①] 辩证法肇始于古希腊时期，其发展由原初的朴素形态逐步走向了科学，基本经历了自发形态、自觉形态和合理形态三个阶段。马克思在厘清古代和近代辩证法遮蔽现实的阴霾，颠覆并汲取黑格尔辩证法精髓的基础上，在本体论的前提下追问辩证法的方法论意义，将辩证法视为人和世界生成样式的内在规定，是人的实践活动及生命活动的理论表达，在历史发展的张力中透过与辩证法相统一的内容与形式展现了其丰富的理论内涵，使辩证法成为表征着合理形态的科学。

辩证法作为人类理论思维逻辑之一，最早产生于古希腊哲学。在古希腊哲学中，"辩证思维还以原始的朴素的形式出现"[②]。辩证法仅仅停留在经验的自发层面上，是对经验把握的世界的描述性表达，其关注点停留于事物之

---

① 孙正聿：《马克思主义辩证法研究》，北京师范大学出版社2012年版，第146页。

② 《马克思恩格斯文集》第9卷，人民出版社2009年版，第438页。

间的外在联系和外在变化之上。哲学史上，苏格拉底第一次明确提出和使用"辩证法"的概念，[①] 他将辩证法作为真理的"精神助产术"置于对话之中，试图通过辩论来揭示对方论题中的矛盾，通过否定达到肯定，以消解一切事物的特殊性之中达成共识的观念，从而获得必然的善的普遍真理。然而，这种通过揭露流俗观点而在经验常识的基础上试图获得本质性价值的辩证法并非真正的辩证法，它与苏格拉底所探讨的"一般性格"一样带有强烈的主观色彩，与事物的本质、概念的运动和变化相分离的辩证法形式所反映的是思维和存在之间僵化的统一，这使得苏格拉底的辩证法最终避免不了形而上学的结局。柏拉图打破苏格拉底的对话领域，将辩证法延伸到整个形而上学的领域——理念领域。他在解决理念问题的过程中，将辩证法视为最高级、最纯粹的精神活动和全部人类活动的最高追求，同时也是通达至善最有效的、真正手段和方法，其实质在于理念论的辩证法。[②] 柏拉图的辩证法即哲学，他在较为严格的纯哲学范畴内展开对话，"运用辩证法以指出一切固定的知性规定的有限性[③]，具有"自由科学"

① 参见［苏］米·亚·郭尼克等编：《古代辩证法史》，齐云山、车铭洲、雷永生等译，人民出版社1986年版，第30－31页。

② 参见贺来：《边界意识和人的解放》，上海人民出版社2007年版，第47页。

③ ［德］黑格尔：《小逻辑》，贺麟译，商务印书馆1980年版，第178页。

（即客观）的形式。在此意义上，黑格尔认为柏拉图才是真正的"辩证法的发明者"，并以柏拉图的辩证法为重要的理论资源重建其形而上学，这对马克思辩证法思想的形成也产生深远的影响。亚里士多德与柏拉图不同，他在继承苏格拉底辩证法中的逻辑分析思想的基础上又汲取了柏拉图从范畴意义中分析的方法，从而将辩证法完全与形而上学融合在一起，在论证中寻求事物的最高原理和原因——"作为存在的存在"（"第一实体"）的科学道路。亚里士多德对形而上学的奠基和开创成为康德的先验范畴的形而上学和黑格尔思辨的形而上学的重要思想来源。

近代以来，辩证法逐渐脱离了古代先验的朴素形态，开始关注人与世界的关系问题，尤其以思维和存在的关系问题为基点来探讨一切问题，使得辩证法进入了自觉形态的发展之中。近代哲学史上再次将辩证法拉回到其"光荣地位"的主要代表人物是康德，他在理性矛盾（二律背反）的充分发挥中阐释其辩证法。康德认为，理性的逻辑运用是合理的，在理性的先验运用中，理性企图借助执行范畴去控制、把握自在之物，就必然使得理性自身发生矛盾，从而导致"理性的辩证法"。这种辩证法"在于指出每一抽象的知性概念，如果单就其自身的性质来看，如何立刻就会转化到它的反面"[1]，其实质是致力于挖掘出认识过程中必然发生的矛盾，这些矛盾表明人的认识难

---

① ［德］黑格尔：《小逻辑》，贺麟译，商务印书馆 1980 年版，第 179 页。

以通达真理。黑格尔在梳理古希腊以来辩证法思想的基础上对辩证法进行全面改造，认为绝对精神内在的自由性和必然性能够自我设定和自我发展，并将自我设定的方式——绝对精神在否定之否定的过程中保存自己、发展自己——称为辩证法。在黑格尔的哲学视域中，辩证法思想集中地表现为思辨的思维方式、矛盾的普遍性与客观性以及否定性原则三个方面，凸显了古希腊以来一脉相承的逻辑学、形而上学与辩证法的有机统一。尽管黑格尔在知性概念显现其否定性从而扬弃自身的过程中表现出辩证法内在的超越性，但他以概念作为主客观相统一的中介环节并由此展开独立于人而存在的理性的自我运动，不仅无法真实地揭示人与世界之间的关系，而且使得人与世界的关系更加神秘化。正如马克思所批判的，黑格尔"以为他是在通过思想的运动建设世界；其实，他只是根据绝对方法把所有人们头脑中的思想加以系统的改组和排列而已"①。

马克思在批判和颠倒黑格尔辩证法及其整个哲学的基础之上构建起辩证的方法论体系。马克思认为，辩证法在黑格尔那里被颠倒而神秘化，必须在合理内核中将颠倒的辩证法颠倒过来。真实的辩证法是"在对现存事物的肯定的理解中同时包含对现存事物的否定的理解，即对现存事物的必然灭亡的理解；辩证法对每一种既成的形式都是从不断的运动中，因而也是从它的暂时性方面去理解；辩

---

① 《马克思恩格斯文集》第 1 卷，人民出版社 2009 年版，第 602 页。

证法不崇拜任何东西，按其本质来说，它是批判的和革命的"①。这种具有批判性和革命性的辩证法，与黑格尔将思维过程作为现实事物的创造主的观点截然相反，因为"观念的东西不外是移入人的头脑并在人的头脑中改造过的物质的东西而已"②。在马克思看来，本体论作为奠定一种合理形态的辩证法的基石，是整个辩证法体系的根本前提，他在人类社会及其历史的发展进程中思考辩证法的理论根基，指认具有存在意义的辩证法必然存在唯物论基础和历史性向度，基于此展开辩证逻辑的论证。马克思的辩证法是一种关于人与世界生成样式的理论表达，既是以实践活动为理论根基呈现作为生成样式的辩证法，又是在具有批判与否定的理论本性的辩证法理论体系中映射人的生命活动自我否定的思想逻辑和生存本性。因此，理论根基的辩证性与思想逻辑的辩证性构成马克思的辩证法的基本特性。

从辩证法的理论根基上看，辩证法的本体论根基奠基于人对世界的否定性关系的统一之上，人的本源性的生命存在及其活动方式（即实践活动）构成了辩证法的本体论根基的内在规定，规约了辩证法作为方法论运用的现实语境和真实空间。"人类的哲学思考及其辩证的思维方式

---

① 《马克思恩格斯文集》第 5 卷，人民出版社 2009 年版，第 22 页。

② 《马克思恩格斯文集》第 5 卷，人民出版社 2009 年版，第 22 页。

发轫于人类自己的超越本性。"① 立足于现实世界,马克思以人的实践活动及其历史发展为依据和基点,发现了黑格尔哲学中绝对精神的抽象统治实质上是资本主义之下人的生存方式被抽象化统治的具体表征,黑格尔的辩证法在本体论前提下陷入抽象困境,其理论根基的形而上学性质致使辩证法的全部内容不过是一场以精神的方式外化虚假的现实的运动。在辩证审视黑格尔辩证法的过程中,马克思充分肯定黑格尔辩证法在理论价值和实践意义上的伟大贡献,并将其辩证法转向到社会现实之中,赋予人类实践活动的理论根基,使辩证法获得了全新的内涵。

在《1844 年经济学哲学手稿》中,马克思首次对辩证法的理论根基做出了较全面的阐述:"黑格尔的《现象学》及其最后成果——辩证法,作为推动原则和创造原则的否定性——的伟大之处首先在于,黑格尔把人的自我产生看做一个过程,把对象化看做非对象化,看做外化和这种外化的扬弃;可见,他抓住了劳动的本质,把对象性的人、现实的因而是真正的人理解为人自己的劳动的结果。人同作为类存在物的自身发生现实的、能动的关系,或者说,人作为现实的类存在物即作为人的存在物的实现,只有通过下述途径才有可能:人确实显示出自己的全部类力量——这又只有通过人的全部活动、只有作为历史的结果才有可能——并且把这些力量当做对象来对待,而

① 孙正聿:《理论思维的前提批判——论辩证法的批判本性》,中国人民大学出版社 2010 年版,第 89 页。

这首先又只有通过异化的形式才有可能。"① 马克思这段对黑格尔辩证法精辟的概述和批判表明，马克思将推动原则和创造原则作为辩证法基本的理论原则和核心精神，贯穿于辩证法思想体系之中，将否定性的辩证法作为其实质所在，将辩证法提供的把人作为自我产生过程的理论观点和思想方法作为其最为突出的理论功绩，把握劳动的本质并将人理解为人类自身劳动的结果，以之作为辩证法根本的理论前提。②

首先，推动原则和创造原则作为辩证法的两大基本原则内在于人的本源性的实践活动之中。与黑格尔将推动原则和创造原则作为精神的存在和运动的原则不同，马克思认为，这两大原则的内在根据既不存在于能动的精神世界领域，也不存在于纯粹物质的自然世界领域，而存在于人的生命存在及其现实的实践活动之中。人的实践活动构建起了人与世界的联系，创造了人的生存世界与人类历史发展的一切可能性前提。马克思从对人的内在本质及其生命运动的思考层面指出，"人不是在某一种规定性上再生产自己，而是生产出他的全面性；不是力求停留在某种已经

---

① 《马克思恩格斯文集》第 1 卷，人民出版社 2009 年版，第205 页。

② 参见贺来：《辩证法的生存论基础——马克思辩证法的当代阐释》，中国人民大学出版社 2004 年版，第 163 页。

变成的东西上，而是处在变易的绝对运动之中"①；从历史的本质与人的关系维度上看，"并不是'历史'把人当做手段来达到自己——仿佛历史是一个独具魅力的人——的目的。历史不过是追求着自己目的的人的活动而已"②；从人与自然、与世界的关系思考中指出，"整个所谓世界历史不外是人通过人的劳动而诞生的过程，是自然界对人来说的生成过程，所以关于他通过自身而诞生、关于他的形成过程，他有直观的、无可辩驳的证明"③。人的实践活动在根本上是一种置身于历史之中的"自我推动"与"自我创造"的活动过程，正是人的实践活动过程促使世界的人与人的世界得以生成。换言之，辩证法的推动原则和创造原则正是"以一种反思的意识形式对人生命存在和活动本性的自觉揭示和阐释"④，展现人的本源性的实践活动的根基意义。

　　其次，否定性的辩证法只有在人的实践活动之中才能获得其自身的合理性。黑格尔认为，"实体在本质上是一个主体"，"是一个精神性实体"，"惟有精神性的东西才

---

　　① 《马克思恩格斯文集》第 8 卷，人民出版社 2009 年版，第137 页。

　　② 《马克思恩格斯文集》第 1 卷，人民出版社 2009 年版，第295 页。

　　③ 《马克思恩格斯文集》第 1 卷，人民出版社 2009 年版，第196 页。

　　④ 贺来：《辩证法的生存论基础——马克思辩证法的当代阐释》，中国人民大学出版社 2004 年版，第 167 页。

是现实的"①，他在将实体主体化的过程中以绝对精神的自我否定与自我超越的运动阐释了否定性的内涵。辩证法这种包含了绝对精神的自我否定和自我超越的否定性规定，实际上是以一种精神化的方式表现了人的生命存在和活动方式，精神成为其否定性的根基，而这种自觉的思辨逻辑使得黑格尔辩证法失去了社会现实的根据。"在马克思的唯物主义看来，辩证法只有作为历史的方法才是可能的。"② 马克思抓住了黑格尔辩证法的局限性并在其基础上寻找对否定性的现实的、具体的表达，进而在感性实践活动中发现了否定性最为深层的根据。人的实践活动是一种自我否定、自我超越的生命活动，是使人成为其所是的本源性存在方式的展现，在无止境的否定和超越的过程中既生成了具有先在性的自然生命，也在否定和超越自然生命的过程中生成了属人性的人本身，同时还在不断的否定中扬弃存在物的异化和人的活动的异化促成人的发展。辩证法的否定性所彰显的自我否定、自我扬弃与自我超越，是实践活动过程的根本方法论要素，是实践活动题中的应有之义，也是人的存在方式的辩证逻辑；而实践活动则构成了否定性运动存在和发生的唯一承载体，只有实践活动才能表征这种自我否定与自我超越的否定的辩证法本性。

---

① ［德］黑格尔：《精神现象学》，先刚译，人民出版社 2013年版，第 16 页。

② ［联邦德国］A. 施密特：《马克思的自然概念》，欧力同、吴仲昉译，商务印书馆 1988 年版，第 181 页。

最后，对劳动的本质及其过程的把握使得辩证法在人的本源性根基中将人的自我生产看作一个过程，这同时也是人的实践活动自我推动、自我否定和自我超越的结果。在劳动的本质及过程的问题域中审视马克思对黑格尔辩证法的批判性继承，有助于厘清马克思与黑格尔辩证法的实践性与思辨性的实质区别。黑格尔对辩证法思想体系的巨大贡献使得马克思将其称为第一位"全面地有意识地叙述了辩证法的一般运动形式"①的思想家，无论是《精神现象学》中以主奴辩证法展现的主体与客体的辩证运动过程，还是《法哲学原理》中以自由意志现实化阐释的人通过劳动的自我生成乃至一切现代性内容的生成过程，无不彰显否定性辩证法与人类历史活动的内在关联及其呈现出来的一般规律性。然而，黑格尔作为人的本质的"劳动进行塑造"②，其实质是承载主体的自我意识扬弃运动的精神活动过程。马克思批判黑格尔只关注劳动的积极方面而忽视了劳动的消极方面，没有把劳动理解为人的自我确证的本质，使得他的辩证法与一种合理的形态的辩证法失之交臂，人只是作为历史的客体而没有获得真实意义的确证。马克思进一步分析黑格尔的"劳动"概念，彻底地剔除了其超感性的、精神性的思辨性质与根基，指出

---

① 《马克思恩格斯文集》第 5 卷，人民出版社 2009 年版，第 22 页。

② ［德］黑格尔：《精神现象学》，先刚译，人民出版社 2013 年版，第 125 页。

必须将抽象的辩证法复归到生活世界之中来寻找根据，他从现实的生活中反思思维的运动过程，发掘实践活动作为人的本源性活动的自我否定性的意义，以生产实践过程的感性活动来揭开人与世界的生成样式的奥秘。马克思由此完成了对黑格尔辩证法的颠倒和改造，体现出辩证法的理论根基正是在于促使人的生命充分展开和无限发展的实践活动。

以人的本源性的生命存在和活动方式为理论根基，进而剖析其否定性的内在性过程表明，马克思的辩证法实现了理论范式和根基前提的根本转换。辩证法存在于现实的生活之中，既揭示了现实世界生成的规律，又犀利批判和扬弃了现实世界中人异化的生存方式。无论在现实政治问题视域中，马克思回到物质生产劳动的基点上，以生成性与实践性的劳动过程展开改变世界的革命实践的探讨以应对和解决现代性问题，还是在经济现实视域中，马克思进一步从"人的活动借助劳动资料使劳动对象发生预定的变化"① 阐明劳动过程的本质而试图揭示资本主义社会下人的存在方式并展开现实批判，都将辩证法与马克思世界观本性相一致内在的革命性与批判性展现得淋漓尽致。

批判和革命的理论本性在现实世界普遍性的意义上指认了实践活动中自我否定与自我超越的内在规定性，而在资本主义社会中，其理论本性更多地从现实的人的异化劳

---

① 《马克思恩格斯文集》第 5 卷，人民出版社 2009 年版，第211 页。

动，即人的自我异化的积极扬弃的过程中表现出来。马克思的辩证法并没有脱离资本主义社会的客观事实而津津乐道地谈论其具有一般性意义的具体方法，而是将推动原则和创造原则的否定性的辩证法深入资本主义的具体事实和丑陋现象中，以批判和革命的态度从人的本源性的生命存在和活动方式与现实的人的自我异化的矛盾中揭露资本对人的奴役和统治本质，毫不留情地对现存的一切进行无情的批判，展现作为哲学观的方法论运用的辩证法对实现人的解放和自由全面的发展的强大批判力量。因此，"辩证法的批判否定精神的根本旨趣在于面向人的生命发展，对人的生存状态和生存方式进行反思和批判：它要求人们永远激发思想的质疑能力，永不停止质疑看似明晰与确定的东西，提醒人们公认为正确和合法的东西可能还有'另一面'，它要求人们不断地去追问：人们现存的生存状态和生存方式是否合理？何种生存状态和生存方式是相对更好的？应通过何种途径去达到这种生存状态和生存方式？通过这种前提性的追问，可以使人们的全部生活保持生机勃勃的求真意识、向善意识与审美意识，从而不断推动人们向未来敞开自我超越和自我创造的空间"①。

从辩证法的辩证逻辑上看，辩证法是以超越知性的思

---

① 贺来：《辩证法的生存论基础——马克思辩证法的当代阐释》，中国人民大学出版社 2004 年版，第 236 页。

维方式或知性逻辑为基础的关于人的存在的"内涵逻辑"。[①] 恩格斯在《自然辩证法》中，进一步将马克思辩证法从自然界的历史和人类社会的历史中抽象出了一般规律并形成体系，构成了辩证法的一般运动形式，主要包括两个基本原则和三个基本规律，即普遍联系和永恒发展的原则，量转化为质和质转化为量的规律、对立的相互渗透的规律和否定的否定的规律。[②] 辩证法的规律体系只有在生存论本体论的理论范式中，以人的本源性的生命存在和活动方式根本出发点才能够被理解，它们不仅与人的本质展现相一致，而且它们在人的存在的意义上的规定性构成了它们在世界之中运作的内在根据。马克思的辩证法可称为"主体辩证法"，但又是与黑格尔的"主体辩证法"在根本性质上相区别的辩证法，它是人的生命活动自我否定的逻辑过程。

辩证法体系的内涵逻辑要求我们用普遍联系的观点看问题，坚持永恒发展的原则，普遍联系和永恒发展是人的存在的固有本性。马克思将普遍联系作为连接现实世界的首要关注点，是辩证法的基本内容。从人与自然关联上看，二者之间的相互归属、相互肯定的关系体现了普遍联系的始源状态，人的对象性活动在人化自然的过程中与自

---

① 参见贺来：《辩证法的生存论基础——马克思辩证法的当代阐释》，中国人民大学出版社 2004 年版，第 191 页。

② 参见《马克思恩格斯文集》第 9 卷，人民出版社 2009 年版，第 463 页。

然界所建立的关系体现了普遍联系反映在人的生存之上的超越和发展的特性；从人与人的社会关联上看，人与他人之间的普遍性的社会关系在体现人的本质的同时，也构成了一切社会关系的基础。正如马克思在对詹姆斯·穆勒《政治经济学原理》一书的摘录中指出的，"人的本质是人的真正的社会联系，所以人在积极实现自己本质的过程中创造、生产人的社会联系、社会本质，而社会本质不是一种同单个人相对立的抽象的一般的力量，而是每一个单个人的本质，是他自己的活动，他自己的生活，他自己的享受，他自己的财富"①。

实践活动作为普遍联系中人与自然、人与他人之间的相联系的中介，在历史的发展维度中表现出一种动态的、肯定与否定辩证统一的关系。同时，实践活动也是辩证法发展原则的基础和前提，它客观规定了现实的人和整个人类社会本质区别于简单的机械运动或生物进化而特有的存在方式和运动方式。人在自身本质力量对象化的感性活动中，不仅创造性地改造了自然，促进了人和自然界间关系和能量的互换和发展，而且也使人在不断自我否定的过程中改变自身、提高自身，创造出新的自我。发展原则在人类社会的发展进程中充分地体现主体性的特点，在新旧事物的更替中深层次地揭示出人摆脱异化、寻求解放和自由

---

① 马克思：《1844年经济学哲学手稿》，中共中央马克思恩格斯列宁斯大林著作编译局编译，人民出版社2000年版，第170－171页。

本性。

辩证法体系的三大规律是辩证法内容的一般运动形式，矛盾规律作为最核心的原理贯穿于整个辩证法体系的始终，否定的否定规律以其否定性的特质构成辩证法的精神实质。马克思在《哲学的贫困》中指出，"两个相互矛盾方面的共存、斗争以及融合成一个新范畴，就是辩证运动"①。在《1844 年经济学哲学手稿》《哲学的贫困》《德意志意识形态》《〈政治经济学批判〉序言》《资本论》等文本中，马克思、恩格斯通过论述私有财产所内含的资本与劳动的矛盾、有产者与无产者的矛盾，历史运动中包括的生产力与生产关系的矛盾、社会经济结构与上层建筑之间的矛盾，以及资本主义生产方式中商品剩余价值的矛盾等，揭示矛盾双方的性质、存在条件和发展趋势等运动规律，把握了矛盾对立斗争运动并提出共产主义这个新范畴，表明全部理论和革命实践正是在辩证批判中诞生并朝着实现共产主义、实现人类解放的目标前进。当抽象的外衣被卸下来后，辩证的运动形式便直接地呈现在我们眼前。这种对立统一的运动始终深嵌于人的实践活动并以实践活动为根本动力。人内在的生命结构的矛盾统一、人的个性与类特性的矛盾规律、人的有限性与超越性的辩证统一的运动方式在根本上具有一致性，人的生存本性不仅为对立统一规律提供了深层次的理论合法性，同时，人的生

---

① 《马克思恩格斯文集》第 1 卷，人民出版社 2009 年版，第 605 页。

存本性及其现实的活动形式本身就是对立统一运动真实的现实表达。否定之否定规律强调事物的运动形式是一个自我否定、自我超越的发展过程，它表征事物的辩证运动的本体论基础实现内在否定和超越的过程，其运动形式具体地表现为从正题、到反题、再到合题的否定之否定的动态辩证过程。马克思的贡献在于找到了现实的人作为本体论基础并把人的自我产生看成一个过程，把对象化看作外化与对外化自身的扬弃相统一的过程，从而实现了对黑格尔神秘化色彩的辩证法的超越。

无论是以人的本源性的生命存在和活动方式的理论为根基的辩证法，抑或是超越知性思维方式而建立在本体论基础之上的辩证逻辑方式的辩证法，马克思的辩证法从不同的向度和层面上彰显出其作为一种合理的形态和科学的方法论存在所包含的指导意义。值得说明的是，当我们提出辩证法是关于人的本源性的理论的根基及其实践运动的内在规定之时，并非意味着对"生存论范式"辩证法的极力推崇，而是在与旧唯物主义辩证法、唯心主义辩证法划清界限的基础上，重视对马克思辩证法的现实根基的关注，强调现实的人的生存方式和实践活动的否定性内涵和意义，彰显辩证法作为方法论所具有批判性、革命性和创造性的品质以及其"改变世界"的工具使命。

站在哲学观的高度上看，马克思的辩证法本质上是一种以实践观点的思维方式来开启和解决人及其思维与世界对立统一的概念的辩证法。它在实践活动的前提下，通过现实世界的二重化、人的存在的二重性、社会历史的二象性以及实践活动的二极性四个基本层次揭示了人与世界的否定性统一的关系，①并在此过程中揭示了人类社会的发展规律，又批判性地指导人的实践活动，促使人类不断地走向自由和解放。因此，马克思的哲学观是一种世界观，其辩证法是一种解放的辩证法。

尽管马克思与西方传统哲学家在历史观上始终没有脱离人及人的生命观念的主题，但是他们对人及其生命生成的历史理解却是大相径庭的。中世纪以来的哲学乃至德国古典哲学中的历史观念对历史的深刻洞见无不带有神秘色彩，而将历史作为解释原则不仅为之甚少，即便在鲜有的解释方法中，也无法避免在二元对立的思维框架下将人与自然分离开来的状况，结果导致了被抽象化存在的主体及其所创造的历史与客观的现实世界相分裂。在辩证法的运用上，黑格尔及其以前的哲学家以理性或精神的方式遮蔽现实关系，因而无法在揭示思维与存在的辩证关系时阐释人和世界生成样式的本质所在，同样让人遗憾。在马克思看来，唯有以历史的眼光和方法作为哲学观看待世界发展的思维前提，以具有批判性和革命性的辩证分析方法作为考察人和世界生成的基本立足点，才能窥探真正的人的历史。

---

① 参见孙正聿：《理论思维的前提批判——论辩证法的批判本性》，中国人民大学出版社 2010 年版，第 165–166 页。

第三节　形而下的科学意蕴与形而上的神秘话语

尽管马克思与海德格尔在探讨人的存在方式与现实世界的内在关联时，在逻辑展开中表现出生存论性质和研究视角中某种殊途同归的倾向，但两者哲学在存在论的基本立场上表现出较大区别，其在哲学方法的运用上表现出作为方法论的辩证法与现象学的显著差异性，这也使得他们两者的哲学运思方式和本质内涵体现出各自的特征。

一、人的本源：辩证历史生成对抽象解构还原的超越

在马克思哲学语境中，历史是现实的人的实践运动过程，而辩证法则是人的本质力量以感性存在的生成样式获得展现的内生逻辑。马克思历史的解释原则和作为生成样式的辩证法构成了马克思哲学观的方法论基石，他以一种动态的历史线索为方法前提关注不同的历史境遇，以辩证发展的思维眼光揭示人、自然与世界本身的存在规律与奥秘，以及三者相互之间的关联性及其高度一致且富含智慧的运作方式。立足于客观现实，以变化的、发展的、动态的触觉和眼光面对世界、解释世界、改造世界的方法论为注脚，彰显出马克思哲学观内在构筑的形而下的科学意蕴。而海德格尔则不同，他以一种"作为可能性来把握"的现象学方法作为其哲思方式的起点，试图从存在者着手，透过存在者把捉其背后的存在；他通过现象学的"还原—建构—解构"三个环节的环环相扣的通达方式走

向存在本身，以现象学的解释学转换进一步厘清存在论、解释学与逻辑学三者之间的关系，揭示"实际性的解释学"的必然之路。海德格尔关于现象学和解释学的方法归根到底在于阐释一种"如何"，即哲学之如何、存在之如何、现象学方法之如何等，但其通达方式在展开的过程中容易陷入形而上学的神秘话语之中。从表面上看，两种哲学方法论在关于人的现实生存方式方面貌似存在某些相似之处，但其实质却是根本迥异的。

立足于本体论的根基之上敞开哲学方法论运思逻辑的问题，是马克思与海德格尔哲学观在方法论上的共同前提，但两者关于本体论的理解和界定在基本立场上存在着质的区别。马克思哲学的首要任务在于彻底批判作为集大成者的德国古典哲学代表人物黑格尔的唯心主义观念论和以费尔巴哈为至极的旧唯物主义本体论并与之决裂，在近代工业文明和商品经济高度发展的历史境遇中重新思考、审视和解答本体论基本问题和现实困境，重启被遮蔽的人类史的新视域以窥探人类社会发展的一般规律。他反对近代哲学以前对本体论的非现实性和抽象性的理解，批判以此为基础所构建起来的抽象方法和思维方式在探寻问题中必然导致的脱离实际的结果，主张从历史的客观事物及其现实的关系出发来揭示本体论问题。基于此，马克思以历史的解释原则与辩证的分析方法作为其哲学的方法论工具，从而展开其视域下的哲学观内容。方法论上的有根之基的关系现实为马克思哲学观奠定了合理客观的基础，正是在辩证生成的逻辑中揭示了人作为本源性存在的规定和根据，这种基于形而下的本体论以规范性为前提，使得马克思哲学观更能走向并深入客观现实及其真实关系本身而展现出科学意蕴。海德格尔同样是在本体论的基础上展开其哲学观的全部内容，对观念论的批判是其哲学使命的关键一环，但其抽离于存在者而以存在为根基的本体论在某种意义上却陷入虚无缥缈、难以把捉的悖逆处境。他在哲学方法上青睐于现象学与解释学的方法，企图通过"解构"的方式追问存在者身后的存在及其本真意义，然而，以一种无偏见，甚至无规律可循的方式来解构、拆除先前已有的观念从而通达未必被感知得到的存在，使得这种蕴藏着神秘色彩的抽象解构的还原方法在对存在的追问中无不流露出令人捉摸不透的疑惑和不确定性。

从具体的哲学方法特性上看，两种哲学表现出较大差异性。马克思哲学观在方法论上自始至终表达历史的和辩证的合力。一方面，马克思强调，只有超越了对既成事实的把握才能合理地为当下做出历史语境中的正确分析和判断，才能科学地对未来的发展趋势进行合理的预测和想象。他拒斥任何静态的、片面的、狭隘的思维方式，取而代之的是一种包含着现实根基与历史变化发展辩证统一的观点，并将不同维度中所蕴含着的丰富历史性原则内涵渗透于其哲学的全部过程。另一方面，无论是从辩证法的理论根基上还是从辩证法自身的辩证逻辑上，作为人的本源性的生存方式的辩证法，以其批判的和革命的本性打开了人的现实存在及其历史性展开过程，人的生存与生活构成了辩证逻辑的真理内容，也由此获得了人与自然、世界生成过程的辩证理解。毋庸置疑，马克思历史的和辩证的方法对客观的生活现实赋予强大而合理有效的阐释力，在根本上也是对以超感性的精神活动为一切根据的传统观念论的对抗，是重新开启现实世界的唯一路径。

　　海德格尔在其哲学中也谈及历史，他甚至曾一度对马克思的历史观给予高度赞赏。在海德格尔看来，对此在历史性的分析表明存在者并非因为处于历史之中而是由于其存在的根据处是时间性的，因此它才得以历史性地生存着，而现象学的构造方式正是走向这条路的关键所在。此在的历史性存在构成了此在现象学的重要特性，此在的历史性无非就是时间性。一切历史性的世界都来自对事物本质的某种永恒的基础性的揭示，这种一元论视域影响着海德格尔对世界和时代统一性的探讨，而辩证法的统一性和自洽性最终不能作为一种被采取的辩证的思考方式促使海德格尔像荷尔德林那样完成存在的返回，因为它不能"保持在对象中并根据对象本身来让它规定把握这个对象的方式及其限度"[①]而被海德格尔摒弃。在海德格尔的哲思过程中，此在的现象学指明了哲学表达的新方向，但它在辩证法维度上的缺失却使得这种哲学表达逊色不少，这种历史而非辩证的论证方法难以在真正意义上超出形而上学的思维范畴。

　　后来，加达默尔基于本体论根基，以对话的连接方式

---

　　①　［德］马丁·海德格尔：《存在论：实际性的解释学》，何卫平译，人民出版社 2009 年版，第 53 页。

实现了辩证法的解释学化与解释学的辩证法化的结合，甚至将其理论定位为"在现象学和辩证法之间"①。这种结合的尝试既是更进一步完成了辩证法对形而上学的超越，也在海德格尔现象学的解释学的深化中使得辩证法在生存论维度的实践理性获得更深刻的揭示，可以说是对海德格尔现象学的解释学的拓展和补充。

二、历史的本质：实践运动对存在历史的反叛

尽管海德格尔在此在的现象学中嵌入了历史性的内涵，并以此为标尺敞开了一扇通往此在的历史之门，这也是海德格尔的现象学在一定意义上能够对接和开启马克思哲学视域的缘由所在。但是，海德格尔的"历史"同时也是一种极具神秘色彩的历史，以至于其在此在敞开的过程中陷入虚无的历史之境中。

海德格尔的"此在"与马克思哲学中的"现实的个人"有着截然不同的内涵前提。马克思的"现实的个人"是历史的、具体的、自由自觉展开生命活动的人，历史性内置于其内涵之中；而"此在"实际上只是"现实的个人"的摹本，并非等同于"现实的个人"本身，它在本质上仍然呈现出抽象概念的倾向，缺乏实质的历史内涵。如果说，此在的现象学不是现实历史的敞开本身，它仅仅

---

① ［德］汉斯－格奥尔格·加达默尔：《真理与方法——哲学诠释学的基本特征》，洪汉鼎译，上海译文出版社 1999 年版，第629 页。

是为描述现实历史提供了方法论，那么可以说，海德格尔实际上是在概念表层阐释历史性的概念。从根本上看，海德格尔是将现实的个人从一切真实的历史中抽象出来，将人置于一种孤立的状态之中，并由此创造出一个抽象的概念——"历史性"使人成为人。[①] 然而，海德格尔并没有发现，他所创造并极力论证的这一概念恰恰否定了人与历史的一切具体联系。海德格尔的现象学方法将此在看作一系列内心体验和情绪展开的过程，他将个体生存状态从其生存所依赖的客观条件和社会环境中割裂开来，使得存在的本真意义最终只能通过现象学的解释学得以显现，这也无异于拒斥了个体存在的现实的客观基础和丰富的历史内容，而使得其历史性的表达陷入虚无之中而无法逃离形而上学的神秘晕圈。因而海德格尔对传统形而上学的超越，实质上只能是在"存在者"的意义上的超越而不是在"存在"的意义上的超越，是在"什么"的意义上的超越而不是在"如何"的意义上的超越，是在"对象"的意义上的超越而不是在"非对象"的意义上的超越，[②] 他在试图超越形而上学的过程中却深陷于自己画地为牢的形而上学之中。

海德格尔的实际性解释学中同时还透露了一种追求奠

---

① 参见［美］保罗·蒂里希：《蒂里希选集》上卷，何光沪选编，成显聪等译，上海三联书店1999年版，第111页。

② 参见［德］马丁·海德格尔：《存在论：实际性的解释学》，何卫平译，人民出版社2009年版，译者序第8页。

基的哲思倾向，他企图以此作为整个哲学乃至整个科学的奠基，以此在的解释学作为一切哲学和科学的开端和起点，此在生存着并追问存在的意义，这就是解释学最基本的意义所在。海德格尔前期的基础本体论业已表达了这一点——实际性解释学就是基础本体论。更进一步看海德格尔的此在学说，它似乎发现了人的存在结构，但这种发现必然也是通过海德格尔的现象学方法完成的。此在学说并不是真正的现象学部分，不能构成真正意义上的现象学，因为海德格尔只是在形式上把握了现象学的方法，以无偏见、无立场为出发点进行现象学的研究，而当关涉现象学具体的研究对象时，海德格尔的自我背离便无法遮掩地表现出来。① 海德格尔以实际性的解释学批判传统的认识论和方法论的解释学所展现出来的卓越贡献是毋庸置疑的，但我们也应该看到，他的批判也存在矫枉过正的一面。实际性的解释学只是一个基础而不等同于全部，它不应该也不可能代替认识论、方法论的解释学，我们应该尝试走出一条存在论—认识论—方法论相统一的解释学道路，以避免从一个极端走向另一极端。

实际上，海德格尔曾立足于其存在之历史的视域中批判马克思关于历史本质的认识，认为马克思坚持主体性原则的唯物主义与劳动的反思在本质上陷入了形而上学的桎梏，其历史唯物主义对存在的遮蔽使得马克思视野中的历

① 参见李朝东：《现象学的哲学观——兼论胡塞尔与海德格尔哲学观的差异》，《哲学研究》2009 年第 8 期。

史成为虚无主义而非存在的历史。这种解读是误将马克思历史唯物主义直接归结为黑格尔式的抽象的历史无主体论，将他对劳动的解读局限于黑格尔的意识内在性范畴来审视，使得马克思对历史及其发展的认识被视作类似于黑格尔以理性精神所阐释的历史。想要理解海德格尔对马克思的判定就要回到海德格尔存在论视域中，以其解构还原现象学的解释学逻辑展开和把握他对马克思历史唯物主义的本质认识，梳理海德格尔对形而上学与虚无主义关联性的认识，以明确他是如何将马克思的历史唯物主义理论由形而上学推至虚无主义的。

在这场隔空交锋中，海德格尔首先认为历史唯物主义深入历史的本质维度并不代表马克思把握了历史的本质，缘于唯物主义的本质与技术的本质一同显现为形而上学遗忘存在之天命，历史唯物主义以主体性形而上学遮蔽了存在本身而错失了历史的本质，问题的症结在于马克思对劳动和生产的把握等同于黑格尔劳动的本质即反思性生产。一旦马克思将世界历史看作是人的生产劳动史，则意味着历史的生成表现为以辩证法为思想方式而取得世界性统治地位的抽象活动历程，一切历史活动处于辩证法维度的形而上学中。① 当世界处于"被经验为主体性的人对现实事

---

① 参见［德］马丁·海德格尔：《同一与差异》，孙周兴、陈小文、余明锋译，商务印书馆 2011 年版，第 133 – 134 页。

物的对象化的过程"①，这种坚持主体性原则之下的唯物主义所表征的历史观便是一种思辨形而上学而且与技术本质相一致的历史观，马克思深入历史本质性的维度可以说是形而上学统治之下存在者的非本真状态。其次，在海德格尔看来，虚无主义是形而上学的必然结果，整个西方形而上学是"虚无主义的本质领域和发生领域"②。现代历史伴随虚无主义展开的基本进程，人类的无意识状态和无家可归状态成了世界历史的命运，"创造性的第一个开端的意义越来越'遮蔽'自身，乃至没入了存在历史的最终形态之中"，最终走向了"世界的崩溃和大地的荒芜"。③ 主体性形而上学是致使现时代虚无主义展开的根源性问题，马克思主义隶属于这种形而上学而无法幸免于虚无主义的必然走向。

在马克思看来，历史的本质是实践运动而非形而上学。作为研究对象的历史而言，历史与自然基于人的感性活动之上的辩证统一意味着自然存在由于人的活动被纳入人类历史发展之中，整个人类周围世界并非自为存在而是人的实践运动的结果。从历史的过程性上看，历史的演进

---

① ［德］马丁·海德格尔：《路标》，孙周兴译，商务印书馆2000年版，第401页。

② ［德］马丁·海德格尔：《林中路》，孙周兴译，上海译文出版社2004年版，第234页。

③ ［德］维尔纳·马克思：《海德格尔与传统：存在之基本规定的一个问题史式导论》，朱松峰、张瑞臣译，上海人民出版社2012年版，第169页。

实质上是感性的人的实践过程，人的实践形成了人自身的存在和人自身的历史，历史作为人的存在的现实也构成了人的现实世界，现实的人以其实践的发生过程揭开了历史演进的动态进程；从历史的结果上来看，人的实践活动的结果展现为人类创造的一切文明，世代流传的文明蕴含着人的历史活动，体现着不同历史发展阶段中人与世界的现实关系。[①] 作为解释原则的历史而言，人的实践运动的历史揭示了人与自然、人与社会、人与他人以及人与自我之间的矛盾统一关系，是历史维度中人对世界的否定性统一过程，在方法论上体现了唯物主义与辩证法以历史的解释原则实现了内在统一。

海德格尔以先验存在论视域展开对马克思历史问题的探讨，必将使得马克思历史观的存在论基础被消泯于认识视域交错的前提之中。存在之思无法阐释马克思基于历史现实的异化及其批判在根本上是以政治的批判形式对现实的否定与超越。当海德格尔在颠倒意义上将马克思的历史唯物主义置于黑格尔历史无主体论语境中进行考察时，其以形而上学的本质规定抹杀了历史唯物主义的历史原则，而未能正确理解历史唯物主义的历史性，其得出"虚无主义的马克思哲学"的结论也就不足为奇了。

此外，马克思与海德格尔的哲学思维方式和价值追求不尽相同。马克思在对存在的矛盾的思考中，以历史的思

---

① 参见孙正聿：《历史唯物主义与哲学基本问题——论马克思主义的世界观》，《哲学研究》2010 年第 5 期。

维形式和辩证的方法去追问现实和超越现实，以实现二者相统一的人类解放目标；海德格尔则是在解构存在者与存在的矛盾的道路上，以现象学的解释学这种隐含玄想思维的神秘形式，来开启现实之上的"此在的本真之在"。这两种哲学运思方式在形而下与形而上的分界线上构成明显的"分水岭"。倘若在进行本体论和生存论探究的过程中，过分执着于人本主义的旨趣而忽视现实的实践在历史与辩证的方法中展开，那么所能得到的结论必定与马克思哲学精神实质背道而驰。历史的生成与发展在马克思那里从来不是纯粹的理论问题，而是扎根于现实世界的人的感性活动过程，以及在社会现实之上不断消灭现存状况，走向人的自由与解放的革命实践过程。回到马克思哲学存在论中审视人类历史的发展进程，深入领会历史唯物主义的科学性与马克思哲学革命实践的深刻性和超越性，有助于在揭示历史之谜的同时敞开历史发展的原象与未来指向。

第五章　解放与回归：哲学归宿的沉思

马克思和海德格尔的哲学观都有自身明确的学术归宿。马克思终身的志向是实现人类解放，他的学术研究和实践探索始终围绕人类解放的主题展开，试图通过理论批判和无产阶级革命实践的现实路径引领人们走向自由与解放，其哲学观以人类解放为旨归，与"每个人的自由而全面的发展"具有内在同一性。海德格尔的哲学归宿，则通过此在的存在者和存在之真理两种方式来追问存在及其本真意义，从而揭示无蔽状态的自由之境，确证此在的人的自由本质。海德格尔对技术的追问和批判目的在于以救渡之思拯救现代性问题，达到人诗意地栖居的境界。从两者的哲学观归宿而言，马克思对人类解放的关注彰显其哲学观为一种平民哲学的代表，而海德格尔对诗意栖居的追求典范无异于一种贵族哲学。

第一节　海德格尔返回精神家园的栖居

海德格尔以对存在之思的追问为线索贯穿其哲学观的始终，希冀最终通达诗意栖居之境。他认为，只有认真对待源始单纯的生存，才能在领会它的过程中真正通达诗意本质的栖居。借助荷尔德林的诗，海德格尔将对本源的接近、对万乐之源的接近作为故乡最玄奥美丽之处，强调只有还乡才能真正走近本源之境中，因为"还乡就是返回与本源的亲近"①，以此来表达他对存在的本源之思，揭示出他所向往的理想生活是一种不断接近本源的自由的诗意栖居。在现代性社会中，通往诗意栖居的自由之境受到各种现实障碍的制约，突出表现为现代技术及其展现过程中所导致的人的技术化现象。技术使得人的存在的自由本质被广泛遮蔽，人被盲目而"快乐地"受制于技术的统治之中而不自知，从而陷入无家可归的状态之中。只有当人自觉致思于这种无家可归状态时，才能真正召唤自身走近栖居的本质之中。

一、栖居归宿："无蔽"状态的自由之境

在海德格尔看来，诗意地栖居并不是一种惯常之见的安居方式，它是回归到本源之处的存在状态，是一种自由的本质体现。诗并非文学意义上的诗，栖居也不仅仅是占有一个住所，诗意栖居首先要立足于人类此在的基本特征，透过对此在存在的本质理解来看待这种诗意栖居，"要根据栖居之本质来思人们所谓的人之生存"，也"要

---

① ［德］马丁·海德格尔：《人，诗意地安居》，郜元宝译，上海远东出版社 2004 年版，第 87 页。

把作诗的本质思为让栖居，一种筑造"，① 通过寻求诗的本质通达栖居的本质。实际上，诗意栖居的本质就是揭示了存在的本源的自由澄明之境，从源始的意义上看，自由的本质是"让存在"，是使得存在者存在。只有揭开了存在者被遮蔽的自由始端，才有可能呈现出一条通往存在的自由道路，诗意栖居的真实意义恰在于此，即为此在敞开一条通往澄明此在的人的本真生存的自由之境的可能道路。透过存在者被遮蔽状态展开对自由的追思，对海德格尔诗意栖居的理解具有重要意义。

海德格尔是一个崇尚自由的人，他既不满足于西方形而上学和宗教神学对自由所做的阐释，又蔑视都市的文明生活而对乡土气息的还乡生活充满依恋，拒绝到柏林大学任教而隐居在黑森林的小屋正是他内心自由本性的真实写照。这种刻在骨子里的对自由的向往和追求引导他在哲学的运思中始终关注着此在生存的自由问题。

海德格尔早期对自由之思隐藏于其对存在之思的整个过程之中，他以存在者（尤其是以此在的存在者）为出发点展开对存在的探究，这种追问思路表明思的过程同时也是此在向世界超越、走向自由的过程。在他看来，自由是关于人的存在的意义问题，也是人诗意地栖居的本质所在。在《存在与时间》中，海德格尔以此在为基点追问存在的本真意义，通过还原、建构和解构的现象学方法试

---

① ［德］马丁·海德格尔：《海德格尔选集》，孙周兴选编，上海三联书店 1996 年版，第 465 页。

图促使存在者回到其本身；借助解释学的方法对存在的在世结构及其特性进行阐释，以尝试解开存在的神秘面纱。他将此在在世的根本状态以操心展现出来，而由于操心最终走向此在的沉沦使得此在无法领会自身存在的意义，此在无法通达其存在。这种追问并没有将真理与自由的内涵揭示出来，使得此在的自由缺少了"根基的持存性"。可见，关于此在的生存论阐述并没有真正解决此在的存在意义问题，关键的问题在于忽视了对此在的自由的追寻，将此在的自由消隐退化到此在的表层意义中去。

在《形而上学是什么》中，海德格尔批判反思形而上学时将"无"引入形而上学之中、此在的存在嵌入无中状态的时候，才是展现出其向来超出存在者整体而存在，而"如若没有无之源始的可敞开状态，就没有自身存在（Selbst-sein），就没有自由（Freiheit）"①。这种超越就是开启自由的始端。在《论根据的本质》中，海德格尔进一步以"超越"来为此在的自由本质论证。超越被规定为此在的"在世界之中存在"，一切行为都根植于超越，"唯当此在在缘故中超逾'自身'，此在才能够以此方式向着作为它本身的它而存在"②。超越就是此在的人的存在的自有本质，"超越并非冲向作为诸如一个自在地

---

① ［德］马丁·海德格尔：《路标》，孙周兴译，商务印书馆2000年版，第133页。

② ［德］马丁·海德格尔：《路标》，孙周兴译，商务印书馆2000年版，第190页。

现成的价值和目标之类的东西的缘故，倒不如说，自由——而且作为自由——把自身呈递给这种缘故"[①]，"唯自由才能够让一个世界对此在起支配作用并且让一个世界世界化"[②]。根据的本质在于此在的超越，而此在的自由则在于超越的可能性之中，此在的超越性由此打开了人的自由生存的维度，只有在超越中此在才能与其自身联系起来从而进入自由之境中。

后期海德格尔在考察存在的整体境域时，从对存在者之存在的追问转向从真理的本质追问自由。他认为，自由是此在在存在之境域中敞开，为人诗意栖居的自由奠定基础。他将眼光转向了对存在真理的认识，论证存在的可敞开性。先行确定的自行开放，是作为向着敞开域的可敞开者的自由存在，指示着未被把捉到的自由之本质。行为的开放状态根植于自由之中，表征行为正确性的内在可能性根据。因此，"真理的本质乃是自由（Das Wesen der Wahrheit ist die Freiheit）"[③]。正是由于向着敞开域的可敞开者的自由让存在者成其所是，使其自行揭示为让存在者存在，如果存在不能将自由的无蔽状态交付给存在者而使

① ［德］马丁·海德格尔：《路标》，孙周兴译，商务印书馆2000 年版，第191 页。

② ［德］马丁·海德格尔：《路标》，孙周兴译，商务印书馆2000 年版，第191 页。

③ ［德］马丁·海德格尔：《路标》，孙周兴译，商务印书馆2000 年版，第214 页。

得其可被把捉，存在者就难以接近自由的本质了，此在的自由也便成为泡影。海德格尔进一步指出，"让存在，亦即自由，本身就是展开着的（aus-setzend），是绽出的（ek-sistent）。着眼于真理的本质，自由的本质显现自身为进入存在者之被解蔽状态的展开"①。存在成了海德格尔揭示自由的关键所在，而"无蔽"是使自由的本质成为人之本质的深层根据，这种无蔽状态在此在的境域中展开、绽放，为此在的人走向自由的本质打开了通达之路，只有深入存在者的被解蔽状态和解蔽过程中，才能把握那个尚未被把握的东西——无蔽而通往自由的本质。在海德格尔天地神人四重整体的存在之维中，存在的整体境域获得了真正意义上的无蔽内涵，即自由状态。真理实质上是一切存在者的解蔽，通过解蔽使得敞开状态成其本质，人的一切行为都在敞开域中展开，人作为绽出之生存的方式存在。人的历史性本质被保存于存在者整体之解蔽中，通过此在作为自由的绽放，历史性意义才得以展现，脱离无蔽状态的存在者的自行揭示（海德格尔称为"自然"，即涌现着在场的整体存在者）便无历史可言。"历史的罕见而质朴的决断就源出于真理之源始本质的现身方式中"②，这也从侧面反映出海德格尔对历史性的理解上包含了形而

---

① ［德］马丁·海德格尔：《路标》，孙周兴译，商务印书馆2000年版，第217页。

② ［德］马丁·海德格尔：《路标》，孙周兴译，商务印书馆2000年版，第220页。

上学的倾向。

　　海德格尔通过对真理本质的追问进而阐述无蔽状态的自由之境。至此，他对存在及存在本真意义的追问方式已经从由此在的存在者到存在转换为从存在的敞开、存在的真理方向来看待存在的自由。真理的本质自由，无蔽状态的自由是让存在者存在，是敞开着、绽出着的，也是人诗意地栖居所要达到的理想境界，是整体存在者的去蔽过程。海德格尔进而揭示了无蔽状态与遮蔽状态的一致性。遮蔽状态是在存在之真理领域之中的状态，而不是对存在遗忘了状态。"从作为解蔽状态的真理方面来看，遮蔽状态就是非解蔽状态（Un-entborgenheit），从而就是对真理之本质来说最本己的和根本性的非真理（Un-wahrheit）。"① 如果说，整体存在者的遮蔽是解蔽的基础，那么，非真理则是真理本己的根本。海德格尔认为真理的本质就是非真理，自由就是包含着既解蔽又遮蔽的双重状态，遮蔽状态对于存在者来说比解蔽状态更具有原初的意义，两者相互蕴含于其中。此在的人在绽出遮蔽与解蔽的双重状态的过程中，自由使得作为让存在者的存在以敞开着的态势获得指引，引导人通向存在者及其解蔽。而处在这种解蔽过程同时就是自行遮蔽，因为人在其行为中对其存在者的有所作为必然带有其固执，甚至"误入歧途"，陷入与真理的本质相反的迷误中，而被遮蔽者之遮蔽与迷

---

　　① ［德］马丁·海德格尔：《路标》，孙周兴译，商务印书馆2000 年版，第 223 页。

误一同归属于真理的原初本质。换言之，在存在之真理的整体境域中，真理的本质揭示其自身为自由，即解蔽着的让存在者存在，存在的无蔽状态为此在的自由打开了最初的境域；而自由的让存在者存在同时作为遮蔽状态绽放于自由之中，存在之真理包含着解蔽和遮蔽两个维度。因此，将这种让存在者存在的理解放置于海德格尔的天地神人的世界之中，追求自由不能意味着单纯地把握为去蔽。

通过对真理本质的揭示，海德格尔在以存在语言为道说方式的艺术与诗中找到了人通往自由、诗意栖居的道路。他认为，语言的道说作为一种具有本源性的沟通方式，构建起存在者与存在之真理之间的桥梁。"人如果想寻找他再度进入在的近旁的道路，那么他首先必须学会在无名中生存。他必须以同样的方式，既识破公共领域的诱惑，又识破私人领域的东西之无力。在人说话之前，他必须首先再次被召唤到；在聆听此一召唤时，人得接受这样的危险：他将无甚可说。只有这样，语词才能再次被授予其本质的珍贵之处，而人才能被恩赐一个居于在的真理之中的家。"①

海德格尔认为，作诗应该让一种栖居成为栖居，"作诗是本真的让栖居（Wohnenlassen）"，"作为让栖居，乃

---

① ［德］马丁·海德格尔：《人，诗意地安居》，郜元宝译，上海远东出版社 2004 年版，第 56 页。

是一种筑造"。① 要以栖居的本质来思人的生存，把作诗的本质思为"让栖居"。海德格尔从语言的允诺中找到栖居和作诗的本质之间的关联。人自以为自身作为语言的主宰者和支配者的姿态占有语言，然而，语言才是人的真实主人。语言成为表达工具并不能使得人与语言的支配关系颠倒过来，它是"最高的、处处都是第一位的允诺"②，人通过语言的召唤通往事情的本质。人能够本真地倾听语言之允诺的那种应合，便是作诗要素中说话的道说，诗人愈是诗意，他的道说便愈是自由，便越是以开放而有所期备的态度对待对象。③

栖居也俨然不是人惯常所以为的建筑劳绩，如果这种建筑劳绩仅仅是为了自身的缘由（如对其自身的功能实用性层面上的追求）而被追求和获得，它们甚至就禁阻了栖居的本质。"只有当人已经以另一种方式进行筑造了，并且正在筑造和有意去筑造时，人才能够栖居。"④诗意地栖居于大地之上，通过作诗首先将人带向大地，使人属于大地，从而再将人引向栖居之中，居的根本在于存

① ［德］马丁·海德格尔：《演讲与论文集》，孙周兴译，生活·读书·新知三联书店 2005 年版，第 198 页。

② ［德］马丁·海德格尔：《演讲与论文集》，孙周兴译，生活·读书·新知三联书店 2005 年版，第 199 页。

③ ［德］马丁·海德格尔：《演讲与论文集》，孙周兴译，生活·读书·新知三联书店 2005 年版，第 199 页。

④ ［德］马丁·海德格尔：《演讲与论文集》，孙周兴译，生活·读书·新知三联书店 2005 年版，第 201 页。

在的基本特征中。显然，海德格尔更为关注本质性的东西而不是经验直观的筑造，作诗本质在于"让栖居"，因为作诗首先让人之栖居进入其本质之中，即进入一种无蔽状态的自由本质之中，而不是满足于尘世的居住。"只有当人已然在作诗的'采取尺度'意义上进行筑造，人才能从事上面这种筑造。本真的筑造之发生，乃是由于作诗者存在，也就是有那些为建筑设计、为栖居的建筑结构采取尺度的作诗者存在"①，因而作诗与栖居相互要求，共属一体。这种尺度是使作诗成其本质，人在其存在的范围接受尺度，如同人有其自身存在尺度一样。当海德格尔将这种尺度回到神性（Gottheit）寻找根据时，人以神性度量自身的尺度，通过天空显现使人获得自行遮蔽的东西，神性尺度的神秘性就无可避免地显现出来了。

在海德格尔的视野中，我们现实的生活世界的安居生活远远谈不上诗意地栖居，"我们的非诗意栖居，我们的栖居无能于采取尺度，乃起于狂热度量和计算的一种奇怪过度"②，这是人的生存现状。在天地神人的四重整体中，此在的人在大地之上聆听神性的召唤，在天地神人相互融通的无蔽境界中达到了本真的自由的状态——从容自在、泰然处之与虚怀敞开，以这种自在而自由的人生态度取代

① ［德］马丁·海德格尔：《演讲与论文集》，孙周兴译，生活·读书·新知三联书店 2005 年版，第 212 - 213 页。
② ［德］马丁·海德格尔：《演讲与论文集》，孙周兴译，生活·读书·新知三联书店 2005 年版，第 213 页。

现实的狂热度量和计算，人真正走向了诗意栖居的路上。这也正是海德格尔通过真理本质的揭示所要通达的哲学归宿。他通过揭示真理的本质在于自由，勾勒出此在的人在无蔽状态中的自由之境与现实非诗意生活状态的比照，提出了追求栖居本质、通往诗意栖居真实愿望。

海德格尔将诗意栖居之思的核心归结为在存在之真理的境域中确证人的自由。他不得不为人类陷入危险却毫无察觉的事实而深切忧虑，但他仍然满怀希望，"无论在何种情形下，只有当我们知道了诗意，我们才能经验到我们的非诗意栖居，以及我们何以非诗意地栖居。只有当我们保持着对诗意的关注，我们方可期待，非诗意栖居的一个转折是否以及何时在我们这里出现。只有当我们严肃对待诗意时，我们才能向自己证明，我们的所作所为如何以及在何种程度上能够对这一转折作出贡献"①。这种每个人都总是诗意栖居的理想生活向往，对于现实中绝大多数的人们来说终究只是天方夜谭或者昙花一现的美好，因为对诗意关注的自觉要达至普遍性何以可能，在海德格尔那里仍不得而知。

二、通往栖居之路：技术的追问与救渡之思

海德格尔哲学观始终关注人类生存的重大现实问题，其以追问此在的存在意义为出发点，以实现此在的自由为

---

① ［德］马丁·海德格尔：《演讲与论文集》，孙周兴译，生活·读书·新知三联书店2005年版，第213－214页。

最终的目的，通往诗意栖居的道路最根本在于在存在的真理之境中重新建构人的自由。在现实的尺度中对此在展开自由之思，包含着双重的指向：一是"上帝死了"，虚无主义的到来使得人失去信仰的力量和价值的支撑而处于一种无根基的状态，由此，海德格尔在批判传统形而上学对"存在的遗忘"的过程中试图找回存在及其本真的意义；二是理性主义的到来和科学技术的发展使得人类陷入现代性危机之中，人生存于座架中并遭受技术的支配，由精神的异化转化为技术的异化而在更深层上再次失去本己的自由。在人追求诗意栖居的道路上，科学技术既为这种栖居生活奠定了丰富的物质基础，同时又给人类招致无法规避的灾难，使得人的诗意栖居生活遭遇巨大的现实困难。

对技术的追问是海德格尔后期思想中最核心的部分，其紧密围绕西方技术世界和技术时代中存在的危险展开分析。海德格尔在诗意栖居中找到了人的存在及其本真意义之所在，他在探究新的时代现代性的过程中极力地发掘现代性危机的根源——技术化生成问题，通过思与诗竭力为人类走出这种灾难寻求路径。

现代性是"把世界有意地制造出来的这样一种无条件自身贯彻的活动，被无条件地设置到人的命令的状态中去，这是从技术的隐蔽本质中出现的过程。这种情形只是到了现代才开始作为存在者整体之真理的命运展现出来，虽然存在者整体之真理的零星现象与尝试，一向始终散见于文化和文明的广泛领域之内"①。海德格尔对技术的追问并没有与其追求诗意地栖居生活割裂开来。现代技术作为事物的展现，一旦超越其应有的限度就必然对人的自由带来遮蔽。它在推动人的发展的同时，将人限定在技术自身之内，使技术不断地逾越自身的界限渗透到人类生存的最深处。人在技术的怂恿教唆下产生对物质欲求永无止境的贪婪，甚至不惜付出破坏自然与环境等一切代价。技术凌驾于人之上的发展态势对人类世界造成了无处不在的遮蔽，将人抛弃于异己的非本真的无底深渊之中。从根源上为复归人的自由找到一个阿基米德点，以改变这种被颠倒了的人与技术之间的关系，使人的生命重新在自由的境域中展开、绽放，是海德格尔追问技术的根本出发点。

在海德格尔看来，现代技术不是目的的单纯手段，而是本身参与到自然、现实和世界的构造中。"当我们问技术是什么时，我们在追问技术。尽人皆知对我们这个问题有两种回答。其一曰：技术是合目的的手段。其二曰：技术是人的行为。""通行于世的关于技术的观念，即认为技术是一种手段和一种人类行为，可以被叫做工具的和人类学的技术规定。"② 凡是使用一种新技术的地方，也总是构造出人与世界的新关系。基于此，海德格尔在追问技

① ［德］马丁·海德格尔：《林中路》，孙周兴译，上海译文出版社2004年版，第303页。
② ［德］马丁·海德格尔：《演讲与论文集》，孙周兴译，生活·读书·新知三联书店2005年版，第4页。

术的过程中断定，技术不仅仅是一种手段，技术的本质是独立于技术活动的一种东西，而不是技术活动之中的一个因素，技术是一种展现方式。海德格尔对技术本质的揭示实际上渗透于其技术展现方式的过程之中，他通过对技术展现方式的"限定"与"强求"，进而揭示出技术的本质所在，即"座架"。

"座架意味着对那种摆置的聚集，这种摆置摆置着人，也即向他挑战，使人以订造方式把现实当作持存物来解蔽。"①"座架"实际上就是强求性的要求的聚集，体现为某种技术意志，它独立于技术因素之外，而又能对技术起着支配作用，而使得技术得以存在和发展的过程就是"限定"和"强求"。"限定"意味着"从某一方向去取用某物（从氮的方向去取用空气，从矿石的方向去取用土地），把某物确定在某物上，固定在某物上，定位在某物上"②。在新时代技术中，事物与人、自然与世界都是从某一个方向被"限定"的。然而，事物与人、自然与世界并不只是被静止地"限定"，而是在被确定方向的基础之上，被现代技术"强求"地改变，导致某物处于被功能化、被统治之中，受到"限定"和"强求"之后的某物则为持存物。现代技术的展现正是海德格尔所谓

---

① Martin Heidegger, *The Question Concerning Technology and other Essays*, Harper Torchbooks, 1977, p. 20.

② ［德］冈特·绍伊博尔德：《海德格尔分析新时代的科技》，宋祖良译，中国社会科学出版社 1993 年版，第 74 页。

"强求"的表征。现代技术的展现方式包含着物质化、齐一化、功能化、主客两极化、谋算、贯彻与统治、生产与加工以及耗尽与替代八个环节，这八个环节在技术的展现过程中是相互要求并相互促进的。事物、自然与人本身被"限定"和"强求"与技术所自我展现的这八个环节是同一个过程。"事物和自然被从物质存在、对象性、可统治性、功能等方向上限定，被定位在这样的内容上，被固定在这样的形态中。"①

　　显然，海德格尔过分强调物质"强求"，使得自然降格为受技术统治的齐一化、功能化的物质，同时人在技术展现中也仅仅处于被动"限定"的状态。但他也并非完全忽视人对技术所应扮演的角色，"正如人们所言，我们要'在精神上操纵'技术。我们要控制技术。技术愈是有脱离人类的统治的危险，对于技术的控制意愿就愈加迫切"②。他呼吁人应发挥主观能动性，控制技术，这也意味着"座架"之中的事物或人都面临着危险。"海德格尔把时代上特殊的对存在者的存在的确定称作'危险'。……危险在于当时占统治地位的未隐蔽状态，在于

---

　　① ［德］冈特·绍伊博尔德：《海德格尔分析新时代的科技》，宋祖良译，中国社会科学出版社1993年版，第75页。
　　② ［德］马丁·海德格尔：《演讲与论文集》，孙周兴译，生活·读书·新知三联书店2005年版，第5页。

命运本身之中。"① 面对"座架",人的思维和行为方式都是被"限定"的,人已逐渐失去对技术的控制能力,只追求和从事在预定中被展现的东西而忽视了其他的可能性。本身具有主观能动性的人失去了其本性,而与事物一道处于技术的"座架"的危险之中。正是"限定"与"强求"构成了现代技术既不同于古代技术独特性的去蔽,又不同于人类其他文化活动的非限定性和非强迫性的去蔽,并在本体论意义上导致了现代技术文明的危机。

海德格尔通过引用荷尔德林的诗句"但哪里有危险,哪里也生救渡"来展开他对现代技术的救渡之思。正如他所说的,"集置之统治地位就不可能仅仅在于:集置一味地把每一种解蔽的一切闪烁也即真理的一切显现伪装起来。于是就毋宁说,恰恰是技术之本质必然于自身中蕴含着救渡的生长"②。由现代技术与人类关系引申出来的救渡之思主要包括以下五个方面。

第一,认识技术本质——"座架"与技术本身的关系。"座架"作为存在并活动着的东西,在其自身隐藏着拯救者。"座架是技术的提供者,即向人提供存在者的存

---

① [德]冈特·绍伊博尔德:《海德格尔分析新时代的科技》,宋祖良译,中国社会科学出版社 1993 年版,第 216 页。

② [德]马丁·海德格尔:《演讲与论文集》,孙周兴译,生活·读书·新知三联书店 2005 年版,第 28 - 29 页。

在的一种未隐蔽状态。"① 人的任务在于除了对未隐蔽状态加以看护外，也包括对隐蔽状态加以看护。"一方面，座架强求疯狂的预定，这种预定阻挡住对展现事件的任何的认识，并从根本上损害对真理的本质的涉及；在另一方面，座架发生于提供者中，提供者使人保持迄今无经验地，但今后也许较有经验地成为真理的本质的真实性的所需要者。这样，拯救者的出现就表现出来了。"② 技术展现过程中未隐蔽的状态和隐蔽的状态并非一成不变的，这使得技术的展现不是唯一的，"座架"在提供技术的同时也可能产生阻碍技术本身出现危险的力量，成为改善人和世界的拯救者。

第二，唤醒沉思的思想。"对于我们这里所尝试的沉思来说，关键的是期备一个质朴无华的思想步骤。这种期备性的思想的要旨在于揭示那个运作空间，在此运作空间内，存在本身能够在人的本质方面把人重新纳入一种原初的关联之中。"③ 沉思思想在技术展现中以任何可能的机会关注人和世界的关系的变化，以便在事物和人被限定和强求时为人和世界的关系准备一种新的关联，以改变其受

① ［德］冈特·绍伊博尔德：《海德格尔分析新时代的科技》，宋祖良译，中国社会科学出版社1993年版，第227页。

② 转引自冈特·绍伊博尔德：《海德格尔分析新时代的科技》，宋祖良译，中国社会科学出版社1993年版，第229页。

③ ［德］马丁·海德格尔：《林中路》，孙周兴译，上海译文出版社2004版，第224页。

破坏的可能结果。对技术的追问、沉思及其唤醒是必要而且重要的。

第三，为天然的知识恢复权利。海德格尔把知识区分为天然的知识（即天然地思维着和居住着的人的知识）与科学知识（即科学技术的知识）。天然的知识中显示出一种更为本源、更为恰当的并让事物具有其自身性和特性的知识，却逐渐被现代社会忽视，两种知识受到了完全不平等的"待遇"。正是这种不平衡更进一步助长了技术本身的危险。海德格尔并不是因此就盲目地排斥或否定科学知识，而是主张一种"唯一可能"的态度，即把两种知识汇集、并列起来加以考虑。"把对自然的谋算和技术化收藏到自然的天然性中，这不仅意味着把天然的知识与技术的知识相并列，而且更根本地意味着看出科学派生和来源于天然的知识。这也就意味着收回作为与世界打交道的决定性方式的技术展现。"①

第四，冷静地对待事物。在海德格尔看来，技术世界的一切设备对于我们来说都是不可缺少的，而人们正是容易因技术对人类的贡献而绝对化了技术本身的作用，从而使自身陷入对技术的屈从中。他主张要冷静地对待事物，"这应该使人有可能去思索：技术世界丝毫不是最终的和

① ［德］冈特·绍伊博尔德：《海德格尔分析新时代的科技》，宋祖良译，中国社会科学出版社 1993 年版，第 240 页。

绝对的东西，而是始终依赖于更基本的东西"①。人们不能直接被固定于技术世界中，而应提防自己被技术完全占用，应保持一种敞开的态度。事物本身具有自身显示而又自身逃避的基本特征，我们必须对这些基本特征敞开，才有可能探索和获知技术世界的意义及其展现过程中所发生的东西。技术世界本身不能被简单地否定，而是要在其所要求的唯一性和绝对性的特性上提高我们的警惕。

第五，将技术作为一种转折。"座架的本质是危险。作为危险，存在离开它的本质而转向这个本质的被遗忘状态，同时也转向它的本质的真理。"② 海德格尔的将技术作为转折的思想蕴含着一种辩证的逻辑，即一方面技术的展现顽固地阻碍事物和世界的自由的表现，而另一方面对这种危险的认识又意味着存在转向事物和世界本身丰富得多的表现的可能性。因此，海德格尔的"转折"，就是强调存在的本质在被遗忘的同时也是逐渐趋近于真理的，而要理解这种转折，关键在于对技术的危险本身的认识。

在技术"限定"和"强求"的前提下，海德格尔提出上述五个方面的救渡之思，其要旨在于：克服技术问题的关键不仅仅是依靠人的主体行为，更是依靠事物与世界本身的本源性、自身性的自我显现，而人的任务是为事物

---

① ［德］冈特·绍伊博尔德：《海德格尔分析新时代的科技》，宋祖良译，中国社会科学出版社 1993 年版，第 242 页。

② ［德］冈特·绍伊博尔德：《海德格尔分析新时代的科技》，宋祖良译，中国社会科学出版社 1993 年版，第 244 页。

与世界本身的本源性、自身性表现创造条件，开辟新的认识领域。我们姑且不去评价海德格尔的拯救之思具有多大程度的实践转化可能，但海德格尔对技术的追问及其拯救之思启示我们，在社会生活中，必须把技术置于一种合理的制度框架之下。"危险的并不是技术，技术只有作为命运和统治地位才是最高意义的危险，它阻止了对于我们自身存在的正确理解，并且在存在的意义上排除了其他理解存在方式的可能性。"① 只有当技术被运用于一个合理的制度框架之中，才能把握技术对当下社会的正面作用，摒弃技术危机蔓延至政治、文化、制度等一切领域而可能给社会带来的厄运。

海德格尔人生境遇的理想栖居是诗意化的生活，而在现代性的世界里，技术世界致使人的本质及其本真意义作为异己的对象存在。正如他所说："在我们这个匮乏的时代，安居的状态是什么样子的呢？关于住房紧张的议论所在皆是……但住房紧张无论有多么严重紧迫，无论那多么有害或多么有威胁，都不是安居的真正困境，因为安居的真正困境决不在于单纯的住房紧张。确切地说，安居的真正困境，先于世界大战给人类带来的毁灭性灾难，也先于地球上的人口膨胀以及产业工人的生存困难。真正的安居的困境在于凡人一再地追求安居的本质，在于他们必须事

① Paul Gorner, "Heidegger's Phenomenology as Transcendental Philosophy", *International Journal of Philosophical Studies*, 2002, 10 (1), pp. 17 – 33.

先学会安居。如果人的无家可归正在于此，那么，人为何仍旧不把他安居的真正困境当作困境来思呢？一旦人致思于他的无家可归，这就不再是不幸之事了。只要好好去思并铭记于心，它将会成为唯一的召唤，召唤人们进入他的安居。"① 要解决一切表征的困难和危机，就必须进入其深层的本质层面才成为可能，人的自由被遮蔽于物欲横流之中是现代性危机的根源，对诗和思的关注是召唤人们走出危机的关键。

海德格尔思与诗的拯救之道具有鲜明深刻的人文主义主题，他把诗的本质与技术的本质截然对立起来，在正视技术时代人与自然的自身性遭受损坏、扭曲和丧失的真正危险时，又将恢复人的存在本质与诗的本质密切联系起来，在思与诗的对话转传语言的过程中，通过救渡之思寻求一条通往"诗意地安居"的道路，以诗性开启人的自由之境。

第二节 马克思人类解放的终极关怀

综观马克思孜孜以求的理论探索与革命实践之路，自由与解放构成了其理论所透射的时代精神。追求每个人自由而全面的发展，最终实现全人类的解放是马克思全部哲学思想的核心主题，也是他奋斗终身的根本出发点和最终

---

① ［德］马丁·海德格尔：《人，诗意地安居》，郜元宝译，上海远东出版社 2004 年版，第 114－115 页。

归宿所在。"自由人联合体"是人类解放所通达的社会状态和最终指向，人的自由全面发展是"自由人联合体"中每一个人的发展指向，是人将自己作为自己最高的价值追求。人不仅在本质力量的自我确证中走向自由，而且在人的创造性的自我超越过程中走向解放，人的发展的自觉性与不确定性为人对自身自由而全面发展的终极诉求提供了前提和可能。为了在真正意义上实现人自由而全面的发展，走向解放的"康庄大道"，马克思将人类解放的价值诉求以理论批判和无产阶级革命实践的路径展现出来，从观念上的解放和现实实践上的解放双重维度充分彰显人类解放的理想性与现实性之间的张力。

一、价值向往：人的自由而全面发展

人的自由而全面发展问题是一个古老而又极具时代性的恒久话题。历史上的哲学家和思想家在不同的时代语境下，以不同的方式对其展开不懈探索，在不同程度上推进了这一命题的实现。马克思在传统哲学关于人学研究尤其是人的发展问题研究思想成果基础上，深入资本主义社会现实对"人的自由而全面发展"的命题进行重新思考，将每个人自由而全面发展赋予崇高的目标意义和全新内涵，将其实现作为全人类最终极的价值向往之境。

学界关于马克思"人的自由而全面发展"思想的研究颇丰，不少学者倾向于透过马克思对这一命题思想的孕育、形成、发展到成熟的演变逻辑来揭示命题本身的丰富内涵，这种思维理路的研究对进一步深入这一思想的理解和认识无疑具有重要贡献，也为后续的学术探讨提供了重要的思想来源。基于此，笔者试图从文本和历史两个维度，即文本的理论论证和人类社会发展的历史事实考察两个角度对这一命题展开阐释，并在此基础上阐发这一命题与马克思人类解放的核心主题内在的深刻关联性，以彰显其作为马克思哲学观归宿的意义。

从理论逻辑的论证角度上看，马克思关于"人的自由而全面发展"的思想变化与马克思人学理论的演进过程具有内在一致性。正是在人学问题的研究中，马克思发现了人的片面性和畸形发展的现实遭遇，提出了作为完整的人的本质形式以及自由而全面发展是人的本质的应有之义。

青年时代的马克思对人类的幸福和人自身的完善的关注实则已经透露了他对于人的发展问题所蕴含的浓厚人文关怀。在自己的博士论文中，马克思首次提出了人的自由本性问题，由此对人的问题展开初步探讨，这也标志着马克思的人学思想研究初露端倪。马克思针对犹太人解放的问题与鲍威尔展开论战期间，在《论犹太人问题》一文中，就已经明确将人的解放问题同宗教解放和政治解放分离开来，指出人只有在获得政治解放的基础上认识到自身"'固有的力量'是社会力量，并把这种力量组织起来，因而不再把社会力量以政治力量的形式同自身分离的时候"①，才能真正完成人的解放。

---

① 《马克思恩格斯文集》第 1 卷，人民出版社 2009 年版，第46 页。

　　《1844 年经济学哲学手稿》是一个重要的转折点，马克思改变了以往从人的本质出发考察人及其活动的观念，反之，他从劳动出发探讨人的本质问题，在全面论证异化劳动理论的过程中揭示了资本主义制度下的社会状况和人的现实境遇，资本主义社会中的人的发展的片面性本质表现为在"类"本质意义上的异化劳动。马克思在对异化劳动中人的状况的剖析过程中进而提出了他对人的发展的愿望和目标。尽管马克思在自己的著作中还没有真正提出"人的自由而全面发展"的完整概念，但是关于这个命题的相关表述诸如"人向自身、也就是向社会的即合乎人性的人的复归"，"人以一种全面的方式，就是说，作为一个完整的人，占有自己的全面的本质"，"人的一切感觉和特性的彻底解放"，"具有人的本质的这种全部丰富性的人"，"具有丰富的、全面而深刻的感觉的人"，共产主义"是人的解放和复原的一个现实的、对下一段历史发展来说是必然的环节"等，① 已接近于其对"人的自由而全面发展"思想的表达。

　　在《关于费尔巴哈的提纲》和《德意志意识形态》中，马克思开辟了历史唯物主义的新视野。他以历史唯物主义和辩证唯物主义相结合的方法为出发点，在"现实的人及其实践活动"哲学前提的基础上进一步论述了人的自由而全面发展的必然前提和基本内涵，强调真正的共

---

　　① 《马克思恩格斯文集》第 1 卷，人民出版社 2009 年版，第 185、189、190、192、192、197 页。

同体与个人发展的内在关联："只有在共同体中，个人才能获得全面发展其才能的手段，也就是说，只有在共同体中才可能有个人自由。"① 在共同体中，人不是被强制从事某种活动，而是以全面发展自身的一切能力为己任，"个人的全面发展，只有到了外部世界对个人才能的实际发展所起的推动作用为个人本身所驾驭的时候，才不再是理想、职责等等，这也正是共产主义者所向往的"②。马克思所指的"发展主体的人"已经完全脱离抽象概念而指向"现实的人"，他从人的自由而全面发展的权利、条件和要求表达了对人的自由而全面发展的初步设想。

在《哲学的贫困》和《共产党宣言》中，马克思更加完整地论述和发展了这一思想，并为其提供了科学的现实基础。马克思通过对空想社会主义的批判和对资本主义私有制根源的透视，从生产力发展要求与生产技术的特性以及人在生产活动中社会关系的境遇论证了人自由而全面发展的内在要求和客观必然性，提出人们向往的共产主义联合体，这个联合体中"每个人的自由发展是一切人的自由发展的条件"③，只有在共产主义的社会制度下，才

---

① 《马克思恩格斯文集》第 1 卷，人民出版社 2009 年版，第571 页。

② 《马克思恩格斯全集》第 3 卷，人民出版社 1960 年版，第330 页。

③ 《马克思恩格斯文集》第 2 卷，人民出版社 2009 年版，第53 页。

能"使每一个社会成员都能够完全自由地发展和发挥他的全部力量和才能"①。

《政治经济学手稿（1861—1863 年)》和《资本论》中的政治经济学成果构成了马克思人的自由而全面发展理论的核心内容，尤其是剩余价值学说的确立以及对未来社会联合体的科学阐述，使得这一理论得到全面的科学论证。马克思在阐明社会分工和生产机构内部关联时论述资本主义制度下生产劳动的原象与性质，并深入研究人畸形化发展的原因；在揭示剩余价值论本质的基础上指出发展自由和全面的个人成为可能的客观基础，即通过机器大工业生产产生自由时间，进而才有可能在特定的历史形式下，考察自由的精神生产与物质生产之间的相互作用及两者对人的自由而全面发展的意义；最后，他从建立共产主义作为自由人联合体的前提和条件的论述中表明，较之于资本主义而言，共产主义是"更高级的、以每一个个人的全面而自由的发展为基本原则的社会形式"②，充分彰显了人的自由而全面的发展与共产主义理想的终极目标根本一致的价值旨归。

马克思以理论逻辑论证为基础所提出的"每个人自由而全面的发展"，不仅显示出马克思对资本主义私有制

---

① 《马克思恩格斯文集》第 1 卷，人民出版社 2009 年版，第 683 页。

② 《马克思恩格斯文集》第 5 卷，人民出版社 2009 年版，第 683 页。

下社会现实中一切扭曲、压迫、泯灭人性的手段和因素的犀利批判与道德谴责，以及他为冲破这些手段和因素对人性的束缚所付出的不懈努力，蕴含着他对未来社会的价值目标指向和创建共产主义社会的理想蓝图，其所揭示的这一命题内涵无疑是丰富和深刻的。具体而言，"每个人自由而全面发展"包含了三个层面的内容，即"人的全面发展""人的自由发展"以及作为主体的"每个人"。

人的全面发展，是人撇开一切片面的形式，"以一种全面的方式，也就是说，作为一个完整的人，占有自己的全面的本质"①。马克思以人作为类存在物、作为社会存在物和作为完整的人的个体三个维度来判断人的本质，由此阐明人的"全面发展"的内涵。作为类存在物的人，其本质是自由自觉的活动，要求人的全面发展是以丰富多样的劳动形式或具体的实践形式确认人之为人的本质力量，以实现人对自我本质的全面占有；作为社会存在物的人，其本质是一切社会关系的总和，社会关系决定人的发展程度，要求人的全面发展必须基于生产关系之上的人的一切社会关系不断扩大和充分发展，以实现人与人之间相互交往的广度和深度；作为个体的人，人的全面发展意味着人的个性、知识和能力等的全面提高，人能够自由支配自己的时间、拓展个人的兴趣、提升个人自我的一切能力。人的自由发展，是针对"物的依赖性"阶段人的被

---

① 《马克思恩格斯文集》第 1 卷，人民出版社 2009 年版，第 189 页。

异化的生存状态而言的，是"建立在个人全面发展"的基本前提下的"自由个性"的发展。[①] 人的自由个性发展，是指个人所特有的思维方式、行为方式、素质能力和精神境界等各方面能够实现自觉地、自主地、自由地发展，使人彻底摆脱任何对人的支配和奴役的可能，而能够在自觉认识和把握规律的基础上运用规律服务于自身的发展需求。它是人的发展的最高形式，展现人在真正意义上的充分发展。

人的全面发展与人的自由发展两者之间是辩证统一的。人的全面发展是自由发展的前提和基础，只有人的个性、知识和能力等方面的积累达到一定的全面性程度，只有当这种全面性程度越高，个人发展的自由时间与空间等条件才会更加有利，人的发展才能具有更大限度的可能性与选择性，这样，人的发展才是实质意义上的自由发展。同时，人的自由发展反过来对人的全面发展起到制约作用，人的自由发展的充分实现必然带来人的全面发展，使得人的全面发展转化为具体的现实，一旦人的自由发展受到限制和制约，则全面发展也便成为空谈。人的全面发展与自由发展两者相互联系、相互渗透的辩证统一，揭示出人的发展过程性、现实性和发展性的内在逻辑和同一指

---

① 参见《马克思恩格斯文集》第 8 卷，人民出版社 2009 年版，第 52 页。

向，两者既互为前提、互相包含，也互为目的。[①]

　　"每个人"是马克思所强调的自由全面发展的主体本身。人的自由全面发展不是特指某一群体的人，而是意指具体的现实的每一个人。在《共产党宣言》里，马克思、恩格斯描述共产主义社会中人与人的关系时指出，"每个人的自由发展是一切人的自由发展的条件"[②]。共产主义的自由人联合体要消灭一切旧的生产关系，意味着消灭阶级对立的任何可能，同时意味着作为类主体的人与作为个体的人之间的对立也被彻底解决，人类整体的发展不再以牺牲个体为代价，相反，每一个体的发展构成人类整体发展的前提，个体与人类整体的发展具有高度的一致性。因此，马克思以"每个人的自由发展"作为衡量"一切人的自由发展"的前提和条件，在正确把握二者之间的逻辑关系的同时充分体现了其"以人为本"的价值理想。[③]"每个人的自由发展"是"一切人的自由发展"的必要条件，只有实现了每个人的自由发展，才能最终实现一切人的发展。无论整个"类"在何种程度上实现自由发展，都不能等同于每个人的自由发展。这种不以牺牲他人的发

---

　　① 参见刘同舫：《马克思人类解放思想史》，人民出版社 2019年版，第 156 页。

　　② 《马克思恩格斯文集》第 2 卷，人民出版社 2009 年版，第53 页。

　　③ 参见刘同舫：《人类解放的进程与社会形态的嬗变》，《中国社会科学》2008 年第 3 期。

展为代价反而为他人的发展创造条件的个人发展，才是共产主义自由联合体的真正目的。马克思对人的发展问题的高度和谐的设想，不仅表明了每一个体对平等发展的权利的要求，更将其人类解放的哲学主题推到了制高点。

从人类社会发展的历史事实来考察人的发展的过程性，是以生产力与生产关系辩证发展的双重维度为线索，将科学技术作为基本标志来衡量人的发展程度和人类解放的程度，透视人类社会发展的不同历史阶段和历史形态下人的生存状态和发展追求，从而可得出结论：每个人自由而全面的发展是人类解放的价值向往和共同目标。人的发展过程伴随着社会历史发展进程，是一个由低级到高级、从不成熟到逐渐成熟的过程，人在实践活动过程中所发生的微妙变化和进步性也反映出人的发展是不断挣脱束缚、解开枷锁、摆脱奴役的过程，是从不全面、不自由逐步朝着更全面和更自由的方向前进。科学技术的发展与人的自由而全面发展及人类解放具有时空上的一致性，科学技术的发展程度揭示了人的发展及其解放的程度。

首先，从生产力发展的层面看科学技术的发展与人的发展的关系。以生产力发展程度的不同为划分标志，可将人类已有的历史划分为石器时代、铁器时代、蒸汽时代、电气化时代及信息时代等不同的历史时代，科学技术的发展水平决定了处于当下的人从事生产实践的具体方式及其自身的生存状况，也决定了人在不同时代中的发展程度。

在石器时代，由于生产力极端低下，石器及石器技术的使用成为人类"最先进"的技术活动。人类征服自然能力的有限性决定了早期人类发展的原始性与受动性特点，人类的劳动或生存都是以群体形式进行的。

到了铁器时代，生产力的显著提高将人类的生存和发展推进了一个新阶段，开创了人类最初的农业文明时期。科技的发展和人类思维的不断进步，直接体现在劳动工具的具体化和复杂化程度上，使得人类的劳动方式逐渐远离了原始社会中几乎完全被动的状态。这一时期，生产力的发展大大地促进了分工的产生，人的劳动形式开始出现一个新的变化。一方面，人们通过劳动创造社会财富，同时促进了人类自身的发展；另一方面，体力劳动与脑力劳动的分工、城乡之间的分离也对人的发展直接造成了负面的影响。恩格斯曾指出："第一次大分工，即城市和乡村的分离，立即使农村居民陷于数千年的愚昧状况，使城市居民受到各自的专门手艺的奴役。它破坏了农村居民的精神发展的基础和城市居民的肉体发展的基础。"[1] 可见，早期的分工在一定程度上限制了人的发展的范围，使人的发展具有了一定的局限性。

18 世纪 70 年代，以第一次工业革命为标志，人类进入了蒸汽时代，社会生产方式发生了空前的变革，也为人的发展创造了新的条件。机器化大生产标志着劳动方式的突破性变化——以"自然力"代替"人力"的劳动方式诞生了。机器化大生产代替手工生产的劳动方式，劳动者

---

① 《马克思恩格斯文集》第 9 卷，人民出版社 2009 年版，第 308 页。

通过操纵机器加工产品，不仅提高了劳动生产效率，也使劳动者的身体在一定程度上获得了解放。与此同时，生产中技术含量的提高必然要求工人首先要接受一定的教育，掌握一定的生产知识和生产技术以适应机器化大生产的需要，这促使劳动者的智力获得更高程度的发展成为可能。从此，技术越来越频繁地进入生产过程，机器日益使人从繁重的体力劳动下解脱出来，技术的发展开始成为人的发展程度和水平的决定性因素。

19世纪70年代，以电、化学品、内燃机的使用为主要标志的第二次科技革命使人类进入了电气化时代；20世纪中叶，从美国开始的以原子能、电子计算机、航天技术等发展为标志的第三次科技革命进一步推进了科学技术发展的浪潮，人类的发展由此进入了一个崭新阶段。先进的技术手段使人的生产劳动领域无限拓宽，大大减轻了人的劳动强度，电子监控设备甚至取代了机器化大生产下劳动者在机器面前仅有的监督、控制工作。电力技术的出现再一次彻底地改变了人类生产和生活的面貌，人类文明又向前跨进了一大步。

今天，随着以信息技术和信息产业为核心的高科技的迅速发展，新一轮的科技革命已席卷而来，信息时代和智能时代开启了人类新世界。从这个新科技高速发展的时代开始，劳动者的劳动形式突出表现为以"电脑"代替了"人脑"，在某些领域甚至还出现了人工智能劳动取代人的劳动。科技的变革充分证明了"科学→技术→生产"是社会生产的一个重要规律，其发展的速度恰好证明了恩格斯在《自然辩证法》中指出的"科学的发展从此便大踏步地前进，这种发展可以说同从其出发点起的时间距离的平方成正比"①。先进的科学技术引发了产业结构的变革，带来了现代生产和人的劳动方式的新变化。

历史表明，人的劳动方式的不断变化，使人在生产劳动中逐渐从一个事必躬亲的执行者演变成一个监督者、命令者，这种"角色"的演变过程，反映出科学技术在人的实践过程中的强大作用，也是人自身不断发展和解放程度不断提升的直接体现。

其次，从生产关系的层面上看科学技术与人的发展的关系。科学技术的发展史与人的发展史本身就是在同一历史过程中相互融合、相互作用的。在马克思和恩格斯看来，人的发展经历了人对"人的依赖"阶段、人对"物的依赖"阶段以及人的"自由个性"的全面发展阶段。"人的依赖关系（起初完全是自然发生的），是最初的社会形式，在这种形式下，人的生产能力只是在狭小的范围内和孤立的地点上发展着。以物的依赖性为基础的人的独立性，是第二大形式，在这种形式下，才形成普遍的社会物质交换、全面的关系、多方面的需要以及全面的能力的体系。建立在个人全面发展和他们共同的、社会的生产能力成为从属于他们的社会财富这一基础上的自由个性，是

①《马克思恩格斯文集》第9卷，人民出版社2009年版，第406页。

第三个阶段。第二个阶段为第三个阶段创造条件。"①

人对"人的依赖关系"是人的发展的最初历史形态。在这一历史形态下，由于社会分工极不发达，人作为劳动者独立完成生产过程中的全部活动，人与对象的交往通过多种多样的活动释放人的本质，其活动表现出原始的自然性和丰富性。同时，人既完全受制于自然也完全受制于社会，人的社会本质极度萎缩，缺乏必要的独立性、自主性，人与人之间具有明显的依附关系。客观的历史局限使得人对人的异化严重地束缚了人的发展，人只能依赖于自然物（尤其是人）而存在。

在人对"物的依赖"阶段，科学技术的大力发展带来了社会物质财富的巨大增长，使得人自身的发展也被推到一个更高的层次，以物为基础的人的独立性也得到不断的进化。然而，为人的发展带来强大推力的科学技术，在接受人类对其高度颂扬的时候，一个隐匿警钟被悄然敲响了——"一个物的世界支配人、科学技术统领人"的时代也随之到来。尽管人类在自然界首次确立起自己的独立地位，成为与自然界相对立的"能动"的存在物，但人的需要逐渐商品化，社会分工与劳动过程中人对技术的依赖更使得人的个性和能力等呈现片面、畸形的发展；人与人之间的社会关系演变成一种"物化"的关系。消除现存的状况中一切使人发生不自由、不平等以及片面地、畸

---

① 《马克思恩格斯文集》第 8 卷，人民出版社 2009 年版，第 52 页。

形地发展的因素，是促使人摆脱异化的束缚走向更高层次的发展的现实要求。

当人类进入"自由个性"的全面发展阶段后，在生产力高度发达的社会形态下，人类将超越对资本主义的物役性；社会关系不再以异己的力量控制人、支配人，而是和谐地置于人的共同控制之下，人将成为真正独立、具有个性与全面发展的人。恩格斯在《反杜林论》中也展望过未来这一社会形态及其当下人的劳动状况，他指出，在未来社会，"一方面，任何个人都不能把自己在生产劳动这个人类生存的必要条件中所应承担的部分推给别人；另一方面，生产劳动给每一个人提供全面发展和表现自己的全部能力即体能和智能的机会，这样，生产劳动就不再是奴役人的手段，而成了解放人的手段，因此，生产劳动就从一种负担变成一种快乐"[1]。

在实现由必然王国向自由王国的人类解放飞跃的过程中，科学技术的发展和人的发展具有相互促进的内在统一性。在生产力和生产关系双重维度中探索人的发展，以技术和人之间的关系作为关注的焦点，把研究的视角与重点置于人类劳动手段（尤其是技术手段）本身时，我们看到了科学技术在人类孜孜不倦追求解放的过程中的辩证作用与正反面效应，历史的事实也表明，每个人的自由而全面的发展是一个不断发展的漫长的实践过程。

---

[1] 《马克思恩格斯文集》第 9 卷，人民出版社 2009 年版，第 310－311 页。

　　无论是马克思对"人的自由而全面发展"命题的逻辑论证所做的推断，还是在历史现实的实践中所做的归纳，都蕴含着实现每个人的自由而全面发展的现实要求和必然趋势：只有实现了每个人自由而全面的发展，才能真正实现人类解放的终极目标。

　　值得提出的是，学界对于人类解放和"每个人自由而全面的发展"何者作为马克思的哲学归宿的问题存在不同观点。有学者倾向于将后者视为马克思哲学的最终落脚点与核心追求，原因在于马克思把人的自由而全面的发展作为现实的人的理想境界，尤其是在《共产党宣言》等论著中将其表达为共产主义社会中人的存在状态，是人的发展的最高形式和最终目标。他们认为，马克思毕生追求的人类解放的主导价值与他追求"每个人自由而全面的发展"是内在统一的；① 也有学者站在更为宏观的视角上，从对马克思哲学观的全部内容的审视中来把握其哲学的核心主题，认为人类解放是马克思哲学观贯穿始终的唯一主线和根本的价值主导，人类解放对人的发展的终极关怀将马克思哲学从理论和实践运动层面都推到最高峰，表征为一门人类发展的解放学说，而人的自由而全面发展是

―――――――――

　　① 参见丁泽勤：《马克思的人类解放理论论纲》，《当代世界与社会主义》2014 年第 4 期；张深溪、张富文：《〈共产党宣言〉中的人本思想及现代意蕴》，《郑州大学学报》（哲学社会科学版）2009 年第 2 期；杨振闻：《〈共产党宣言〉中的价值哲学》，《求索》2018 年第 3 期等。

人类解放的最高境界与必然归宿；① 还有学者认为人类解放与人的自由而全面发展共同构成马克思哲学的主题。②

从文本依据上看，这些观点各有其合理性，都可以在马克思的文本中找到其立论的根据。笔者以为，人的自由而全面的发展与人类解放总体上是一致的，但从过程与目的的角度上看，人类解放较之人的自由而全面发展具有根本性，唯有自由的普遍化才是解放，才能真正达至解放。在资本逻辑强制压迫的现实境域中展开一切消灭现存状况的现实运动，不断摆脱物的世界的束缚和奴役是人类解放的现实要求，而只有实现每个人的全面的自由化、全面的个性化，并使这种全面性的自由化和个性化达到普遍化的程度，才是在真正意义上实现人类解放。我们不否认每个人自由而全面发展是人类价值向往和目标，但在总体一致的基础上将人类解放作为马克思的终极关怀和哲学归宿或许更为恰当。

二、解放路径：理论批判与革命实践的统一

人类解放是马克思的哲学归宿和终极指向，这种归宿和目标具有过程性，需要通过若干阶段的具体现实路径才

① 参见刘同舫：《自由全面发展：人类解放的最高境界与必然归宿》，《江汉论坛》2012 年第 7 期。

② 王巍：《人类解放和人的自由全面发展——从〈德意志意识形态〉看马克思哲学的主题》，《中国党政干部论坛》2012 年第 12 期。

能最终得以实现。马克思人类解放的实现路径是理论批判与现实革命的辩证统一过程：在理论批判路径指向上，即观念思想上的解放，从理论上突破传统思辨以及一切现实的空想主义理论，通过理论批判实现"批判的武器"上的解放，使现实的革命主体掌握科学的理论武器，才能将其运用到现实的解放路径之中；在现实的革命运动维度上，即现实实践上的解放，通过具体的革命形式在世界范围内展开革命运动，摧毁资本主义私有制的根基及资产阶级所统治和保护的私有财产，彻底推翻现存的制度基础和一切压迫、奴役人的力量。

首先，关于理论批判的路径。理论批判是在人类解放理论的指引下，扫清以往一切思辨理论及其空想主义性质所产生的理论障碍。

在马克思所处的时代，德国唯心主义自由的精神传统弥漫于整个德国上空。这种唯心主义精神传统直接导致德国资产阶级在政治上软弱无能、不切实际，资产阶级革命的进程远远滞后于欧美其他国家，资产阶级在风风火火地为反封建君主专制的政治解放做努力的时候，资本主义统治下所爆发出来的深刻阶级矛盾和社会问题使得无产阶级的反抗斗争日益激烈。特殊的历史境况和犹太人的悲惨遭遇使得德国的自由与解放问题变得愈加复杂，宗教解放和政治解放问题错综交集，理论家和思想家对人的解放问题众说纷纭、分歧突出，甚至呈现出认识上的混乱与不知所措。马克思坚信，只有扫清被混淆于浑浊之气中的理论内容，用科学的理论武装无产阶级的大脑，才能切实地将理论转化成为实践。他批判近代哲学及其以前的哲学家、思想家将"想象""观念""绝对精神"等定性为具有历史决定性作用的东西，指出他们并没真正触及现实活动的性质，马克思由此展开了理论批判。

资本主义所暴露出来的最根本问题是资本主义的本质和现代性之间的复杂关系，这种复杂性体现在其展开过程既有异化的性质又有解放的性质，即资本主义一方面迫切要求现代性以大力推进整个社会的快速发展，另一方面异化的广泛存在又使得人与社会的发展陷入畸形，两者同时存在互为矛盾，是异化与解放的混合体。异化过程及其矛盾必然引发的现代性危机直接威胁着人类的生存和发展，这构成了马克思展开理论批判的社会前提性条件。马克思以此为研究对象和基础，以辩证否定的思维方式和对话论战式的表达进行反思和犀利批判。甚至可以说，对资本主义的异化、资本主义与现代性之间内在的矛盾关系以及整个资本主义结构体系的反思、批判和解放，最终达到整个人类创造自由的联合体的目标，构成了马克思整个学说的总问题。

在理论批判的路径选择上，通过对人类解放理论进行动态的发生学考察来揭示马克思科学批判的过程和逻辑结构，可以发现，马克思理论批判路径是围绕其人类解放理论结构所包含的多重维度相互交集贯穿的解放内容层层递进延展开来的，反映了马克思人类解放在理论结构中的批判维度和批判精神。要从具体路径上实现理论结构所包含的解放内容，就必须在对理论的反思和批判演进过程中实现对其理论结构内容的合理性和可能性论证的把握，从而探明人类解放如何发生与演进并逐渐转化为现实力量。

马克思将人类解放的致思取向贯穿于理论批判的每一个层面，由宗教批判、政治批判、经济批判推进到更深层次的制度批判，环环相扣的路径推进与人类解放多重维度的理论结构相互对应、互为印证。

马克思对宗教的批判是其理论批判的首要任务，他企图通过宗教批判来唤醒人类自由的本质，厘清宗教与人的关系成为马克思理论批判的出发点。他在康德、费希特以及黑格尔哲学中发掘其对人及人道主义的理解，又不得不在希望破灭中批判审视他们的哲学观，因为他看到宗教的非理性对人的自由的捆绑和束缚，更坚信宗教批判是人的解放的必经之路。尽管黑格尔在某种意义上调和了信仰与理性的矛盾，但实质上他在所谓"真理"的领域中将哲学等同于宗教，以此为教权统治辩护。鲍威尔继承了黑格尔的理性内核，并将这一内核赋予了人道精神内涵，将自我意识的批判对宗教意识形态的作用等同于普遍理性对非普遍理性的批判，否定了神学世界观，认为宗教必须在政治上完全废除，只有废除宗教才能使人作为公民获得解放，甚至不以宗教为前提的国家也将成为获得政治解放的国家。他试图通过思想家遵循普遍理性的导引实现自我的观念转变，并将这种普遍理性扩散渗透到所有人之中以实现对宗教的彻底批判。

马克思批判鲍威尔理念本质的"自我意识"与黑格尔殊途同归的宗教批判之路，他发现站在唯心主义立场上实现对宗教的彻底批判是不可能实现的，只有实现哲学立场的彻底转变才能真正超越理论批判上的局限性，因而必须将哲学从天国降到人间。

进行宗教批判是为了实现宗教的解放。宗教作为对人的本质力量的异化，不但没有给人带来真实的幸福，反而更深层次地造成了人们的不幸，对宗教异化的批判就是要实现观念和信仰上的自主性。犹太人的宗教解放与其信仰的对象并无关联，而是与国家的权力意志关联，解放实质上就是在解决宗教自身与国家权力之间的关系问题。在此意义上，作为一个仍保留政教合一的国家来说，不仅仅是犹太人，而是全体德国人同样遭受君权和教权的共同奴役，要通过批判来争取解放的不仅有犹太人，还包含了全体的德国人。

马克思认同鲍威尔要在政治领域中结束神权统治的观点，但他批判鲍威尔力求实现的自由实质是抽象意义上的自由，鲍威尔所向往的自由与自由主义的价值追求不谋而合，与马克思普遍的人的解放意义上的自由具有本质区别。鲍威尔的论证逻辑透露出他对犹太人问题理解的片面性，即过分注重宗教影响的研究而将犹太人问题视为一个纯粹神学的命题，导致其脱离现实世俗而在神学的视域中判定犹太人的本质。正如在《现代犹太人和基督徒获得自由的能力》中，鲍威尔的考察角度从犹太教和基督教关系转化为它们"对获得自由的能力"的关系，认为犹太人由于利己主义、粗陋感性需要的限制，较之于在宗教的表象之下已包含完善的人的形象的基督徒，更难以获得解放。① 鲍威尔将安息日的犹太人当作犹太人的全部特性，将犹太教作为犹太人理想的抽象本质看作犹太人的全部本质，势必使其无法触及现实的犹太人的秘密——经商牟利和金钱。这种哲学批判和神学行动在国家的解放上没有触及国家作为最高秩序的权威，在人的政治解放上缺乏世俗的现实根基，在市民社会中以宗教意义上确认人的政治特性和权利，从根本上无法真正把握犹太人问题的真实本质，因此，鲍威尔的宗教批判和政治批判一旦超越宗教的范围便失去了立足点。尽管废除宗教的统治地位与启蒙运动政教分离的愿景异曲同工，但始于自由主义国家至上的政治原则而在神学中游动的鲍威尔，其批判及结论终究难以超越自由主义体系的局限。

马克思宗教批判的锋芒指向了支撑宗教的现实世界，他批判的对象不再是天国、宗教和神学，而是尘世、政治和法，因为他发现，仅仅对宗教进行批判显然是不够的，这种批判应当超越对政治异化的批判。他将批判的目光投向整个近代自由主义政治哲学，沿着从宗教问题、政治批判到市民社会批判直至社会历史批判的逻辑理路，把犹太人问题回归到社会历史领域中展开现实批判。马克思认同鲍威尔的宗教批判，但反对将犹太人问题神学化，宗教批判在德国已经完成，批判的现实任务需要重新审视。

尽管受到黑格尔的影响，但马克思并没有以带有自由

---

① 参见［德］布鲁诺·鲍威尔：《现代犹太人和基督徒获得自由的能力》，李彬彬译，《现代哲学》2013 年第 6 期。

主义色彩的黑格尔国家观的政治原则来探讨政治解放问题及国家与市民社会的关系。他区分了政治解放程度不同的国家（德国、法国和美国等）关于犹太人问题所表现出来的本质性差异，尤其以完成了政治解放的国家——美国为例，用美国宗教所表现出来的朝气与生命力的事实直接拨开宗教与国家相矛盾的迷雾。他否定犹太人问题的神学规定，指出宗教是一种缺陷的存在，是世俗局限性所表露的现象，这种缺陷的根源必须追溯到世俗基础国家的本质之中。只有将神学问题转换成世俗问题，才能通过消除世俗的局限来消除宗教的局限。厘清了鲍威尔错误的症结点——在对基督教国家的批判中废除宗教、实现人的解放，马克思将政治解放对宗教的关系转换为政治解放对人的解放的关系，把批判矛头指向国家本身，指向政治国家的世俗结构，从政治解放的限度阐述市民社会中人对宗教的政治超越的真实现状。政治解放限度最直接的表现是宗教与国家之间并不存在矛盾，即使人仍然受到限制未能实现真正的自由也不影响国家成为自由的国家。在完成了政治解放的国家中，国家只是代替宗教作为中介使人在政治上得到解放，人以间接的方法实现对宗教超越的有限解放，但仍未实现人的普遍解放，以财产私有为前提的国家没有消除人的真实差别，政治解放自身的内在矛盾依然无法破除。

从政治解放的限度看，政治解放不仅不是人的解放，反而加剧了人的异化。政治解放的完成确立了政治国家与市民社会的分裂，使得宗教从国家精神转变为市民社会的利己主义精神。在考察国家与市民社会关系时，马克思颠覆了黑格尔对国家作为市民社会的前提和基础的判定，认为在政治国家与市民社会的对立中，宗教克服尘世局限性的方式等同于政治国家克服市民社会的方式，国家不得不承认并服从市民社会的统治以保证自身的存在。人被分为公人与私人而具有双重意义，马克思将人的现实生活形象比喻为"天国的生活"和"尘世的生活"，在政治国家中，人作为想象主权中的虚构成员被视为类存在物，在虚幻的生活中享有"非现实的普遍性"；在市民社会中，以原子式的个体进行活动、追求私利的人是尘世存在物，将他人与其自身都降低为工具层面，成为异己力量的因素。马克思既批判人的"非现实的普遍性"，也批判市民社会中受制于利己主义精神控制的人的现实状态，从而指出政治解放不仅没有完成人的解放，反而加深了人的异化。

　　政治解放不可能直接跨越到人的解放，政治解放的限度最终归结为市民社会利己主义的原则。马克思指责鲍威尔将犹太人的本质束缚于宗教之中，提出必须从世俗基础的社会历史视角来审视犹太人及其宗教。在现代社会中，犹太人以自身的方式获得了解放，并非因为"信奉启蒙、批判及其结果——自由的人性"，而是金钱作为世俗化的神成为世界势力，犹太精神成为各国人民的实际精神，其经商牟利的真正本质得到普遍实现，是一种"高度的经验本质"。犹太教实际需要、利己主义的宗教基础表明，犹太人的解放体现了在市民社会中摆脱商品和金钱的统治，人必将成为丧失了自我的人，因为"如果有一种社会组织消除了经商牟利的前提，从而消除经商牟利的可能性，那么这种社会组织也就会使犹太人不可能存在"[①]。犹太人问题的解决关键不在于废除宗教而获得的政治解放，而是社会从犹太精神中得到解放、从经商牟利和金钱中得到解放。

可见，只有对政治异化进行批判才能步入通达政治解放的路径。宗教异化的实质在于国家的异化、政治的异化，国家或王权以制度的形式对人的自身和思想加以控制和支配，使人被迫失去自我的本质，这种政治异化反过来也说明了宗教异化是政治异化的附属物，批判政治异化是促使人解除宗教异化的关键所在。借助对犹太人的解放问题的刨根究底，马克思表明政治批判的目的在于将人从人对人的依赖关系中解放出来，使得人得以从臣民的身份提升为公民的身份。只有通过政治批判，人们的政治意识、政治愿望、政治意志才有可能在生活中得到表达，由此延展到人在政治领域中的全部自由，使人类解放在政治维度上得到展现。在资本主义社会中，这种政治解放将人提升到公民的"角色"，只是达到了物的依赖关系的有限的自由和解放，是异化在现实世界中的新形式的表达，从根本上还未触及人的本质的复归、人的真正的自由与解放状态。马克思进一步在现实境遇中挖掘政治异化背后所蕴含着的深层内容。

---

① 《马克思恩格斯文集》第 1 卷，人民出版社 2009 年版，第 49 页。

人的解放是一个历史过程，政治解放只是其阶段性的完成。完成了政治解放的国家既不能使现实的个人将抽象的公民复归于其自身，使其作为个体在现实的生活和关系中成为类存在物，也不能使人在社会生活中认识到自身固有的社会力量，其自身的限度表明人的本质仍然囿于现实的异化而没有得到根本的释放，人实现真正的自由与解放必将从政治解放走向更为深远的社会解放，即进行经济批判，将批判的武器伸延到造成世俗社会现实的异化的根源处。

马克思在审视现代性前提、剖析资本主义存在方式的深层桎梏的过程中，看到了人对对象性世界一切旧形式的废弃是新的历史条件下人的劳动的结果，深刻揭示了工业社会中人的实践活动之异化形式的历史性特质。在资本主义私有制条件下，资本与劳动的对抗性矛盾使得劳动者的创造特性被决然剥夺和彻底毁灭，劳动被赋予了浓厚的奴役性色彩，异化劳动使得人的本质被严重扭曲，人成为非社会的人，资产阶级与无产阶级的对立与矛盾日益深化。通过揭示资本主义私有制的本质，马克思发现资本主义社会现实普遍存在着劳动异化，它在社会中的普遍化存在根源于其作为一种社会力量和强制的力量，本身就是一种扩大了的生产力。

马克思从全面批判宗教异化和政治异化逐渐转移到深度批判资本异化、劳动异化，从意识层面的批判转换到现实生活的经济层面、劳动层面的批判，揭示了劳动异化本身是现实生活中一种客观关系的存在，现代性的进步性无疑将政治异化退隐于劳动异化的背后，劳动异化以更为尖锐、深层的普遍性和压迫性暴露资本主义私有制下的人的本性。从对整个宗教异化、政治异化、劳动异化进行彻底的清算的过程中，马克思获得判断：前资本主义和资本主义世界中生活着的现实的人是不能得到真正意义上的自由和解放的，这缘于他们生存于对抗性的社会关系中，因为在这种社会关系中，人们的社会本质无法得到完整的表达。循着这种反思和批判的思维逻辑，只有当根源最深处——社会制度成为人类解放的基础，为人的自由而全面发展提供前提、创造可能性的时候，即进入共产主义，人类解放才能够真正实现。

在张扬现代性精神的资本主义社会里，资本逻辑占据主导地位，物化成为最根本的时代特征，以物为本盛行于资本主义社会中的每一个角落，无论是生产制度、分配制度，还是消费制度、交换制度等所表征出来的历史现实无一不限制着人们的自由和发展；也不论是宏观的政治制度、经济制度、文化制度，还是微观的各种具体的社会关系，都不同程度地对人们的自由、发展和解放起到一定的阻碍作用。在这样一个资本主义社会中，人们对于解放的要求和期望与不能获得解放的残酷现实之间的悖逆关系构成了资本主义社会的现存状况。马克思认为，对此必须展开有力的批判，并将关键的着力点深入对社会制度的批判中，深入对社会关系的批判中。

对资本主义社会关系的批判，不能局限在资产阶级对金钱、货币等财富的占有上，而是要揭示金钱的背后所隐藏着的社会关系，是要超越物质生产的社会关系，将人的关系还给人本身，创造出一种使人作为人而成为人的社会制度和社会关系。在马克思反思和批判的视野中，人类解放并不是宗教神学所向往的一种来世的天国生活，也不是一种对物质财富的粗俗占有，它从根本上是一种现世人间的真实实践，是每一个人在实现全面的社会关系的过程中，全面而自由地进行社会生产劳动的总和的本质。

马克思的理论批判是深刻的。他从整体上指明了如何历史地建构一个符合人的真实的生存和发展的空间，为人们创造并走向自由与解放、捍卫和维护尊严的社会制度的新途径提供理论支撑和精神动力。

其次，关于无产阶级革命实践的路径。马克思曾指出，"既然人的生命的现实的异化仍在发生，而且人们越意识到它是异化，它就越成为更大的异化；所以，对异化的扬弃只有通过付诸实行的共产主义才能完成。要扬弃私有财产的思想，有思想上的共产主义就完全够了。而要扬弃现实的私有财产，则必须有现实的共产主义行动"①。这与《〈黑格尔法哲学批判〉导言》中的"批判的武器当然不能代替武器的批判，物质力量只能用物质力量来摧毁"② 是根本一致的。马克思的人类解放与那些通过批判

---

① 《马克思恩格斯文集》第 1 卷，人民出版社 2009 年版，第 231－232 页。

② 《马克思恩格斯文集》第 1 卷，人民出版社 2009 年版，第 11 页。

或反对"词句"的斗争表达试图把"人"从"词句的统治下"解放出来的解放方式具有本质区别，真正的解放不仅仅是要在"批判的武器"上实现解放，更重要的是在现实世界中通过现实的手段才能实现。要实现人类解放就必须将解放的理论付诸现实的革命运动，就要深入造成异化的最深层的社会根源——资本主义经济制度之中；必须展开现实的革命形式扬弃人的异化，才能推翻一切压抑人性、扭曲人性的异化力量，把人类从一切资本物化的生产关系中解救出来，彻底消除根深蒂固的人为物役的现象，使人的本质在现实的层面上复归，即无产阶级的共产主义运动实践——反对私有制的社会革命。

"社会的物质生产力发展到一定阶段，便同它们一直在其中运动的现存生产关系或财产关系（这只是生产关系的法律用语）发生矛盾。于是这些关系便由生产力的发展形式变成生产力的桎梏。那时社会革命的时代就到来了。"[1] 革命是历史的推动力，历史中生产关系的羁绊被发展着的生产力突破时，所引起的革命却只能始于局部的革命，下一场革命将是渗透到人的现实生活——他的社会－经济生活而实现的一种普遍解放，是涉及社会整体的

---

[1] 《马克思恩格斯文集》第2卷，人民出版社2009年版，第591－592页。

第一次革命。① 通过层层递进的理论批判，马克思揭示资本作为一种抽象力量的统治对劳动的压迫以及资本主义制度下的深层矛盾根源，这种压迫由最根本的经济压迫衍生为社会压迫的全面展开，他基于此阐述人在这一统治力量迫害下的现实遭遇：人不因其作为劳动创造的创造者身份而成为支配者和主宰者反而受制于被创造者，现实生活世界中有生命的人被深深地掩埋于资本逻辑统治的运转之中。资本与劳动的悖逆关系在阶级关系中充分显现出无产阶级所深受苦难的历史境遇，透过异化劳动和私有制所表征的劳动的"非正义性"，使得资本主义下"资本正义"与"经济正义"的虚伪本质及劳动自由的谎言不言自明。② "在资产阶级社会里，资本具有独立性和个性，而活动着的个人却没有独立性和个性。"③ 马克思正是要推翻资本这种凌驾于人之上的，具有根本性、整体性的统治力量。他认为，只有通过无产阶级革命暴力的手段，采取普遍性的、颠覆性的现实运动，才有可能促使现存的世界发生实质性的改变，才能彻底摧毁资本主义制度下的统治权力，消灭资本主义统治阶级和旧的环境，才能为新的社

---

① 参见［英］戴维·麦克莱伦：《马克思思想导论》（第3版），郑一明、陈喜贵译，中国人民大学出版社2008年版，第221－222页。

② 参见刘同舫：《马克思唯物史观叙事中的劳动正义》，《中国社会科学》2020年第9期。

③ 《马克思恩格斯文集》第2卷，人民出版社2009年版，第46页。

会奠定良好的基础。

从无产阶级作为革命主体的重要性及其实现解放可能性而言，马克思在《〈黑格尔法哲学批判〉导言》中讨论德国解放问题时曾指出，被戴上彻底的锁链而遭受苦难的阶级没有任何实质的人的权利，普遍的不公正使得这个阶级完全丧失了自己而被推到德国国家制度的对立面，"总之，形成这样一个领域，它表明人的完全丧失，并因而只有通过人的完全回复才能回复自己本身。社会解体的这个结果，就是无产阶级这个特殊等级"①。无产阶级不仅具有现实性特征，而且具有范畴建构的功能，②马克思以无产阶级为主体，不在于某个无产者或整个无产阶级把什么看成自己的目的，关键在于究竟什么是无产阶级，无产阶级由于其本身的历史必然性能够在历史上有什么作为。他将对无产阶级的思考提升到哲学层面的理论反思之中，将其作为革命主体的定性要求，认为无产阶级必将成为一个"自为"的、有所作为的阶级。

无产阶级作为与资产阶级根本对立的阶级力量的存在所具有的历史必然性，以及其在资本主义制度压迫下的现实苦难并由此凝聚起来的特殊的、巨大的力量，充分验证了马克思以无产阶级作为革命主体的必然性与现实性所内

---

① 《马克思恩格斯文集》第 1 卷，人民出版社 2009 年版，第 16－17 页。

② 参见张盾：《马克思的政治理论及其路径》，《中国社会科学》2006 年第 5 期。

含的真理性。只有无产阶级才能形成广泛的、普遍性的革命基础，将科学的理论和革命的具体实践渗透到全体的革命者之中，进而使得社会现实中的每一寸土地滋生出革命的强大动力和力量，才能真正担当起实现全人类摆脱一切束缚自身的力量、实现普遍解放的历史使命。

无产阶级革命运动的实践过程，是以马克思的理论批判为指导所进行的，是"批判的武器"与"武器的批判"相结合的革命实践过程。"理论一经掌握群众，也会变成物质力量。理论只要说服人〔ad hominem〕，就能掌握群众；而理论只要彻底，就能说服人〔ad hominem〕。所谓彻底，就是抓住事物的根本。而人的根本就是人本身。"①通过马克思的批判理论牢牢抓住作为革命力量之根本的无产阶级，从法兰西革命斗争到德国的资产阶级革命和反革命，再到 19 世纪 50 年代初革命战争形势压迫下斗争方式的逐渐巩固……事实证明，无产阶级的革命运动实践，必将打破对立阶级的尖锐矛盾和私有制的狭隘局限，使得无产阶级在推翻资产阶级的基础上上升为统治阶级，实现无产阶级的真正的民主，进而通过民主政治统治，将一切生产资料和劳动成果返回到无产阶级手中以实现更好地发展社会化大生产，创建无产阶级国家政权，从政治解放、劳动解放向逐渐实现自身的全面自由解放不断奋进，巩固一切促进共产主义的进步成果，为实现共产主义创造条件。

---

① 《马克思恩格斯文集》第 1 卷，人民出版社 2009 年版，第 11 页。

无产阶级革命具有世界性和历史性。当今世界不同国家的社会主义道路就是现实的共产主义运动在当代的发展和延续，是走向共产主义社会的必经之路。不同社会主义国家历史进程与其社会主义发展道路也由于时代的特征和历史条件的变化彰显出各具特色的实践历程。苏联的无产阶级革命和中国特色社会主义道路就是最好的例证。

在十月革命胜利之后，无产阶级成功夺得政权，使得苏联率先走进了社会主义的道路，并在建国初期获得了举世瞩目的辉煌成果。尽管苏联模式的社会主义探索最终以失败告终，甚至使得马克思的人类解放理论在理论上和实践上遭受严重的质疑和犀利的抨击，但并不能因此否定马克思人类解放理论的科学性和现实指导意义。以历史的、辩证的眼光看待苏联模式的发展之路，必须从苏联自身对马克思主义理论简单化、庸俗化的借鉴和运用过程中发掘问题，反思革命发展的道路走进死胡同的根本原因所在。当然，苏联模式的实践也为我们走向共产主义社会积累了丰富的现实经验。

较之于苏联模式的社会主义道路，中国特色社会主义道路实践的探讨也是广义上的无产阶级革命。① 尽管中国

---

① 从广义上看，马克思的"无产阶级革命"这一提法并不过时，在中国也具有适应性。我国同样存在无产阶级这一阶级，无产阶级并不是指在生活资料上一无所有的阶级，而是指不完全占有生产资料的阶级。对于革命，不能仅仅从暴力的意义上去理解，改革也是一种革命。

在探索社会主义之路上也经历了坎坷和曲折，但在始终坚持人类解放理论的科学社会主义理论总体指导下，中国共产党人不断地结合中国自身的国情实际进行了理论上的深入研究，创造了中国特色社会主义理论体系作为社会主义道路的先进理论，尤其以习近平新时代中国特色社会主义思想为新的理论飞跃，并以理论为先导指导实践，不断实现切实有效的重大创新和突破，大大拓宽了社会实践的新途径。作为社会主义国家的中国实现了飞跃式的发展，大力推进了人类解放的历史进程，充分凸显了马克思人类解放理论现实化所取得的伟大成就，展现了马克思无产阶级革命理论和人类解放理论的科学性、真理性。

第三节　平民哲学的现实性与贵族哲学的虚无化

从哲学观的最终归宿上看，马克思哲学观立足于历史境遇中追求现实的符合人的本质诉求的自由与解放，是凝合了人类共同的理想与现实的价值向往，表征了其哲学是一种平民哲学的代表；海德格尔哲学观指向富含古希腊浪漫主义色彩的精神回归的诗意栖居生活，其所关注的是个人人生境遇的人生哲学，却因脱离了特定历史条件下绝大多数人的现实境遇而缺乏普遍性意义，抑或仅仅可能在小部分具备沉思能力自觉且不囿于基本生存问题的群体中获得实现，其哲学不啻为一种贵族哲学。

一、资本批判与政治革命对沉思自觉的克服

海德格尔哲学观与尼采的哲学思想相关联，两种哲学思想的根本目标在一定意义上殊途同归，只是以不同的方式陷入形而上学之中。尼采哲学试图消除超验的领域以实现一种世界的真实性，他以强力意志、权力意志来实现超人的目标和价值标准。作为一个主体形而上学者，尼采所设定的哲学理路及其试图要达到的最终目标从根本上不可能通达实现人类目的及其真实性的真正建构。而海德格尔从其哲学的本意上，是以尼采为鉴并解构包括尼采在内的一切形而上学的主体，由此来建构个人的此在的超越意义的形而上学。

尽管海德格尔竭力摆脱与形而上学的关联，但他追求精神回归的哲学向往致使其哲学终究只能在形而上学的范畴中徘徊。在人的生存观上，海德格尔追求此在的澄明之境。他以时间性来表现人作为此在的生活过程，时间性的展开表明了历史性的过程，此在既具有时间性又具有历史性，这种时间性和历史性同时也揭示了人们生活的历史限度。海德格尔从现象学及其解释学的角度，把人的此在的历史性当成了此在的形而上学的根基：此在就是要通过诗意的栖居生活而回归精神家园来得以实现自身，以达到人的一种自由与无限。显然，海德格尔至关重要的历史性维度仍然是在精神的范围内展开价值追求，他甚至将自己的哲学思想返回到苏格拉底的哲学境域和哲学追求之中，结果与在其之前的传统哲学家一样，没有彻底地走出意识内

在性的结构和范畴，也在进入实践领域的同时未能切入具体的、历史的实践。海德格尔对哲学的把握也难以避免地局限于纯哲学范围内通过意识的活动和把握寻求变革现实之道，其哲学归根结底没有逃脱主体性哲学的陷阱，与其在现实意义的层面上试图展现的哲学高度与实践智慧相背离了。

海德格尔在现代性的境遇下，对技术的追问和拯救之思的思考是其哲学观中最具现实感召力的部分。然而，他在犀利的技术批判基础上提出的对技术的拯救之思却使得这种现实的感召力渐行渐远。他过分地强调"座架"的作用，将事物与人牢牢地捆绑于"座架"之下，过于关注现代技术的对象化、齐一化作用，却忽视了人的能动性和创造性作用，而将拯救的力量主要寄托在事物和世界本身的本源性和自身性的表现之上，显然有失妥当。同时，海德格尔企图从"思"中找到拯救之路未免是沉思有余而实践之力不足。"思"固然能提供一种科学的方法论指导，但如果不制定一套解决问题的具体方法并展开实践，那么，"救渡之思"只可能停留在"思"的层面上。对技术的拯救之思实际上回归到意识范畴寻求沉思的自觉以抵抗和破解技术的统治。海德格尔并没有对人的技术化现象以及技术的渗透力提出任何具体的现实的实施方案，而是主张依靠事物自身本源性的敞开来实现对技术的拯救，人仅仅是在认识的领域中创造条件以接近事物的本源状态，不可预测的思缺乏实践性同样使得海德格尔的哲学观在披上了神秘的外衣的同时难以在现实中产生效力，其合法性根基仅限于意识而非现实世界。

海德格尔曾断言，人的自身生产会带来自身毁灭的危险，他甚至将这种生产招致的毁灭危险与马克思人的学说关联起来，尤其是批判性地指出马克思将生产设想在"进步强制"的作用下必将使得人的归宿走向自我毁灭，他对马克思关于人的生产问题的误解也展现其哲学在存在论认识论前提的偏见，但也从反面彰显出马克思以资本批判与政治革命克服沉思方式的一种现实拯救方案。人的自身生产带来了其本身无法避免的毁灭危险，这恰恰是马克思透过资本主义私有制本质所要揭示的人的生存困境，他以无产阶级的革命实践打破资本逻辑的控制，强调改变资本主义生产方式，指明人的终极关怀在于自由与解放。

海德格尔将马克思的思想视为"当今之思想"①，因为人的自身生产与社会的自身生产在当今居于统治地位，每一个作为自身的根本的人都不可避免地成为现时代的人而陷入生产与消费的强制之中，正如洛维特所言，"如果自笛卡尔以来现代性就在于对立场和观点的选择这一点没错的话，那么我们无法选择不做现代人"②。在海德格尔看来，马克思的生产与现代技术之本质即"座架"没有意义上的差别，两者同是促逼式的订造，以"进步强制"

---

① Martin Heidegger, *Four Seminars*, translated by Andrew Mitchell and François Raffoul, Indiana University Press, 2003, p. 73.

② ［德］卡尔·洛维特：《海德格尔——贫困时代的思想家：哲学在 20 世纪的地位》，彭超译，西北大学出版社 2015 年版，第 163 页。

的方式构建了整个世界统治秩序的支架。强制运动割裂了传统形而上学的一切可能，将形而上学所遮蔽的历史推到最极致的形态，历史唯物主义也达到了终结。马克思作为根本的人不可避免地进入现代强制的运动之中而呈现出普遍无意识状态，在生产强制和需求强制的交融更替下，人被订造成为具备某种特殊性的生产者或消费者，而物则变成了可被生产者或消费者支配或使用的消费品。唯物主义在本质上成为这种订造生产，缘于一切存在者都表现为劳动材料，马克思历史唯物主义的实质不外乎指向生产自身以及生产生活资料的人自身的生产。海德格尔以形而上学历史最后的形态来批判马克思的"生产主宰"与现代技术本质的"座架"对人和世界的强力控制，"现代技术之本质是与现代形而上学之本质相同一的"①。

生产强制以摆置的方式为人的生存确立了现实尺度，人的生存状态被预先"设定"表象为与物无差异的劳动材料，这种按照生产轨迹的人的活动使得存在失去了任何存在尺度，无家可归的状态成为一种世界命运。尽管马克思在历史的本质性维度中洞察到异化问题及人在现实世界的状况，但他在根本上是从黑格尔哲学出发，以人的异化来认识整个现实世界，同其根源一起复归到无家可归的状态。存在之天命在马克思那里是由形而上学引起，通过形而上学得到巩固，最终又被形而上学掩盖于无家可归状态

---

① ［德］马丁·海德格尔：《林中路》，孙周兴译，上海译文出版社 2004 版，第 77 页。

之中。① 一切存在者的存在被遗弃，人的现实命运既表现为人将自身确立于世界的中心寻求任意需求的满足，同时人又处于各种"生产强制"的宰制下乃至自身的存在深受威胁却浑然不知的境遇中，最终导致"作为存在的存在对于人不（nihil）再存在"②，人的世界将终结于这种人类自我毁灭的运转之中。

海德格尔对技术本质的追问及其对马克思人的生产的阐释表明，他对现代性及现代人的生存方式的把握是切中要害的。他以"生产强制"展开马克思人的生产的过程，揭示生产过程中可订造性使得所遭遇的一切外在性都并非"物自身"，人也只是以物化的形式存在。如果暂且不评价海德格尔对"生产强制"的判定是否确切而单纯从他对马克思所揭示的现代人的生存方式的阐述上看，其与马克思所批判的资本主义主导下人的生存方式的高度概括——"以物的依赖性为基础的人的独立性"存在一致性。但海德格尔的诘难折射出其对马克思的误解：其一，海德格尔所谓的"生产强制"事实上正是马克思所批判的由现代社会各种强制凝聚而成的资本逻辑的具体化，它不是一般意义上的人的本质性的根源，它使得现时代的人在资本主义生产方式制约之下堕落为机械化的生产者，是

---

①　参见［德］马丁·海德格尔：《路标》，孙周兴译，商务印书馆 2000 年版，第 400－401 页。

②　Martin Heidegger, *Four Seminars*, Andrew Mitchell and François Raffoul（trans.），Indiana University Press，2003，p. 77.

人的存在方式的具体的、历史的体现，以其为根源将一般人的本质性直接等同于现实境遇中的人的生存方式显然有失偏颇。其二，海德格尔由"生产强制"的统治推断马克思人自身的生产必将招致人自身的毁灭，与马克思视资本主义生产为人类超越资本逻辑、走向自由与解放提供必要的物质条件和精神条件的观点形成鲜明对比，在马克思看来，实现共产主义和人的自由全面发展是历史的必然。

探索人类解放的历史条件和现实道路是马克思哲学革命的根本任务，马克思比同时代任何思想家都更为敏锐而深刻地把握到资本主义的本质规律和资本控制下现代人的本质。他从历史唯物主义的视角解释了世界的存在内容、存在关系和存在方式，阐明了无产阶级科学理论所彰显的认识世界发展的向导性与如何改变世界的实践革命性，[①]即以理论批判与现实革命、资本批判与政治革命双重维度通达人的自由与解放的共产主义联合体。在理论批判上，马克思否定以往哲学家唯心主义的根本取向，批判其没有触及现实活动的性质，沿着宗教批判、政治批判、经济批判再到社会制度批判的逻辑进路展开层层批判，在对人与人的社会关系的揭示中阐明现实的人的物质生产活动对历史发展进程起决定作用。在实践的现实性上，马克思不仅要揭示资本主义主导下人被压迫、被奴役的生存困境和存在方式，而且要通过扬弃异化和私有财产来实现人的生存

---

① 参见刘同舫：《马克思人类解放理论的叙事结构及实现方式》，《中国社会科学》2012 年第 8 期。

方式的变革以走向人的自由与解放，这既要诉诸思想上的共产主义指导，更要诉诸无产阶级现实的共产主义行动。无产阶级由于"体现着处于异化极端的人的类本质"而"拥有一种世界历史的作用"，对整个事情的发生过程——共产主义运动实践具有基础的意义。① 人类解放的实现必须将理论的批判付诸无产阶级现实的革命运动之中。只有展开现实的革命形式，才能推翻一切压抑人性、扭曲人性的异化力量，把人从一切资本物化的生产关系中解救出来，彻底消除根深蒂固的"人为物役"现象，在现实的层面上恢复人的本质，使人真正成为独立性的存在，成为具有个性、全面发展的人。

与海德格尔不同的是，马克思并没有一味地否定资本主义，他在揭露资本主义私有制本质的同时，也充分肯定了资本逻辑的强制对生产力发展和现代文明进程的巨大推动力，其也使得人的潜能和本质力量得到了前所未有的发掘和突破，资本主义文明为人的自由与解放所创造的条件，正是消灭资本主义私有制实现人类解放的必要条件。马克思在理论批判上以现实的人的物质生产活动揭示"历史之谜"，以资本统治阐释形而上学的抽象统治，以无产阶级的革命实践变革人被物化的生存方式，以资本主义生产所创造的价值和条件确认实现人的解放的现实可能性，以资本主义生产方式内在矛盾论证共产主义的必然性

---

① 参见［德］卡尔·洛维特：《从黑格尔到尼采》，李秋零译，生活·读书·新知三联书店 2014 年版，第 424 页。

和现实性，将理论批判和现实革命统一于人类解放的根本旨趣中。资本主义生产过程与生产关系的统摄不是历史的终极之境，其所暴露出来的矛盾和潜能终将使得资本主义被取代和超越，人的终极发展必然走向自由解放之境。

纯粹着眼于理论形态，以存在论的理论形态解读现实历史境域和现代性在场所表征的危机，容易陷入对事物表象化、概念化的形而上学。人在技术"座架"之下困于自相矛盾的境地，既深受"座架"控制而缺乏自主能动性和创造性，从而成为对象化和齐一化的被动存在，同时，想要从沉思中寻得拯救之路，将拯救的力量寄希望于事物和世界本身的本源性和自身性敞开。"思"的领域的拯救方案较之于马克思从资本批判与政治革命到社会革命的现实解放之路而言，无不显露出苍白的无力感和虚无化色彩。

二、变革力量的人民性对个体性回归的超越

马克思哲学观是在现实性的基础上颠覆了主体性哲学。这种现实性维度具有多元化，能充分满足不同层次的主体（特别是无产阶级主体），从而使得马克思哲学在充分彰显阶级性的同时呈现为一种平民哲学。马克思哲学观的这种现实性既是历史的现实性，又是社会的现实性，这种现实性是以人民群众的生存和发展为最终旨归的现实性。

首先，在历史框架中看待马克思哲学观和海德格尔哲学观关于人的理解的区别，马克思哲学观具有历史的现实性，而海德格尔哲学观中的历史范畴是一种意识范畴内历史虚无的延展。马克思区别于海德格尔，他把历史回归到

人的现实生活之中，在现实生活的尺度中揭示人类社会的发展规律。只有真实的历史标尺才能真正反映人类发展的真实境况。在马克思看来，现实的历史在人类社会的发展进程中呈现为历史形态的多样性，这也决定了不同的人发展的多样性，决定了人的发展状况的多样性。马克思所提出的三形态理论，即从原初的社会形态中人的依赖关系，到以物的依赖性为基础的人的独立性的社会形态，再到实现个人全面发展和自由个性的自由王国的社会形态，是对此观点最为经典透彻的论证，其呈现的历史事实表明，三形态理论不仅与不同历史条件下的具体现实相对应，而且与不同历史阶段下的人的发展状况相对应，从根本上说，人的发展、社会的发展是一个历史的发展过程。马克思哲学观在历史的向度上涵盖了不同历史阶段的社会事实，涵盖了所有具有多样性的具体的人的发展状况的历史性特征，使其成为一种现实的具有广泛普适性和历史性的平民哲学内涵。

而在海德格尔的话语体系中，历史性是要回到原初、源始的镜像之中，即回到源始状态的当下个人所领会的境界。一方面，这种回到源始境界的当下个人所领会的理解不能代表人类历史的发展规律，常人以"沉沦"的展开样式所展现的生存结构具有本真与非本真的样态，如何敞开通达本真状态是悬而未决的疑难，它只是在某种层面上对社会历史的理解和阐释。回到诗一般的此在的栖居生活是一种唯美式的理想之境，与后现代主义思潮有不谋而合的迹象，都是试图挣脱现实的一切境遇展开超越式的追求和幻想。另一方面，海德格尔所追求的诗意栖居同样难以真实揭示整个人类生活状况的历史，与生活在现实中的人的真实状况不全然符合。甚至可以说，海德格尔所向往的诗意栖居对现实中备受统治压迫的绝大多数人来说是可望而不可即的。因为它不符合大多数人的利益，只有极少数人可能真正达到"还乡"的境界，这些极少数的人还必须被赋予完全满足自我的生存、生活问题等现实的前提，也即在物质与精神层面获得较大程度上的解放和自由才有可能具备能力反抗技术统治的现实而以沉思自觉走向"还乡"之路。追求与本源接近，这种哲学观所指向的目标只有少数的"贵族"才能够实现，是贵族哲学的具体表征。海德格尔尽管阐释了历史虚无问题，诸如他以人在遗忘的历史中的观点来说明人们不能遗忘现实的生活等，但他的历史性概念却在具体的现实的意义上被"遗忘"了，走进了精神家园之中。历史本身既是一部生产史，又是一部生活史。海德格尔意识观归根到底是在强调一种意识主体，包含了一种以时代的幻想代替现实本身的"美好"愿景。

其次，马克思哲学观的现实性是社会性的现实性。在时间和空间的范围来讲，一种社会形态如果在生产力与生产关系的逻辑中超越了特定的时空条件，那么整个人类社会就会被更高级的社会形态所代替，这是人类社会发展的必然趋势。马克思强调这种社会发展的必然性，他从政治经济学的角度，以生产方式的辩证关系对社会发展所产生的推演动力来揭示五形态理论，即人类社会的发展是沿着"原始社会→奴隶社会→封建社会→资本主义社会→社会主义社会"的发展线索，由低级形态到高级形态不断发展的过程。他不仅强调社会发展与历史性的相互交融，而且表明了社会发展内在的本质差异（其本质上也决定着人在社会发展中所具有的社会性特性）及外显的阶段性特征，深刻地展现了社会、时空的有限性，这种有限性是与现实的、实际的生活相统一的有限性，奠定了其作为平民哲学的现实基础。

海德格尔的哲学观中并没有直接展开对社会性的探讨，而是在世界的范围之中谈论存在的本真问题。尽管我们并不能因此断定海德格尔的哲学被拒之于"社会性"之外，但他以现象学和解释学为方法主线，在其世界性的视野之中以包含了虚无色彩的时间性和历史性来对存在及其本真意义进行追问，这种追问难以在现实中找到具有社会性的关系内涵抑或是某种具体的路径，取而代之的是一个思的过程。从深层次上看，海德格尔透过存在者发掘存在之本真意义的运思理路无异于以一种纵向的思维沉思来面向事物本身的研究过程，忽视了存在者在现实所应有的必然联系。这种脱离了真实的历史性、缺乏现实联系的探讨显然难以找到与社会性的交融点而流露出一种虚无缥缈、难以捉摸的东西，因而它不可能在普遍性的范围内具有适用性和合法性，这也使得海德格尔的哲学观指向不可能涵盖到绝大多数人，更不可能具有人类性意义。

最后，马克思哲学观的现实性是揭示人的生存状态及其关系的现实性。马克思哲学的出发点是现实的人，他以现实的人作为前提性、界限性的基本问题。所谓的个人，并不是费尔巴哈的纯粹的自然的个人，也不是海德格尔的"在世之中"的内在结构的个人抑或是更为源始的此在的个人，也不完全等同于海德格尔的终有一死的外在性的个人，马克思的个人是现实性的个人，是受社会现实所制约、所规范而又不乏能动性的个人。马克思哲学观的旨趣、目标就是通过实践活动走向人的历史的、现实的生活世界。不同哲学家对哲学观的归宿问题也做出了不同的回答，正如海德格尔提出的要面向事情本身以走向自由的栖居生活，然而，正是由于海德格尔视域下的人（此在）并非完全涵盖具体现实中的每一个体的人，他的实践世界、现实世界都变成了失去本质意义的存在，他的诗意般的生活并非人（每一个现实的人、所有人）所能通达的本真意义的生活，而是古希腊诗情画意般的生活，最终只能是在少数人中得以实现。这种哲学观目的在于改变技术带来的世界灾难，寻求人的自身返回原初自由之境的美好状态的精神家园中，但并不是真正意义上的改造客观世界的哲学观。海德格尔面对世界的救渡之思时做了一个错误的选择，选择了一种普遍的人们难以承担的沉思自觉和精神寄托而呈现出非真实性。

马克思从现实的人出发，从人的现实世界、生活世界出发，始终关注以无产阶级为主体的人的世界，并以具体的实践方式（理论批判和无产阶级革命实践）来批判传统世界和资本主义现实，试图把人从一种抽象的统治和物化的形式之中解放出来，复归人的本质。马克思最伟大之处在于克服了传统哲学的局限性，又与现代哲学回归世界的不彻底性分离开来，这种区别也正是马克思哲学与现代性、后现代性思想相区别的关键所在。马克思不同于现代性或后现代性的思想家，他的哲学观不是为一小部分人的利益服务的哲学观，而是洒向全人类的普照之光般的哲学观，其解放哲学的本质主体是全人类，他是名副其实的平民哲学家的代表。

恩格斯在马克思墓前的讲话曾指出，马克思的伟大贡献是发现了人类历史的发展规律和现代资本主义生产方式及其所产生的资产阶级社会的特殊运动规律，[①] 即唯物史观和剩余价值学说。马克思的伟大贡献毋庸置疑，我们更要进一步追问，马克思发现这两大理论学说最根本的目的是什么？在马克思的发现和研究背后所隐藏的最真实的"秘密"，就是为了实现人类解放的伟大目标：他就是要从本质上批判资本主义社会，构建一个新的世界——一个被提升到更高发展阶段的新世界——一个使每一个人的本质、人性得以充分体现的新世界，而不是一种抽象遮蔽现实的新世界；构建一个全体人民的本质及自由个性得到充分发挥的新世界，即实现全人类的自由与解放的新世界，而不是仅仅代表某一群体或集团利益的世界。马克思哲学观的这种理论方式和实践方式的双重结合、深层统一，是真正地使哲学回归、深入人民群众之中，使其哲学焕发出平民哲学的深层魅力。

---

① 参见《马克思恩格斯文集》第 3 卷，人民出版社 2009 年版，第 601 页。

结　语

比较研究是学术研究的主要方法之一。在马克思主义哲学原理的研究中，以某种标尺或规范试图将一种哲学观与另一种哲学观区分开来，或者依据某种视角、方法在某个层面上作为新触点来揭示不同哲学观之间的差异，这样的研究方法能够更为深刻、全面地对不同哲学观加以认识和理解，也有助于我们全方位、多维度、多层面深入地把握哲学观的本质内涵。以这种方式对马克思哲学观和海德格尔哲学观展开探讨，不仅能使我们更加充分把握窥探哲学观研究的多重视角，而且有助于进一步提高对马克思哲学观和海德格尔哲学观的深度认识，透视不同哲学观之间的特性差异，从而发掘其背后所隐藏着的可能关联与本质区别。马克思和海德格尔哲学范式具有一致性，恰恰是这种共同范式——实践哲学范式为两种哲学探讨与理解提供了前提。

在同一哲学范式之内生发不同的哲学主张是有可能的。如果不同的哲学观产生于同一个哲学范式之内，那么它们必定在某种意义上具有相通之处，但这并不意味着哲学观本身在性质上必然是相同的。例如古代的"原子论"与"理念论"的关系、近代的"唯理论"和"经验论"

的关系及其鲜明对立的基本立场等，其理论性质均不相同。它们都发生于传统形而上学的哲学范式之中，在根本上并未超越形而上学的哲学范式，但其理论性质明显不相同。因此，无论是对同一范式下的哲学观进行比较研究，还是对不同范式下的哲学观进行比较研究，都是可能的且有意义的。同样，马克思哲学观和海德格尔哲学观的比较并不是一种哲学范式的差异性的比较，而是在同一哲学范式之下的一种对哲学基本问题的不同理解和探讨。

　　回顾哲学的发展史，无论古希腊哲学、近代哲学还是现当代哲学，都以理论与实践的关系作为最基本的范畴并以此为分类标准，我们可将哲学划分为理论哲学和实践哲学两大类。理论哲学是基于抽象、理性的思维方式形成的哲学理性；实践哲学则是以客观存在为基础，以具体实践决定理论的思维方式形成哲学实践理性。这两种哲学体系相对立而存在。纵观整个哲学史的脉络，从古希腊柏拉图哲学到近代黑格尔哲学，均是以理论哲学的思维方式为基本范式所构建并展开运思的哲学。或许有人会提出质疑，难道从古代到近代的哲学全部都只有理论层面的内容而没有任何实践思想的痕迹吗？答案显然是否定的。正如古代哲学中亚里士多德的哲学思想就包含着实践哲学思想的丰富因素，甚至近代以来的实践哲学在某种意义上成为其思想的注脚。但是，这并不意味着就可以将亚里士多德哲学乃至整个近代及其以前的哲学都归为实践哲学的领地。缘由在于：其一，在近代及其以前的哲学中，理论与思维占据了哲学根基的统治地位，无论是柏拉图的"理念论"、笛卡尔的"我思故我在"、康德的"先验自我",还是费希特的"自我"、黑格尔的"绝对精神",无不将思维作为哲学的核心和根基来阐释各种不同的哲学观点,真正意义上基于具体实践展开的观点不仅鲜见,而且被埋没于形而上学的混沌之中;其二,实践的传统虽蕴藏于近代及其以前的哲学,但远远未达到现代哲学的高度,而仅仅只是在某种程度上有所涵涉,源于现实的人的实践(区别于抽象的实践意义)并没有作为最为核心和关键的内容在哲学中出场。客观的事实是,在这些哲学家的哲学中富含实践思想,但理论站到了其哲学的制高点上,实践不过是理念世界的映射或道德范畴的规范行为,从古代到近代,尤其在黑格尔哲学中,这种理论哲学的思想达到了最高峰。然而,理论哲学发展到最极致的时候无可避免地会遭遇实践激烈的挑战——作为理论哲学对立面的实践哲学郑重敞开了其哲学对世界的解释内涵和改造目的的现实指向。马克思哲学的诞生促使反形而上学理论形态逐渐形成,表征着哲学实现了从理论哲学到实践哲学的范式转变。这种范式的转变是一种根本性的转变,它实现了哲学史上的重大变革。

毋庸置疑,马克思在这场根本性的思想变革中起到了至关重要的作用。马克思哲学观的根本特征在于科学认识和解决了理论和实践的对立关系,明确"不是意识决定生活,而是生活决定意识",一切观念的东西不过是现实的个体在实践活动中的反映,实践是一切理论的源泉所在,理论能够转化成为指导实践、改变世界的物质性力量。基于此，马克思围绕其人类解放的哲学主题开创了一个全新的实践思维范式。马克思提出"终结哲学"，强调的是对传统哲学，特别是对黑格尔哲学的终结，是对理论与实践颠倒了的关系的彻底否定，是对传统主流哲学忽视或曲解现实世界的辩证否定。

相对于近代哲学及其以前的哲学，现代哲学以实践决定理论开端。在黑格尔之后，以马克思创立的实践哲学为始源，逐渐形成了不同于过去理论哲学范式的实践哲学研究，尽管哲学的发展流派不尽相同，但在理论范式上都属于实践哲学。当然，这并不表明现代实践哲学范式下的哲学观都是相同的。在对马克思哲学观和海德格尔哲学观的比较研究中，我们发现两者哲学的相似之处在于：站在哲学史发展的宽广谱系意义上敞开思想内容，其思想都强调现实实践作为探究人类世界的出发点，同属于现代实践哲学范式。从根本意义而言，马克思哲学观和海德格尔哲学观都是反对旧形而上学的，将他们两者的哲学观定性为同属于现代的实践哲学范式是无可厚非的。而在这种同一哲学范式中，他们具有显著区别的哲学主张与哲学旨趣，在比较的基础上试图阐明马克思哲学观在何种意义上超越海德格尔哲学观可能是本书的挑战所在。

如果说，在马克思对黑格尔哲学批判的完成——从理论哲学向实践哲学的转向之初，我们将各种实践哲学看作一个笼统而庞大的存在，而不去顾及它们之间的差别以求寻得实践哲学的本质，是可以理解的。但是，现代哲学发展至今，实践哲学形态在不断丰富中趋于成熟，倘若不在实践哲学范式之下进一步明晰不同哲学派别、哲学观之间的差异，就很难厘清马克思哲学观与其他现代实践哲学流派的哲学观之间的差异，也就不可能真正推动实践哲学向前发展。因此，划分同马克思一个时代的哲学家与马克思之后的哲学家在实践哲学范式下的流派、哲学观差异的问题，就摆在了我们面前。

20 世纪末到 21 世纪，哲学界进行"中西马"之间的沟通与融合以及"回到马克思"的各种讨论活动，都是对在实践哲学范式超越理论哲学范式后，实践哲学范式内部各流派的比较研究。在"中西马"哲学的历史比较与当代会通的中国学术语境中，探讨马克思哲学观与海德格尔哲学观之间的差异，进而探讨马克思对海德格尔哲学的超越性意义，以新视角推进对马克思哲学的深化认识，对于推进和深化对人类社会发展规律，特别是社会主义的研究具有重要意义，也是一项持久的研究课题。

附　录

附录一　海德格尔对马克思劳动观的误读[①]

在海德格尔对马克思为数不多的评论中，劳动问题是其窥探马克思哲学的重要视角。海德格尔对马克思劳动观的评价关涉劳动的本质、过程以及价值三个维度，认为马克思对劳动本质问题的认识未能超出黑格尔思想活动的抽象藩篱，马克思形而上学式的思维范式导致一切主体性对象化活动隐匿于表象状态的虚无之中，必然在强制逻辑控制下走向人的自我毁灭。在海德格尔哲学视域中审视其所理解的马克思劳动观，有助于在马克思哲学的黑格尔渊源中厘清马克思和黑格尔两种劳动观的关联性与异质性，还原马克思的劳动观所蕴藏的存在论维度及其意义，澄明马克思哲学的历史唯物主义性质乃至马克思哲学的属性问题。这既是在回应海德格尔的批判中为马克思辩护，也为深入推进马克思劳动观的探究提供新的解读路径。

---

① 本文原载于《国外社会科学》2020 年第 3 期，《中国社会科学文摘》2020 年第 9 期全文转载。

一、劳动的本质：思想活动还是感性活动？

海德格尔把劳动视为马克思哲学的核心概念之一，认为马克思视域中的劳动并非指向纯粹的人类活动，它不仅在词源上，而且在本质上仍局限于黑格尔式的思想活动。他甚至将马克思以劳动实现了对黑格尔观念论的颠倒也视为其对黑格尔主义的延续。海德格尔批判马克思关于"整个所谓世界历史不外是人通过人的劳动而诞生的过程，是自然界对人来说的生成过程"① 的观点，指出马克思所理解的"人的自身生产劳动"只是一种在形而上学维度中的活动，认为马克思对劳动本质的认识从理论来源和性质规定上都根植于黑格尔主义。

从理论来源上看，海德格尔将马克思的劳动视为黑格尔的劳动意义上的表达，指明马克思与黑格尔在劳动问题上的承继关系，并对马克思劳动观进行了形而上学的哲学定位。在他看来，黑格尔哲学的核心是绝对的自我把握的精神，这种精神"作为主体性乃是现实的现实性"②，现实的本质通过绝对精神得以显现；而马克思诉诸劳动揭示现实的本质，通过人自身的生产及其生活资料的生产构建世界历史。海德格尔在"颠倒—反动"的逻辑中考察黑

---

① 《马克思恩格斯文集》第 1 卷，人民出版社 2009 年版，第 196 页。

② ［德］马丁·海德格尔：《林中路》，孙周兴译，上海译文出版社 2004 年版，第 216 页。

格尔与马克思的劳动观，批判性地指出以"劳动生产"为基点而站在黑格尔"绝对精神"对立面的马克思并没有超出黑格尔的哲学范畴，两种劳动观对现实本质的诠释方式都是"作为辩证法的劳动过程"。①

从性质规定上看，海德格尔认为，马克思的劳动概念与黑格尔相一致，属于思想的活动。在黑格尔的对象化理论之下，劳动被视为"进行塑造"②的辩证过程，现实生活处处受到思想活动的规定和控制，劳动也呈现出思想性的本质。他指出，无论是现实的人还是现实的一切生活，只要被作为辩证法的劳动过程来生产，只要真正的生产性因素仍然是思想，无论作为黑格尔形而上学的思想还是马克思唯物主义意义上的思想，抑或这两者混合的思想，其生产自身的性质都是反思的。

海德格尔将马克思的劳动概念指认为源于黑格尔哲学且具有黑格尔式反思性的生产活动——"无条件的制造（Herstellung）的自行设置起来的过程"③，即先行预设了被经验的主体性的人对现实事物的对象化过程。他批判黑格尔劳动的形而上学本质，认为黑格尔试图通过辩证法的

① ［德］马丁·海德格尔：《同一与差异》，孙周兴等译，商务印书馆 2011 年版，第 134 页。
② ［德］黑格尔：《精神现象学》，先刚译，人民出版社 2013 年版，第 125 页。
③ ［德］马丁·海德格尔：《路标》，孙周兴译，商务印书馆 2000 年版，第 401 页。

劳动过程以实现对近代哲学主体与客体、思维与存在二元对立的克服不过是以新的形式回到形而上学的本质之中。当海德格尔以这种理论逻辑看待马克思的生产劳动乃至整体实践思想时，马克思对黑格尔哲学的批判性变革则被视为"粗暴的颠倒"，他甚至被海德格尔称为"最伟大的黑格尔信徒"。① 然而，马克思的劳动内涵是否如海德格尔所言回到了黑格尔的哲学范畴？明辨马克思在何种意义上继承了黑格尔的劳动观，又在何种意义上实现了对黑格尔劳动观的超越，是我们回应海德格尔对马克思的批判所必须面临的首要问题，也是澄清马克思劳动本质的基本前提。

马克思早在《1844 年经济学哲学手稿》中就着力探讨劳动问题。与海德格尔犀利戳中黑格尔劳动的精神本质与主观性特征的要害一样，马克思切中肯綮地指出，黑格尔"把劳动看作人的本质，看作人的自我确证的本质；他只看到劳动的积极的方面，没有看到它的消极的方面。劳动是人在外化范围之内的或者作为外化的人的自为的生成。黑格尔唯一知道并承认的劳动是抽象的精神的劳动"。②

一方面，马克思肯定黑格尔在《精神现象学》中以

---

① ［德］马丁·海德格尔：《路标》，孙周兴译，商务印书馆 2000 年版，第 508 页。

② 《马克思恩格斯文集》第 1 卷，人民出版社 2009 年版，第 205 页。

哲学的形式对现代劳动原理的揭示，这与海德格尔在
《黑格尔的经验概念》中谈论黑格尔劳动问题时的基本立
场相类似。① 在马克思看来，《精神现象学》中主奴辩证
法的伟大发现使黑格尔抓住了劳动的积极方面，即看到了
作为主体的人的活动本身包含了自我意识的特性，使得人
的力量外化以及人自身力量作为对象得以可能，劳动的存
在论意蕴由此显现出来，这也为马克思哲学所借鉴与继
承。另一方面，尽管黑格尔明确了劳动与人的自为生成的
内在关系，但这种关系实际上却是自我意识的外化活动，
劳动的本质归根结底仍是一种精神的劳动，通过劳动扬弃
异化不过是将外化了的现实感性事物通过对象化活动回归
到纯粹抽象的思维之上。在黑格尔看来，"惟有精神性的
东西才是现实的"②，劳动是绝对本体论上的精神。马克
思敏锐地指出，抽掉了一切确定的对象或物性（人的一
切自然基础）的自我意识的劳动在根本上是意识认识意
识的过程，认为黑格尔混淆了对象化与异化的本质区别。
黑格尔扬弃异化不过是自我意识以否定的形式返回到自
身，是自我存在与异己存在在普遍精神概念中的运动，从

---

① 参见〔德〕马丁·海德格尔：《林中路》，孙周兴译，上海
译文出版社 2004 年版，第 145 页。
② 〔德〕黑格尔：《精神现象学》，先刚译，人民出版社 2013
年版，第 16 页。

而导致"独立自主的事物积极地与人对立的世界的虚无性"①。黑格尔诉诸辩证法所展现的对象化理论并没有如其所愿地实现扬弃异化的意义，其所强调的历史只是抽象的人的思维活动的历史，而不是现实的人的实践活动的历史。黑格尔把作为劳动主体的人等同于自我意识，将自我意识的异化混同于对象化，致使所有对象性存在都被视为自我意识的障碍而予以扬弃，认为劳动过程实则是自我意识在辩证运动中的自我返回，黑格尔忽略了劳动的消极方面，使其未能触及异化劳动的现实根源而表现出对不合理劳动体系的间接维护。通过揭露现实的人与现实对象世界所发生的双向关系来重新阐明劳动的存在论本质，是马克思突破黑格尔劳动概念的关键所在，也力证了海德格尔将马克思劳动观定性为黑格尔式的思想活动实则是一种误读。

在马克思看来，人的生活与人的实践活动统一于生产劳动，其实质是人的对象性活动或感性活动。"人通过自己的外化把自己现实的、对象性的本质力量设定为异己的对象时，设定并不是主体；它是对象性的本质力量的主体性，因此这些本质力量的活动也必定是对象性的活动。"②尽管马克思话语中显现出黑格尔式的语言表达，因而成为

---

① ［德］卡尔·洛维特：《从黑格尔到尼采》，李秋零译，生活·读书·新知三联书店 2014 年版，第 376 页。

② 《马克思恩格斯文集》第 1 卷，人民出版社 2009 年版，第 209 页。

海德格尔对其批判的佐证，但马克思所指认的外化并不是黑格尔的"意识"外化，而是指向"对象性的存在物"。其一，作为劳动主体的人是现实的人，这种感性存在物既是具有生命力的、能动的自然存在物，同时又是受到制约的对象性存在物，根本区别于黑格尔抽象普遍的自我意识抑或是费尔巴哈感性直观的人；其二，劳动作为实践活动是现实的人的对象性活动，是自由的、有意识的活动，不仅确证了现实的人的本质力量，而且将对象性的存在纳入人的主体性之中，使人的存在与对象性存在得以有机融合，人的劳动则展现出积极性和创造性的辩证统一。人的本质力量得以实现源于人的本质规定中包含了对象性的存在，而人之所以能够创造或设定对象是由于人本身同属于自然界，是被对象设定的。这相互印证的两个层面表明马克思所强调的人的主体性并非无限度地单纯表征人的自我设定，而是体现了人在对象性活动中与外部世界的双向互动特质。

马克思对人的存在问题的追问与思考从抽象的概念范畴回到现实的物质世界，在人类发展现实中澄明人与自然、人与人之间的关系，展现了人的生存活动的历史性与社会性维度。他在审视现代性前提、剖析资本主义存在方式的深层桎梏中，看到了人对对象性世界一切旧形式的废弃是新的历史条件下人的劳动的结果，深刻揭示了工业社会中人的实践活动之异化形式的历史性特质。尽管马克思早期对黑格尔的批判仍无法彻底规避黑格尔核心范畴中基本概念的影响，但马克思明确表达了其对象性概念与黑格尔将对象化与异化混为一谈的根本区别，并以现实的人的对象性活动冲破了黑格尔自我意识抽象运动的内在性循环。海德格尔高度赞赏马克思论述异化问题时所具有的历史视野，但没有在这种历史视域中把握住马克思所强调的人的存在的根源性依据——对象性活动，致使对象性活动对意识内在性的超越意义被泯灭于黑格尔式的精神劳动的误读中，以至于他在评价马克思的劳动观点时退回到知识论意义的立场上而为劳动扣上形而上学思想性本质的"高帽"。劳动本质从抽象精神到感性活动所实现的质的跨越，是马克思与传统形而上学彻底划清界限的根本标志，也为我们理解马克思哲学提供了基本解释原则。

二、劳动的过程：抽象辩证运动还是能动生产实践？

在海德格尔看来，劳动是历史地实现人性过程的基础，是一种本真性的表现形式。存在主义以"去蔽"的劳动达至本真的存在，其当下性首先表现为与人类存在相异化的劳动，而黑格尔和马克思试图通过劳动实现人与自然的"和解"，不过是将劳动作为一种基础、低级的方式。① 马克思所理解的现实世界的本质在于"生产自身及

---

① 参见［美］理查德·沃林：《海德格尔的弟子：阿伦特、勒维特、约纳斯和马尔库塞》，张国清、王大林译，江苏教育出版社2005年版，第213、217页。海德格尔的局限性在于仅停留在人与自然的关系上理解马克思的生产劳动问题，并没有将劳动置于不同社会关系之中把握其本质，这也使得他未能抓住黑格尔与马克思在现实性上的根本界限。

其生活资料的人身上"①，以生产劳动获得人的本质并由此展开对世界历史的解释，其理论基础根源于黑格尔哲学，劳动生产过程实质上被表征为一种思想的活动过程。

　　海德格尔认为，马克思基于哲学境遇与现代性问题之上而提出的"改变世界"的观点囿于传统理论与实践之间的狭隘关系，最终将导致解释世界与改变世界的二元对立；马克思改变世界的聚焦点在于对生产关系的改变，并将改变世界的方法指导诉诸生产的理论，这种理论将生产规定为人的自我生产，奠基于关于人的理论基础上并包含于黑格尔哲学之中。他指出，马克思对黑格尔观念论的颠倒所达到的存在对意识的优先地位，不过是以生产取代绝对精神的宰制。马克思从黑格尔那里借用了将生命阐释为过程的观点来释义生产过程，使他在跳出意识内在性的框架之时，又在存在问题上瞬间撤回人的内在性之中，由此重新确立了人的优先地位从而返回到黑格尔的意义范畴。海德格尔认为，马克思视域中的人类社会的存在和生产生活资料的劳动只是劳动本身的异化（即黑格尔式的劳动对象化），其生产过程是思想在现实世界的外化过程，本质上属于"反思性生产"。

　　海德格尔以隐喻的方式指出，马克思所谓的"反思性生产"无异于辩证法的劳动过程，其生产过程与黑格尔精神生命体验过程的辩证法具有一致性。黑格尔的

_____

① ［德］马丁·海德格尔：《同一与差异》，孙周兴、陈小文、余明锋译，商务印书馆 2011 年版，第 134 页。

《精神现象学》基于存在与思维同一的理论前提，把主体的精神视为统摄一切的力量，通过对象化劳动的长期塑造行为使得精神获得了主体性自我生产的作用与地位。"辩证法是绝对主体之主体性的生产过程"①，作为主体性最深层的运动是绝对者的现实性整体发挥作用的过程，这种精神本身的生产过程始终在对立面的统一中通过反思规定主体与客体之间的相互联系。思辨的辩证法是绝对精神对一切在场的统摄及精神自身生产的过程，它作为绝对精神自我否定与自我发展的逻辑体系，既反映了纯粹的思维规定，又揭示了现实世界的基本特征——"真实存在者乃是以精神为其现实性的现实事物。而精神之本质则基于自我意识中"②。人只有通过"反思性生产"才能真正展现自身、认识自我，在这个意义上，辩证法的劳动过程同时也是精神生命的体验过程，一切历史不过是精神生产的历史。通过对黑格尔辩证法的阐释，海德格尔进一步剖析了马克思关于劳动的生产过程。在他看来，马克思对黑格尔劳动概念的改造并没有成功，无论是人的自身生产还是社会的自身生产，从根本上说仍然是"被经验为主体性的

---

① ［德］马丁·海德格尔：《路标》，孙周兴译，商务印书馆2000年版，第506页。

② ［德］马丁·海德格尔：《林中路》，孙周兴译，上海译文出版社2004年版，第133页。

人对现实事物的对象化的过程"①，唯物主义的形而上学特质呈现出来。他认为，马克思从黑格尔出发以人的异化来把握事物，将生产过程直接等同于生产劳动的异化过程，生产主体以还原的方式回到理性范畴。人通过自身对自身的生产过程被作为优先于意识的存在，这仅仅意味着马克思在生产过程中将存在归属到人的主体性上，试图以此来克服黑格尔以抽象自我意识对劳动的前提预设，终究难以跨越黑格尔哲学范畴的藩篱。

海德格尔从存在论维度把握马克思哲学与黑格尔哲学的内在关联，这一方式使其分析前提具有一定的合理性。然而，由于没有看到两种哲学在存在论上的异质性，海德格尔不仅返回到黑格尔辩证法的劳动过程中寻找马克思生产劳动过程的注脚，且拘泥于哲学层面考察马克思的生产劳动，忽视了劳动的经济学内涵，而无法从根本上抓住马克思现实的人的能动生产过程，以及马克思存在论思想对黑格尔抽象辩证运动的批判和超越。

在劳动过程的问题域中审视马克思对黑格尔辩证法的批判性继承，有助于厘清马克思哲学与黑格尔形而上学的界限、马克思劳动过程的能动实践性区别于思想活动抽象思辨性的实质。无论是《精神现象学》中主奴辩证法所展现的主体与客体的运动过程，还是《法哲学原理》中通过自由意志现实化所揭示的人自我生成的劳动过程，黑

---

① ［德］马丁·海德格尔：《路标》，孙周兴译，商务印书馆2000 年版，第401 页。

格尔以否定性的辩证运动体现了辩证法与人类历史之间的内在关联。在充分肯定黑格尔辩证法对开启人类现实历史活动所具有的积极意义的同时，马克思严厉批判其否定性辩证法的抽象思辨性，指出作为其推动原则和创造原则的否定性运动是思维运动的过程，劳动本质上被视为人的精神的活动。一方面，黑格尔辩证法的劳动过程本身就是一种扬弃运动，但以自我意识作为承载主体的扬弃运动必然致使其脱离现实世界而展现为精神世界的抽象运动；另一方面，马克思从历史辩证法的角度理解黑格尔的辩证法，[①] 将其历史性原则彻底化为理性的历史性，即黑格尔"只是为历史的运动找到抽象的、逻辑的、思辨的表达，这种历史还不是作为既定的主体的人的现实历史，而只是人的产生的活动、人的形成的历史"[②]。当黑格尔以自我否定的抽象形式揭示人的活动及其形成的历史时，现代性关于市民社会、国家、政治权利、财产等一切内容同样被统摄于绝对精神之中，人被视作历史的客体而作为思想的结果存在，这使得现实的人在历史运动中的真实意义得不

---

① 科耶夫对黑格尔的解读在一定意义上印证了马克思从历史辩证法角度对黑格尔的判断。科耶夫尤其突出了黑格尔辩证法的历史视角，认为黑格尔哲学以存在论来展开其精神现象学，以辩证的思维揭示存在着的存在与存在着的实在事物，其最重要的内容是主客统一的历史辩证法。（参见［法］科耶夫：《黑格尔导读》，姜志辉译，译林出版社 2005 年版，第 37 – 38、533 – 535、631 – 633 页）

② 《马克思恩格斯文集》第 1 卷，人民出版社 2009 年版，第 201 页。

到确证。马克思指出，现实的人是扬弃活动的主体，作为人类历史发展的前提表征了历史发展的主体与客体的统一，应当将抽象思辨的辩证法复归于现实的生活世界，从社会生活中去把握思维的过程，以生产实践过程的感性活动取代思维活动过程纯粹抽象的自我否定。

与历史概念的抽象性致使辩证法所反映的哲学革命只是思想范畴的自我运动不同，马克思将思辨的哲学问题转化为现实的政治问题，极力要求通过改变世界的革命实践来直面现实、解决现代性问题。马克思以物质生产劳动为基点，回到人们实际生活过程的社会现实之中把握劳动过程对人类历史发展所具有的生成性与实践性相统一的特质。其一，"生产自身及其生活资料的人"具有生成性。物质资料的生产活动不仅在本质上区分了人与动物的活动，而且作为人的存在方式造就了人本身，对象性活动成了人的本原活动，作为劳动主体的人本身表征出生成性的特征。同时，物质生活资料的生产本身就是人的劳动过程，其由物质生产条件决定并体现了人的一定的活动方式，促使人与人之间交往关系的生成。在这个意义上，马克思将世界历史称为自然界对人来说的生成过程，生产性在其中体现了人的生命本性。尽管马克思的劳动过程受到黑格尔生命过程论的影响，其却从一开始就褪去了海德格尔所指责的抽象面纱。其二，劳动过程的实践性特征构成人的活动的本质，体现劳动过程中人的社会属性。马克思以从事实际活动的人为出发点，指出进行物质生产和物质交往的人们通过分工与交换的外化表现来实现其活动与本质力量，由此决定其自身的意识，正如马克思所说，"不是意识决定生活，而是生活决定意识"①。在一定条件下敞开的发展过程中的现实的人，其现实生活正是描述人的实践活动与实际发展的过程，无论生产资料的生产还是物质生活的生产本身都表征着生产的实践性特征。

马克思立足于社会经济现实，借助从抽象上升到具体的研究方法分析现实的具体劳动，将劳动过程规定为"人的活动借助劳动资料使劳动对象发生预定的变化"②，是物质被人赋予形式以满足人的需要并使人在活动中实现自身的过程。马克思在《1857—1858年经济学手稿》中指出，作为现代经济学的起点，"'劳动'、'劳动一般'、直截了当的劳动这个范畴的抽象"③是撇开劳动自身的特殊性而适用于一切社会形式生产关系最简单的抽象。如果仅从"劳动一般"把握劳动过程，现代社会下的劳动过程不过是合乎诸多目的简单地对物质进行赋形加工而已，具体表现为使用价值的一般生产过程。英国学者塞耶斯正是依据主客体之间的相互关系及其中介水平的发展将马克思的劳动形式分为直接占有、农业、手工业和工业以及普

---

① 《马克思恩格斯文集》第1卷，人民出版社2009年版，第525页。

② 《马克思恩格斯文集》第5卷，人民出版社2009年版，第211页。

③ 《马克思恩格斯文集》第8卷，人民出版社2009年版，第29页。

遍劳动四种类型，他从劳动作为赋形活动的创造使用价值的角度抓住了黑格尔与马克思劳动观的承继关系。^①但是，要全面把握人类历史中的劳动不仅要看到抽象的劳动，而且要从"劳动一般"回到"劳动具体"，将劳动及其过程置于特定的历史条件和社会形式之下予以具体考察，揭示不同的生产关系规定下的劳动性质及其过程所具有的特殊性。马克思在分析资本主义生产方式的过程中，突出强调劳动过程在创造使用价值的同时也实现了价值增殖，追求价值增殖使得资本与劳动对立起来，资本主义社会形式的剥削性质被嵌入劳动过程，劳动者在劳动过程中的地位和作用彻底发生改变，成为实现价值增殖的工具。黑格尔在现代分工中从"需要的体系"出发对劳动过程的把握实则上也只停留于对"劳动一般"的抽象理解，劳动过程的特殊性与劳动的现实意义被自行消解而使其劳动观陷入形而上学之中。

　　在黑格尔语境中考察马克思的劳动概念对于从源头上厘清马克思与黑格尔劳动观的内在关联和承继关系固然具有重要意义，但这并不意味着可将两者肆意等同。海德格尔批评马克思的劳动过程退回到黑格尔抽象辩证运动的思想活动过程，关键在于他未能从存在论的角度区分黑格尔和马克思对"历史现实"的理解。马克思的生产劳动以

---

　　① 参见［英］肖恩·塞耶斯：《现代工业社会的劳动——围绕马克思劳动概念的考察》，周嘉昕译，《南京大学学报》（哲学·人文科学·社会科学）2007 年第 1 期。

生成性统一了人与自然的活动过程，体现了对象性关系中的自然属性，表征着生产力的变化发展；以实践性展现了人有意识的活动的社会属性，构建现实社会中人与人的生产关系，在经济现实中以"劳动具体"揭示了不同生产关系下劳动及其过程的特殊性。马克思生产劳动的生成性与实践性特质内在贯穿于现实的人的生产和社会的生产活动过程之中，从根源上突破了意识内在性的限制，与形而上学的抽象范畴划清了界限。与海德格尔指认的黑格尔意义上作为存在的生产过程不同，马克思所强调的生产劳动过程是自然界的运动与人的劳动共同生成人类历史的过程，也是生产方式的辩证运动过程。

三、劳动的价值：生产强制性毁灭还是自由解放？

在历史发展视域中探讨劳动之于人类生存与发展的作用、影响和意义，是衡量劳动价值的基本标尺。海德格尔看到人的生产劳动对现实的规定意义，认为马克思基于生产理论以"社会之社会性生产（社会生产其自身）与人作为社会存在物的自身生产"① 实现对现实世界的统治，难以克服生产强制的漩涡从而必将导致人从对象性时代进入可订造时代，成为被抽象化了的"生产—消费的人"，而劳动价值指向生产主义的天命最终使人陷入无法规避的自我毁灭的危险。然而，海德格尔没有关注到，马克思的

---

① Martin Heidegger, *Four Seminars*, Andrew Mitchell and François Raffoul（trans.）, Indiana University Press, 2003, p. 73.

物质生产作为人类历史的第一个活动使得人成为人本身，资本主义生产方式之下所展现的异化劳动对人的控制正是马克思批判资本逻辑的矛头指向，劳动的根本价值在于对异化的扬弃即通过革命实践真正实现人的自由与解放。

海德格尔在哲学存在论层面上充分肯定了马克思在历史性维度上对异化劳动问题的把握，认为这恰恰反映了马克思返回人的主体性之中展开劳动的现实意义，却又批判这种把握仍局限于形而上学的范畴之中。他认为，"马克思在某种根本的而且重要的意义上从黑格尔出发当作人的异化来认识的东西，与其根源一起又复归为现代人的无家可归状态了"①。在马克思的历史唯物主义视域中，异化的现实状况是人离弃存在而停留于存在者的状态，即现实的人陷入被遗忘的状态，海德格尔将其根源归咎于形而上学的抽象规定。形而上学的规定使得一切存在者以劳动材料的形式展现出来，生产劳动不过是被经验为主体性的人退回到促逼式的订造之中所展开的活动过程，其与座架控制下的运动逻辑本质一致。一旦世界以进步强制的方式构建起统治一切秩序的支架，进步强制便作为生产的内在动力引起生产强制的必然发生，随之导致需求强制、消费强制等"诸强制"的联动反应，新旧更替的动态系统使一切事物表现为不断被"更新者"所取代的无止境反复运动。强制运动必然彻底割裂当前现实与传统形而上学之间

① ［德］马丁·海德格尔：《路标》，孙周兴译，商务印书馆2000年版，第400页。

的一切可能关系，致使形而上学所遮蔽的历史走向极致的状况，最终陷入存在之天命的消极形态。人的生存尺度被限定在诸多强制性的规定框架之中，一切进步给人们所带来的看似繁荣与美好的现象却是人不自知的被奴役、被宰制的现状。海德格尔指出，马克思的生产劳动于人而言是在生产强制的控制下从创造自身走向毁灭自身的过程，与技术之于现时代的人的意义殊途同归。

海德格尔与马克思都力图通过对现代性的深度洞察来探明现代人的生存困境。当海德格尔透视马克思哲学追溯现代性问题根源之时，尽管他看到了人自身生产的劳动以技术、工业和经济等形式展开一切的现实性和合理性，但以主体性形而上学的指认将马克思的生产概念规约在抽象范畴之中，劳动的价值则伴随生产强制的发生逻辑泯灭于毁灭人的危险之中。只有回到马克思哲学与政治经济学的视域中审视劳动的价值并阐明劳动与自然、社会和人本身的关联及其意义，揭示劳动使人作为自由自觉的主体实现的自我创造与自我发展，才能打破形而上学的幻影，彰显马克思劳动的价值在于实现自由与解放的根本指向。

从哲学存在论的视角来看，作为人的对象性活动的劳动是人的活动源泉和基本方式，其价值首先在于为人类自身存在与发展提供现实性基础，确证人的生存和发展的合理性。第一，劳动在改造自然的同时改造了人本身，既生成了创造物质财富的生产力，又在人与自然之间物质变换的交互性中构建了人与人的生产关系，人的活动深嵌于生产力与生产关系的辩证运动中，助推人自身的发展以及人类社会的进步。马克思在《资本论》中把劳动所具有的双重意义概括为："劳动首先是人和自然之间的过程，是人以自身的活动来中介、调整和控制人和自然之间的物质变换的过程。人自身作为一种自然力与自然物质相对立。为了在对自身生活有用的形式上占有自然物质，人就使他身上的自然力——臂和腿、头和手运动起来。当他通过这种运动作用于他身外的自然并改变自然时，也就同时改变他自身的自然。"① 马克思既在确证自然始源性的基础上把握人的自然属性前提，阐明人的创造性劳动对其生命获得自身本质的意义，又在自然与社会的双重关系中揭示人的交往关系及其发展的限度。正如他所说，"一定的生产方式或一定的工业阶段始终是与一定的共同活动方式或一定的社会阶段联系着的，而这种共同活动方式本身就是'生产力'"②。作为实现人的目的和本质力量的劳动生产促进了人的能力不断提升与发展，也进一步激发了人的潜能，在根本上决定人的发展程度与社会的发展状况。第二，劳动生产为人的自由而全面发展提供了物质基础和现实条件。马克思在《德意志意识形态》中指出，生产力的发展将打破地域性的局限而使人成为世界历史性的存在，促进交往的力量发展成为普遍的力量，从而使得共产

---

① 《马克思恩格斯文集》第 5 卷，人民出版社 2009 年版，第 207－208 页。

② 《马克思恩格斯文集》第 1 卷，人民出版社 2009 年版，第 532－533 页。

主义的实现成为可能。这深刻揭示了劳动生产为人类追求自由与解放的道路创造的必不可少的客观条件，即现实的物质基础。即便随着分工的发展与社会生产劳动的变化，人的活动在不断扩大的同时遭受异己力量的控制和支配的境况下，仍然无法泯灭生产劳动推动生产力发展之于人的自由与发展的意义，即为人的自由而全面发展提供物质基础的前提保障，以及为人摆脱束缚与限制成为世界历史性的自由的人创造时空上的条件和可能。从人类历史的发展而言，唯有认清生活本身直接的生产方式才能真正把握不同时期的历史，因为历史的诞生地是物质生产，正是物质生产所积累沉淀的科学与工业文明推动着人类历史的前进。在这个意义上，恩格斯指出，"在劳动发展史中找到了理解全部社会史的锁钥"[1]。

从政治经济学的批判视角来看，资本主义制度及其生产方式之下的劳动本质上是雇佣劳动，劳动的价值体现为通过对资本逻辑的超越来实现人自身应有本质的复归。历史唯物主义不仅仅是阐明一般物质生产出发的哲学内涵，而且在于其面对资本主义社会物质生产所展现的资本逻辑的哲学批判。[2] 在《1844年经济学哲学手稿》中，马克思通过阐述资本主义社会生产中异化劳动对人的奴役和摧残

---

[1] 《马克思恩格斯文集》第4卷，人民出版社2009年版，第313页。

[2] 参见仰海峰：《〈资本论〉的哲学》，北京师范大学出版社2017年版，第62页。

境况，揭示本应具有自由创造性的劳动却在资本主义私有制下以雇佣关系的方式呈现出非人的甚至否定人的剥削性质，进而展开对私有财产的批判。在《资本论》中，马克思从哲学层面的批判转入政治经济学维度的批判，并进一步深入资本主义社会关系的规定性中，全面系统地论述劳动与资本以生产要素的"合理"存在形式实则掩盖了其本质上的对立，透过对劳动二重性的剖析和劳动力商品对劳动主体自由自我悖逆的阐释，揭露资本主义雇佣劳动制度在虚假的劳资权力规定中深藏着资本家与雇佣劳动者之间压迫与剥削的真相。生产逻辑在资本主义社会物质生产中转化为资本主义生产方式之下的资本逻辑，"资本是社会劳动的存在，是劳动既作为主体又作为客体的结合"①，其所暴露出的扩张性和支配性的本性迫使人的对象性活动表现为被异化的事实，助推生产力发展的社会分工成为人被异化的现实根源。生产力发展为人的自由与解放所创造的时空条件，也成为资本逻辑控制下获取剩余价值的必要条件。资本主义基本矛盾对人的侵害同时也蕴藏着破解资本控制实现解放诉求的主体力量。劳动的价值既显现为资本主义生产方式对人的依附关系的超越而带来的形式自由，更指向对资本剥削本性的价值超越，即彻底摆脱劳动过程中人格依附性与个性模式化等生存状态，使得劳动不是出于生存的逼迫或社会关系的强制，也不被劳动

---

① 《马克思恩格斯文集》第 8 卷，人民出版社 2009 年版，第 121 页。

产品所统治或被占有产品的人所统治，而是以人自己占有和享受自身的全面本质为出发点和归宿点，[①] 使人在真正意义上实现自由而全面发展。

在资本逻辑统摄下的资本主义社会之中，既要看到劳动的雇佣本质及其对人的异化所招致的后果，又不能泯灭其促使人的本质力量获得前所未有之突破的事实，以及其为生产力的发展和人类文明所创造的巨大贡献。劳动的根本价值在于超越资本主义的局限而指向人的真正解放，尤其是在批判资本的强制中发掘其扬弃自我的解放路径，充分发挥劳动内在潜藏着的超越自身力量的积极因素。海德格尔对进步强制的批判无疑是深刻的，尤其体现在他从主体性视角精准捕捉到现代性命脉及由生产强制所导致的现代社会中人的生存所处的严峻危机。但问题在于，海德格尔由马克思的生产理论中所指认的人自身的生产必将导致现时代人的自我毁灭，正是马克思所批判的资本主义私有制及资本逻辑宰制的现实本身，进步强制实则为资本逻辑的表征。他混淆了马克思生产理论中一般的生产逻辑与马克思所批判的具体的资本逻辑两者之间的区别，仅仅从主体性视角展开批判致使其将生产劳动的价值贬斥为毁灭人自身。只有在具体的社会关系中审视生产劳动，才能透过资本主义生产方式揭开资本逻辑在现代社会作为进步强制的秘密及其宰制下劳动与自身对人本质力量的应有之义相

---

① 参见刘同舫：《马克思人类解放思想史》，人民出版社 2019 年版，第 154 页。

悖逆的原象，澄明马克思劳动价值的根本指向。

　　海德格尔与马克思哲学的不期而遇却又失之交臂缘于其解释原则前提性上的缺失。当海德格尔以先验存在论视域审视马克思的劳动问题时，马克思劳动观的经验性维度便被其限定于表象状态，借助形而上学范畴定位马克思哲学的举措必然使得马克思的感性实践活动被视为抽象的思想活动。他未能把握马克思立足历史现实所展开的哲学变革的存在论意义，无法洞察到从劳动到异化劳动的转变过程展现了马克思对黑格尔精神现象学的扬弃，也无法领会到劳动在本真意义上深嵌于解放取向的内蕴。唯有回到马克思哲学存在论语境来审视社会历史现实中的劳动本质及其价值，才能深刻把握马克思在人之自由而全面发展的意义上揭示的资本逻辑中劳动与自由的辩证法；唯有在历史唯物主义方法论的指导下，才能通过现实的革命实践找到破解生产强制、扬弃异化状态的解放之路。

附录二　海德格尔面向思的教育及其理论困境①

　　德国著名的存在主义哲学大师马丁·海德格尔（Martin Heidegger，1889—1976）在批判传统形而上学基础上，对现代性生存境遇下人的存在及其本真意义的哲学追问与反思的存在哲学，在学界产生了巨大的影响。近年来，一些学者青睐海德格尔哲学并将之引入教育领域，从海德格尔的存在之思来反思现行教育的目标、手段、方式等具体问题，试图发掘教育的深层意义并竭力为改进和完善教育提出建设性意见，这种探究角度所反射出来的教育倾向无疑展现了其值得借鉴的价值。② 但是，停滞于以海德格尔纯粹存在哲学整体来反观教育现实的思维未必能够真正切近海德格尔本人对教育问题的真知灼见。深入海德格尔哲学中挖掘并抽离出其教育哲学思想，领会海德格尔在世界技术化背景下揭示的教育的现实遭遇与人的生存处境的内在关联及其思的救赎之道所显现出来的哲学智慧，并以批判的态度审视这种哲学智慧所给予我们的现实思考，应当引起学术界更多的关注与重视。阐述海德格尔面向思的教育思想，揭示在现实语境中的教育指导意义，审慎对待其

――――――――――

　　① 本文原载于《教育研究》2016 年第 12 期。

　　② 参见易然、易连云：《从"诗意居住"到"精神幸福"——海德格尔哲学的现代教育意义诠释》，《教育研究》2014 年第 11 期。

形而上学的理论困境，为我们不断拓展并深入研究教育合理化、科学化的可能路径提供新的思维视角，对进一步反思教育的本质与人性复归的内涵具有启发意义。

一、技术时代的教育：人性扭曲与教育被动化

在海德格尔看来，现代世界是一个始于自身所选定目标的主观性对与其相对立的客体进行操纵和支配的现代性时代。人类理性延伸的技术迅猛发展，在推动人类文明向前跨越的同时构成空虚主体的人无休止进行"索取"的利器，为主观性对客体力量的征服奠定基础。一个发展超越以往任何时期的技术文明时代反而在某种意义上变成了贫困的时代，现代人在技术化世界中真实的生活图景是："战争与和平融合成了一种经常性的骚动状态、真正的间距与亲合性退化成了一种平庸的可获得性、艺术作品和书籍的出版发行堕落成了流行商品的市场运作，而且大学也丧失了作为中心与思想场所的地位。"① 海德格尔认为，技术及其所构建的文化体系纵然在走出西方传统的可能性中展现了积极意义，但它以一种扩张性的态势吞噬现代社会，无不折射出令人忧虑的危机——将自我置身于一切存在者（客体）的尺度和中心的主体的人在现代性的历史境遇中遭遇贬黜的危险，一切均以商业买卖来衡量，教育也不例外。以培养人为至高使命的教育事业在技术化的冲

---

① ［美］大卫·库尔珀：《纯粹现代性批判——黑格尔、海德格尔及其以后》，臧佩洪译，商务印书馆2004年版，第190页。

击与受教育主体张扬个性要求的双重压力下同样无法逃脱被按需塑造的命运。人性扭曲与教育被动化成为技术时代的教育所面临的严峻问题。

澄明存在的本真意义是海德格尔存在哲学最核心的思想。海德格尔认为，西方传统哲学的形而上学宿命将存在置换为存在者导致存在被遗忘，人类被悬置于存在者中间，作为一种在场形式的存在者呈现出抽象性的本质，即便是基于传统本体论之上的近代主体性哲学将存在本身的意义等同于存在者某个部分或属性以确立主体存在方式的观点，也没有从根本上使主体的存在方式得以规定，反而导致二元论、怀疑论和相对主义。海德格尔从生存论的角度阐明了存在与存在者的关联性，在对人的存在问题的追问中，揭示了现代人的生存样式与现实境遇，还原了技术化世界中人性的真实样貌。在界分存在者与存在的发问中，海德格尔指出，"存在作为问之所问要求一种本己的展示方式，这种展示方式本质上有别于对存在者的揭示"[①]。此在——一种特定的存在者的存在样式，其作为"我们自己向来所是的存在者"，在它的存在中与存在本身发生交涉，实即为海德格尔所关注的现实生存的人，"对存在的领会本身就是此在的存在的规定"[②]。此在的人

---

① ［德］马丁·海德格尔：《存在与时间》，陈嘉映、王庆节译，生活·读书·新知三联书店 2006 年版，第 8 页。

② ［德］马丁·海德格尔：《存在与时间》，陈嘉映、王庆节译，生活·读书·新知三联书店 2006 年版，第 14 页。

不是孤立个体的存在，而是在世界之中存在，其现存存在对本质的优先地位和存在"向来我属"的根本性质表明，人并不只是一种现成的存在方式，人不仅在现实生存的一切行动中蕴含对存在的领会，而且人总是以其存在最本己的可能性来存在。"所谓人性指的是那使人别具一格的东西，人类的本己性。"① 人的本性被指向无预设前提、无固定本质的本己存在，人作为具有现实性、历史性和特殊性的存在者在无差别的生存活动（海德格尔称之为平均状态）中不断敞开自己、成为自己。因此，由存在所规定的人的不同存在状态显现出人与人之间的根本区别，人性的不确定性与人自由选择的能动性彰显出人类在不同历史境遇下的主体性与创造性。

在现代世界中，技术穿透政治、经济、文化等领域渗入人们的全部生活，促逼人、摆置人，使人以订造的方式将现实当作持存物予以解蔽，人因此被置身于另一种现实之中——"在此在（Dasein）的一切领域中，为技术设备和自动装置所迫，人的位置越来越狭窄"② 。人们获益于技术化所带来的进步与成就，但也不得不依赖技术对象，甚至被要求对技术做出精益求精的完善和改进。技术以一种计算性思维统摄人类的一切行为，利益驱动下的效率与最

---

① ［德］马丁·海德格尔：《同一与差异》，孙周兴、陈小文、余明锋译，商务印书馆 2011 年版，第 151 页。

② ［德］马丁·海德格尔：《海德格尔选集》，孙周兴选编，上海三联书店 1996 年版，第 1237 页。

优化选择成为人们孜孜以求的目的，以至于人沦为技术对象的奴隶却仍享受技术的蛊惑。在计算性的规划和创造下，"事物被转换成了商品，自然仅仅被当成为一个工具，而罪恶则将通过更多的计算来加以解决"①，人类不仅处于不断加剧的自身人性丧失的威胁中，否定和抛弃人的本己性——沉思的生命本性，技术对摆置权力的控制更是阻断了人返回本真人性的可能而成为人性最可怕的威胁，致使世界呈现出总体无思想状态，无家可归成了人类最后的归宿。

人作为在自我世界和外部世界生存交流中的特殊存在者，其生存活动不可避免地关涉到教育，而教育也因其以人的存在问题为基点而赋予自身存在的意义。海德格尔从现象学的视角透视教育，认为教育的过程是培养个体对一定领域中本质的因素做出相应的反应，使人具备对该领域的理解力与鉴别力。技术化世界为教育提供了任何时代无法比拟的优越环境与资源条件，以不同的方式推进了传统教育的改革。同时，它以技术霸权的姿态在潜移默化中侵袭教育的所有领域，扭曲了教育本质意义上的积极效应，使教育成为计算性思维的催化剂、刽子手。具有动态历史特性的教育在技术时代促使"人成为人"的使命面临自身难以克服的现实困境。

现代教育被牢固地嵌入技术对象之中，从主动育人转变成为被动化的授予，教育制度、教育目标、教育手段以

---

① ［美］大卫·库尔珀：《纯粹现代性批判——黑格尔、海德格尔及其以后》，臧佩洪译，商务印书馆 2004 年版，第 189 页。

及教育方式等无不囿于技术的内在要求，技术化肆意追求经济效益、满足社会需求的现实牢笼使得教育机构倾向于以受教育者的使用价值为标尺来展现教育的合理性与意义，导致教育机构的运行与教育自身的发展规律背道而驰。技术框架之下的教育制度与目标，并没有因为素质教育的推行而改变实际教育过程中对职业技能与实践训练的青睐，因为职业技能与实践训练更有利于受教育者在角逐效率和最优化选择的世界里最大限度地展现其使用价值。相比较而言，人文素养的品格教育由于在提升自我经济增长能力问题上的直接效益过于薄弱而得不到足够重视。当技术更加明确地铸造和操纵整个世界时，教育也便成为时代的牺牲品。无论不同教育层次对升学率、就业率的盲目追求，抑或大学学科被各种排名贴上"热门学科"与"冷门学科"的标签，恰恰赤裸裸地揭示了教育背后遭受经济效益与功利性需求干预的事实。令人遗憾的是，人文学科在这场博弈中显得尤其脆弱，正如海德格尔在《哲学的终结和思的任务》中批判指出的，"哲学之终结显现为一个科学技术世界以及相应于这个世界的社会秩序的可控制的设置的胜利"①，计算性思维的操作与模式特性获得了统治地位。技术的扩张与吞噬将哲学学科甚至其他人文学科推至被消解的境地，以计算性思维控制教育、取代一切思想方式的行径使得整个人类世界岌岌可危。

---

①　［德］马丁·海德格尔：《面向思的事情》，陈小文、孙周兴译，商务印书馆 1996 年版，第 72 页。

作为教育核心要素的人，在现代性中遭遇人性扭曲与丧失危险的真实状况同样体现在教育实施的整个过程之中。

一方面，在教育实施过程中人的自主性缺失。海德格尔批判传统教育在预设前提下对人的培养所造成的人的异化及人性的压抑，正是技术时代现实教育的映射。海德格尔认为，传统教育是一种教化（Bildung）的模式，即以一个资质成形的榜样范型为前提，并使其立足于一种对不变理性及其原则所具有的无穷力量的坚定信念之上。教育的过程就是"把一个榜样带到人的面前，人根据这个榜样来构成他的所作所为"①。无论在何种情境中，受教育者都必须与所确定的范型保持一致。这种教育模式之下的人犹如生产流水线上的模型，被标准化、齐一化地生产出来，其自由选择的个性被彻底泯灭于对榜样模仿的作为之中，被异化成缺乏自主意识的被动接受者。尽管技术发展带来的经济繁荣与文化多元为个性的张扬提供了更为广阔的空间，但从根本上说，技术时代的教育与传统教育本质上具有一致性，一种适应于技术时代发展需求的标准化教育范型以隐性的方式贯穿于人类行为的选择中并发挥作用，教育目标的制定和教育过程的设置也难以遵循人的本己性而受制于已确定了的要求，无止境索取的利己主义特性所表征的计算性思维进一步加剧了人性的丧失。

另一方面，在教育手段上人被对象化。人们将技术视

---

① ［德］马丁·海德格尔：《演讲与论文集》，孙周兴译，生活·读书·新知三联书店 2005 年版，第 65 页。

为某种中立的工具而加以操控的愿望却使得他们受制于工具的摆布，因为技术不仅是一种手段，而且是一种解蔽方式。教育技术的普遍化打破了传统讲授式教育的单一与枯燥，但其以自动化、多样化的形式在传授思想与师生互动中引人注目、激励学生所显现出来的重要地位，在不同程度上导致教师与学生对教育媒介的过度依赖，甚至喧宾夺主成为阻碍教师与学生之间思想交流的一道屏障，主体的人在教育中的地位被降格为教育技术的工具与手段。一种使人性回到自身的教育受制于膨胀的技术文明，教育者和受教育者仍然不能幸免地成为非理性的人、被异化了的对象。

尝试通过教育对话来改变教育技术的意义甚至本质的愿望也难以实现。因为问题在于，现代世界技术化所引致的此在之存在被遗忘危机在教育领域使得教育面临其所承担的手段角色被篡改为目的角色的问题，表现为教与学服务于教育的各种指标与要求，不论是教育主客体主观上急功近利的倾向还是现实教育本身的客观要求，这种情况即便在经济发达的国家也无法克服。教育的被动化和目的化，更将人推至一种终极的异化形式——人同其自我的异化，使人快乐地成为其所能胜任的自己，"在一个仅仅要求人胜任他自己特殊社会职能的社会里，人就会变得和这种职能等同起来；而他的存在的其余部分充其量任其自然——通常被弃置到意识表层下面而被忘却"[1]。

---

① ［美］威廉·巴雷特：《非理性的人》，段德智译，上海译文出版社 2012 年版，第 45 页。

二、返回与救赎：面向思的教育

海德格尔认为，人类作为被促逼者所进行的"订造活动本身堵塞了通向人类存在之本己因素的道路"①，抵抗摆置权力的支配作用要求我们不再完全投身于订造之中，而应该在摆置支配作用面前展开防御，以思的返回步伐来促使技术时代人类的本己性获得救赎。教化教育以范型为前提不断再生产我们对技术世界的反应，显然无法实现海德格尔抵抗摆置权力的本意，改变教育技术化的根本途径在于重新审视教育与技术之间的应有关系，以面向思的教育促使人返回人性。

海德格尔指出，人们总是行动过多而思想太少，现代世界已然是一个可思虑的时代，计算性的行动不断消解思想的努力，以至于最可思虑的时代显现为我们尚未思想，即我们尚未进入从其自身而来先于其他一切而且已得到可思虑之物的领域，因为有待思虑之物本身从人那里扭身而去。哲学终结之际要求人必须在思想方面接受教育，思的任务应是"放弃以往的思想，而去规定思的事情"②，只有以新的思想方式武装，人类才能抵制计算性思维的控制，挽救技术化世界中人性被扭曲降格的命运，改变技术

---

① ［德］马丁·海德格尔：《同一与差异》，孙周兴、陈小文、余明锋译，商务印书馆 2011 年版，第 152 页。

② ［德］马丁·海德格尔：《面向思的事情》，陈小文、孙周兴译，商务印书馆 1996 年版，第 89 页。

侵袭下总体无思想状态。面对时代的危机与思的任务，教育家和思想家责无旁贷。海德格尔指出，进入思想首先必须学习思想，"人学习，是使他的有为和无为与那个向来从本质上被允诺给他的东西适应起来"①。那种将获取知识视为"学习"的观点遭到海德格尔的批评，他认为教育并不是教师与学生之间简单的信息传递与情感交流，而是培养一种在任何情境中以适当的方式给予反应的能力，使人的作为与具体情境中的本质内容相符合。学习思想就是要求以这种方式对待可思虑之物。以范型为前提的教化教育模式表面上是以引导和授予的方式使人学会如何反应从而提高人处理问题的能力，但实际上是一种固定化、标准化的教育引导方式，它预设了任何情境中的本质内容，且无论其以何种方式展开都能够被不变的方法所掌握，这种教育方式恰好被计算性思维所利用：有待思的情境中思想被召唤去发现新的形式以作为预设的前提预测教育的行为，从而使教育服务于计算性所能达到的最优选择目的，在减轻了思想的负担的同时也消除了有待思虑之物。海德格尔指出，朝向值得追问者的返回之路是沉思，一种打破固定规则和预设教化理想的面向思的教育需要指引到路向上，因为唯有参与对意义的探讨的沉思才能回应时代之缺失。

---

①　［德］马丁·海德格尔：《演讲与论文集》，孙周兴译，生活·读书·新知三联书店 2005 年版，第 136 页。

"一切可思虑之物给予我们思想。"① 当有能力胜任所面临的问题或者能够对一个具体领域的事情做出恰当反应的时候，我们无须思想，因为问题或事情本身无须被思虑便能得以解决。我们学习思想，是将关注点聚焦于那些有待思虑之物，这些有待思虑之物以缺乏或缺失表征出不同的形式激发我们去思。然而，并非每一个缺失都值得追问，只有那些自发提供清晰动因和自由支点从而使其允诺给我们的东西能够被召唤到我们面前的才是值得追问的可思虑之物。海德格尔的返回步伐，正在朝向值得追问者的路上。

正如海德格尔所说，"思想就是那种离开存在者之敞开状态而去往在可敞开的存在者中保持遮蔽的敞开状态本身的运动"②。思想不是一种控制或支配世界的手段，而是对有待思虑的东西保持开放，从而去获取对它的规定，达到与缺失中的有待思虑之物相一致。在保持开放的思想中，可思虑的问题由于自身没有固定的答案而能够被人充分地理解。"人的别具一格之处就在于，作为思想动物，他向存在敞开，并且被摆置到后者面前，与存在相关联并

---

① ［德］马丁·海德格尔：《演讲与论文集》，孙周兴译，生活·读书·新知三联书店 2005 年版，第 137 页。

② ［德］马丁·海德格尔：《面向思的事情》，陈小文、孙周兴译，商务印书馆 1996 年版，第 36 页。

因此与存在相应合。"① 面向思的教育归根到底就是要引导学生去追问，培养学生一种思想的能力，教会学生如何对待有待思虑之物，即在任何情境中将问题或事情作为一种缺失而保持开放的状态。这个过程的关键在于如何使得学生在做出反应时始终坚持自身先于缺失，以免对缺失进行机械填充而错失思想。

海德格尔将缺失称为"神秘"，它具有既朝向我们却又隐匿自身的特征。他认为，在现实世界里，技术过程由一种意义所统治，这种意义既非人所发现也非人所创造，却要求人的有为与无为。技术世界的意义遮蔽其自身的同时，又以隐蔽的意义无所不在地存在于人们的生活中，触动人、控制人却又不被人们所知，人置身于一个朝我们走来又遮蔽自己的区域之中，即一种显现自己又隐匿自己的神秘。② 技术世界的隐蔽意义对教育的导向作用体现在促使教育机构将学生培养成符合世界技术化要求的人，一切高效运转并实现效益最大化是人活动的意义所在。海德格尔语境中的面向思的教育，就是要使人在现实境遇下，对技术世界中的隐蔽意义保持开放的态度，即培养"对于神秘的虚怀敞开"（die Offenheit für das Geheimnis）。虚怀

---

① ［德］马丁·海德格尔：《同一与差异》，孙周兴等译，商务印书馆 2011 年版，第 35 页。

② 参见［德］马丁·海德格尔：《海德格尔选集》，孙周兴、陈小文、余明锋译，生活·读书·新知上海三联书店 1996 年版，第 1240 页。

敞开意味着对神秘并非采取克服或消除的态度，而是一种保持，是要培养学生一种能够接受缺失的在场并对其保持开放的能力。因此，面向思的教育与教化教育的根本区别在于对在场缺失的不同态度：面向思的教育旨在引导学生的所有作为置于缺失之前，使其对可思虑的缺失保持开放；教化教育是以榜样范型为前提，指导学生去填补空缺从而完成对可思虑问题的处理与解决，这使得学生在受教育的过程并没有真正学会如何去思。

　　培养学生保持在神秘之中及对神秘虚怀敞开的面向思的教育最重要在于培养泰然任之（Gelassenheit）和沉思（Besinnung），我们可以将这两者视为做的方式或应具备的能力。泰然任之，也就是镇静、冷静，它表达了一种平和的态度与状态，即我们与技术世界的关系变得简单而安宁的方式。泰然任之强调参与性，以镇静的行动在参与过程中向事情保持开放。它包含两个层面的内涵，一方面，允许技术对象进入我们的日常生活，让我们自身参与到周围的事情之中，通过事情或对象相互关联和相互作用来吸引我们展开行动、做出反应；另一方面，我们要让技术对象抽离，使其"作为物而栖息于自身之中"，将自身从遭受技术世界操控中解脱出来。海德格尔以泰然任之的方式表达了对技术世界既说"是"也说"不"的态度：对生活中技术对象的必要利用加以肯定，同时拒斥其对人类的独断要求。泰然任之激发我们去思，以一种参与但不盲从的镇静态度对待技术世界隐蔽意义所呈现的在场的缺失，理解与利用它，而不是一味地企图克服或消除它。面向思的教育要求教师引导学生以镇静的态度让所面临的情境如其所是地展开，吸引学生置身于情境之中予以参与，使得情境中的事情或对象得以被学生理解与利用；同时避免情境受主客观的影响而被迫朝向某个方向发展，拒绝情境中事情或对象可能导致的对学生自身能力造成破坏或使得人性被压抑的控制行为。

　　与泰然任之相并列的另一问题是如何掌握沉思的能力。海德格尔指出，沉思是对于值得追问的东西的泰然任之，其本质是让人参与对意义的探讨，人们在沉思中从某个场所出发，必须贯穿于其当下所作所为的空间才得以开启其自身。① 沉思是一种进一步追问人们的活动为什么有意义的能力。如果仅仅停滞于对事情或对象的表象感知，则还没有进入沉思之境。然而，某一事情或对象的意义只有存在于一定的可能空间才能够被人们所领会，对一事情或对象的沉思（或者说领会某一事情或对象的意义）就是与其可能性空间协调一致（海德格尔称为"响应"）的过程，从而使得人们得以在这一事情中有所作为、任意逗留。沉思指向的事情的意义包含了符合事情自身或使事情成为其自身的可能性，不包括与自身不符合的其他可能性，因此，可能性显现出一种偶然特性。正是由于这种有待思虑的偶然的可能性，在面对事情时必须将泰然任之与沉思联系在一起。当人们沉思进入某一事情的意义，是让

---

　　① ［德］马丁·海德格尔：《演讲与论文集》，孙周兴译，生活·读书·新知三联书店 2005 年版，第 64 - 65 页。

事情吸引人们使它得以被人们理解和把握，它具有偶然特性的可能性也可能使得人们被困于事情本身所倾向的世界之中。例如，沉思多媒体技术的意义，让它进入教学的过程，它吸引我们将它运用到具体的教学之中，从而得到对它的肯定态度。多媒体技术本身倾向于其固有的技术理性的这种偶然可能性又容易使得我们在对其使用的过程中陷入被其控制的危险，因此，在这个层面上必须对其说"不"，拒斥它对我们的控制。

将泰然任之的镇静与探讨意义的沉思相结合的面向思的教育，强调受教者保持开放，引导他们如何在可待思虑的缺失面前保持自己：泰然任之侧重于在参与过程中免于外在的操控，沉思则强调追问和领会一切事物和活动意义的根基，以发现缺失的生活形式并对事情做出和谐一致的反应。这种思的教育实践促使人们以一种主动出击的方式抵御技术化世界中摆置之权力蔓延到教育领域的控制，是一种将教育的主动权归还到人自身的行动，在一定程度上缓解了最优化选择驱使下人性被奴役的状况。

三、思的教育意义及其形而上学困境

海德格尔面向思的教育是一种哲思倾向的教育方式，它通过透视技术的统摄霸权与人类的无意识状态来审视教育的现实遭遇，这种教育实践并非着力于寻求教育理论的支撑或者满足预设的教育理想，其深邃之处在于直面这个时代思想的匮乏，提出必须以一种深入在场存在者之存在的意义的思来武装人类自身，从而对抗技术世界各种方式的强力控

制。这种与计算性思维相对立的沉思之思（das besinnliche Nachdenken）为我们当前的教育带来了启发与裨益。

第一，唤醒沉思的思想，引导人们寻找人作为存在者之存在的意义。沉思"关键的是期备一个质朴无华的思想步骤。这种期备性的思想的要旨在于揭示那个运作空间，在此运作空间内，存在本身能够在人的本质方面把人重新纳入一种原初的关联之中"①。在技术化的教育中，期备性思想以任何可能的机会关注人与外部世界之间关系的变化，当人遭遇技术操控时准备一种新的关联以改变可能发生的后果。期备性思想及其实行本身是一种不同于研究或学究的教育，而是作为思想的教育保持在历史性沉思的领域之中。教育是人作为此在在世存在以一定的方式与世界发生关系的表现，唤醒人的沉思的教育，就是借助非连续性的历史教育将人引导到历史中其所在位置的一种具体意义感，② 使人确认其自身存在的存在，唤醒一种反抗世界强制意志的意识，只有沉思才能把我们带到通向历史性逗留之所的道路上。非连续性的历史教育与连续性的历史研究存在差异，它是以世界之间的断裂呈现的无基础性取代历史必然的可计算基础性，表明人逗留或栖居于历史

① ［德］马丁·海德格尔：《林中路》，孙周兴译，上海译文出版社 2004 年版，第 224 页。

② 参见［美］马克·莱索：《我们仍然需要面向思的教育——海德格尔论技术时代的教育》，蒋开君译，《教育学报》2011 年第 1 期。

的某一时间点有其自身的特殊性和可能性意义而不是一种预设性的前提。唤醒沉思的思想，意味着教师在引导学生向世界敞开使学生成为其自己的教育活动中，必须让学生意识到世界本身的偶然可能性所提供的不同的对象和活动，关注并尊重学生在教育环境所展现的不同意义世界中的独特性。教师认识学生接受教育的过程同时也是学生保持对自身存在的领会和对世界开放的交流的过程，人的本己性也在此过程中彰显了其历史的意义。教育的使命不应是以需求或效益为唯一目的而将学生培养成为统一、标准化的人才，而应帮助学生发现自我的特殊个性，真实地展开自我，引导学生走向其本真状态。类似于教化教育的任何无差别的教育方式、手段或评价无异于以物的观点对待学生，不仅破坏甚至泯灭学生的自主性和创造性，而且以一种减轻思的负担致使教师和学生在毫无察觉中坠入计算性思维的深层漩涡。

第二，强化人文素质教育，培养独特技艺以适应抵制技术世界的意义。在以商业买卖来衡量一切的计算性思维时代，盲目抵制技术世界的行为被视为是愚蠢的，因为人们不得不依赖技术才能获得最大的选择可能性。人由此陷入一种难以调和的自我矛盾之中：既希望技术代替人去学习从而使自己得以轻松快乐地享受技术所提供的消费世界，又对人自身日益被破坏、消解的辨别力和行动力显得无能为力。培养沉思的能力是对抗技术理性的统治、缓解这种自我矛盾的重要途径。海德格尔指出，"惟当我们喜欢那个本身有待思虑的东西时，我们才能够思想"①，拥有沉思能力需要保持对可待思虑之物的喜欢或兴趣，这种喜欢或兴趣不是在选择性世界中对有趣事物见异思迁的替换表现，而是使物或事情按其本质进入我们自身之中且能够达到协调一致的可能。只有当物或事情自身的本质能够被我们视为自身的本质的允诺并加以喜欢，我们才具有沉思的能力。提升人文素养、掌握独特技艺能力更能使人对物保持持久的兴趣，是我们获得沉思能力的有效方式。一方面，强化人文素质教育，是教师以熏陶、感化的形式引导学生在人文氛围或相关人文语境中感知世界的具体特性，使学生受到当前情境的物或事情的吸引，去领会其丰富性和独特性，并逐渐提高知觉能力、辨别能力和鉴赏能力的以及提升人文精神境界。正如海德格尔所强调的，大学教育需要对科学的追问精神和知识服务行动的品质，体现了教育中精神指引的重要性。人文素养的提升促使学生避免最优化选择的驱使而在面对选择性的具体实践中保持泰然任之的态度，对具体活动做出更为合理的、符合人性本质要求的判断和反应，从而消解技术世界的意义对人性的侵占。另一方面，根据不同学生自身的特点和优势，激发学生对某一领域的兴趣和潜能，引导其自主学习并掌握一种具体的技艺。当一种娴熟的技艺为人所掌握时，与其相应领域的技术特性也同样被人所掌握，这一技术控制人

① ［德］马丁·海德格尔：《演讲与论文集》，孙周兴译，生活·读书·新知三联书店 2005 年版，第 136 页。

的行为的可能意图则不攻自破，人能够沉思此技术的意义并泰然任之，能够自觉将呈现于眼前可选择的事物视为其所是并倾向于选择专注自己所倾心的技艺。

第三，重视参与性情境化教育，以泰然任之面向技术化教育。与传统讲授式的教育和教化模式的情境教育不同，参与性的情境化教育强调教师与学生以不同的角色参与其中，而不是一种简单机械的授予与被授予的关系。这里包含三个层面的内涵：一是情境化的教育实践。海德格尔在类比思与衣柜制作的过程时梳理了劳作中思与手的关系，他将思视为一项最简单而又最艰难的手工活，认为由缺失所激发的思的目的在于使我们领会某一具体的物。在具体劳作中，手所具有的本质是会言说、会思的本质，并在活动中体现在手的劳作上；思依赖于手的表达，而手的每一动作都根植于思。[①] 思与手的关系表明，思的本质和作用需要在具体情境中通过人的行为展现出来，一种在具体情境的教学实践行动中所领会的思，较之于讲授式或范型教化式的教育给予学生灌输式的接受和难以把控的想象，更易于切实有效地将学生引向思从而领会教学的内容。二是培养学生的学习能力。参与性的情境化教育是指教师与学生共同参与教育实践的具体过程，而学生能否在学习中达到对物或事情领会的目的，关键取决于能够教导学生如何行动的教师在场与否。值得注意的是，教师的在

---

① ［德］马丁·海德格尔：《海德格尔选集》，孙周兴选编，上海三联书店1996年版，第1218页。

场不是承担"知识—权力"摆置的工具，向学生传授他所掌握的知识或经验，相反，教师的有为体现在让人在情境中去学，即引导学生学会的能力。正是在这一点上，海德格尔认为教比学难，因为以身作则的教师被赋予更高的要求：向学生表明他们应学的东西比学生更多，其自身比学生更能受教。参与性的教育实践是一种学生在教师指导下自主化体验的学习过程，并在学习中收获对其所学的意义感。三是对物的泰然任之。教师指导学生在教育实践中保持开放的镇静态度，既要求创造一种轻松舒适的教学环境与学习氛围，引导学生以良好的状态融入互动实践中，运用必要的教学技术或手段去体验、去学习，又着重培养学生在领会中抽身于情境的意识和悬置对技术的惯性反应的能力，使教育技术的物显现出为我所用的意义，以此来拒斥以任何形式呈现的教学内容或技术媒介对学生可能造成的独断控制。在具体的教育实践中，泰然任之与沉思隐含对具体事情或技术对象秉持迟疑态度的内在要求，只有学生在学习中对不同的偶然世界所展现出来的丰富性既保持开放又秉怀迟疑，才能使学生在情境中克服盲目顺从的惯性反应。

海德格尔面向思的教育以独到方式对教育问题提出富有深意的质疑与反思，为在教育技术化下面临人性扭曲、精神失落的消极生活的人们开辟了可能的道路。面向思的教育给予我们的启示可归纳为方法论的指导意义，即以沉思之思的思想方法运用于指导教育领域的一切行为，将这种思的方法渗透到具体的教育实践中，以此来解除教育遭遇的技术化的危机。海德格尔以否定的态度批判现代技术对人类生存所带来的悲惨命运，其思的救赎方式无不体现了人文主义对抗理性主义的浓厚色彩。然而，由于海德格尔存在哲学在根源上的形而上学遭遇，其思的救赎之道同样难以避免理论上的困境与教育实践中的现实困难。对思的教育的理论困境与现实困难进行深度反思，旨在警醒我们以批判性的态度汲取思的教育智慧。

海德格尔在对传统形而上学遗忘存在的批判中竭力摆脱形而上学，却在对存在及其本真意义的哲学追问中陷入形而上学的泥潭。他所探究和言说的存在归根结底是一种难以把捉的神秘，所强调的此在的历史性是回到原初状态的当下的个人所领会的境界，悬置于现实之上的精神活动仍旧透露出形而上学的气息。奠基于海德格尔存在哲学之上的救渡之思——通过思存在让人得以诗意栖居从而回归精神家园、实现人的自由的愿景，在形而上学迷雾中无可避免地面临思想与具体现实相脱离的困境，这大大削弱了海德格尔对技术批判所展现的现实感召力。以沉思来寻求返回与救赎的可能，实际上是试图依靠事物与世界自身的本源性的自我显现来达至对技术问题的克服，人的任务仅仅是在认识领域中创造条件以不断地接近或领会事物与世界的本源状态。与其说这种沉思的拯救方式最终回归到意识的范畴，毋宁说海德格尔是在精神世界中展开价值的追求。从某种意义上看，一种以意识为合法性根基的思终究由于没有真正踏入实践的具体领域而缺乏彻底的实践性，将其作为方法论指导现实世界的一切行动显然难以达到预想的理想效力。同时，面对物欲横流的技术世界，如何使人们摆脱欲求的驱使欣然接受海德格尔的呼唤，踏上抵制技术世界意义的沉思道路并承受返回步伐中的孤寂和失落，是救渡之思付诸实践所面临的又一困难。

　　源于海德格尔存在哲学的面向思的教育是将完善教育机制与运行方式的可能寄希望于以沉思为内核的教育中，其同样面临形而上学的困境和现实的困难。作为一种哲学教育，面向思的教育并非旨在教导学生如何从实际出发去顺从情境中的具体需要，相反，它强调由情境中的缺失激发学生去思，要求学生避免对榜样范型的模仿，克服技术化教育中的物或事情对学生的强制作用，使学生在学习过程中表现出与情境使然不和谐的特征。这种哲思方式的教育要求放弃以往的思想去学习思，必将使得教育在计算性思维主宰的技术世界中面临两个问题：一是师者在教育过程中被赋予了至高的要求和期待，思的教育由于只能依赖教师与学生的自觉沉思意识和觉悟以及领会世界的能力而易于呈现不确定的状态；二是在具体实践中导致学生整体效率的降低以及其在技术经济中的贬值而使教育在短期内对现实的实用性有所下降。尽管面向思的教育与时代主流显得步调不太一致，但也正是这种教育方式力图破坏技术所统治的世界风格，使教育回归主动意义、人恢复本己性的旨趣与价值所在。

　　理论上的欠缺和实践上的困难并不能泯灭面向思的教育所带给我们的启思价值。"教育（如果真正是教育的话）必须有养成态度的一种倾向。"① 面向思的教育俨然不只是一种具体的教育手段，它作为一种必要准备和现实补充，为我们面向世界的应有态度指明了方向。与其说面向思的教育的深刻价值在于以独特的沉思内涵为教育的实施提供了如何做的具体方案，不如说它以独到的思想视角和思维方式对我们提出一种警醒：要敢于、善于打破被固化的思维惯性来沉思现代性中被遮蔽的人的自由，要超越技术世界的凌驾与控制来沉思人类何以回归真正意义上的人的存在。当然，我们也必须审慎地对待思的哲学教育，既吸收其有益的价值养分注入教育的实践，又必须在如何促使思的教育与当代教育实践内在要求更契合、更适恰的问题上不断深入探究。

---

① ［美］约翰·杜威：《人的问题》，傅统先、邱椿译，上海人民出版社 2006 年版，第 42 页。

参考文献

一、马克思主义经典著作

［1］马克思恩格斯文集：1—10 卷［M］．中共中央马克思恩格斯列宁斯大林著作编译局，编译．北京：人民出版社，2009.

［2］马克思恩格斯全集：第 1 卷［M］．中共中央马克思恩格斯列宁斯大林著作编译局，编译．北京：人民出版社，2002.

［3］马克思恩格斯全集：第 2 卷［M］．中共中央马克思恩格斯列宁斯大林著作编译局，编译．北京：人民出版社，2005.

［4］马克思恩格斯全集：第 3 卷［M］．中共中央马克思恩格斯列宁斯大林著作编译局，编译．北京：人民出版社，2002.

［5］马克思恩格斯全集：第 3 卷［M］．中共中央马克思恩格斯列宁斯大林著作编译局，译．北京：人民出版社，1960.

［6］马克思恩格斯全集：第 30 卷［M］．中共中央马克思恩格斯列宁斯大林著作编译局，编译．人民出版

社，1995.

［7］马克思恩格斯全集：第 42 卷［M］.中共中央马克思恩格斯列宁斯大林著作编译局，译.北京：人民出版社，1979.

［8］马克思恩格斯《资本论》书信集［M］.中共中央马克思恩格斯列宁斯大林著作编译局，译.北京：人民出版社，1976.

二、海德格尔著作

［1］海德格尔，海德格尔选集［M］.孙周兴，选编.上海：上海三联书店，1996.

［2］海德格尔，形而上学导论［M］.熊伟，王庆节，译.北京：商务印书馆，1996.

［3］海德格尔.林中路［M］.孙周兴，译.上海：上海译文出版社，2008.

［4］海德格尔.面向思的事情［M］.陈小文，孙周兴，译.北京：商务印书馆，1996.

［5］海德格尔.路标［M］.孙周兴，译.北京：商务印书馆，2000.

［6］海德格尔.现象学之基本问题［M］.丁耘，译.北京：商务印书馆，2018.

［7］海德格尔.存在与时间［M］.陈嘉映，王庆节，译.北京：生活·读书·新知三联书店，2006.

［8］海德格尔.在通向语言的途中［M］.孙周兴，译.北京：商务印书馆，2004.

［9］海德格尔. 演讲与论文集［M］. 孙周兴，译. 北京：生活·读书·新知三联书店，2005.

［10］海德格尔. 思的经验（1910—1976）［M］. 陈春文，译. 北京：人民出版社，2008.

［11］海德格尔. 形式显现的现象学：海德格尔早期弗莱堡文选［M］. 孙周兴，编译. 上海：同济大学出版社，2004.

［12］海德格尔. 人，诗意地安居［M］. 郜元宝，译. 上海：上海远东出版社，2004.

［13］海德格尔. 存在论：实际性的解释学［M］. 何卫平，译. 北京：人民出版社，2009.

［14］海德格尔. 同一与差异［M］. 孙周兴，陈小文，余明锋，译. 北京：商务印书馆，2011.

［15］海德格尔. 物的追问：康德关于先验原理的学说［M］. 赵卫国，译. 上海：上海译文出版社，2016.

［16］海德格尔. 哲学论稿：从本有而来［M］. 孙周兴，译. 北京：商务印书馆，2012.

［17］海德格尔. 尼采［M］. 孙周兴，译. 北京：商务印书馆，2010.

［18］海德格尔. 德国观念论与当前哲学的困境［M］. 庄振华，李华，译. 西安：西北大学出版社，2016.

［19］海德格尔. 康德与形而上学疑难［M］. 王庆节，译. 北京：商务印书馆，2018.

三、其他著作

［1］鲍克伟. 从此在到世界：海德格尔思想研究［M］.
北京：中国社会科学出版社，2010.

［2］陈嘉映. 海德格尔哲学概论［M］. 北京：生活·读
书·新知三联书店，2005.

［3］陈荣华. 海德格存有与时间阐释［M］. 台北：台大
出版中心，2006.

［4］陈先达. 走向历史的深处：马克思历史观研究
［M］. 北京：中国人民大学出版社，2010.

［5］丰子义. 走向现实的社会历史哲学：马克思社会历
史理论的当代价值［M］. 武汉：武汉大学出版社，
2001.

［6］韩立新.《巴黎手稿》研究［M］. 北京：北京师范
大学出版社，2014.

［7］郝敬之. 整体马克思［M］. 北京：东方出版社，
2002.

［8］何中华. 哲学：走向本体澄明之境［M］. 济南：山
东人民出版社，2002.

［9］何中华. 重读马克思：一种哲学观的当代诠释
［M］. 济南：山东人民出版社，2009.

［10］贺来. 边界意识与人的解放［M］. 上海：上海人
民出版社，2007.

［11］贺来. 辩证法的生存论基础：马克思辩证法的当代
阐释［M］. 北京：中国人民大学出版社，2004.

［12］靳希平. 海德格尔早期思想研究［M］. 上海：上海人民出版社，1995.

［13］李章印. 解构—指引：海德格尔现象学及其神学意蕴［M］. 济南：山东大学出版社，2009.

［14］刘敬鲁. 海德格尔人学思想研究［M］. 北京：中国人民大学出版社，2012.

［15］刘同舫. 马克思人类解放发展史［M］. 北京：人民出版社，2019.

［16］刘小枫. 海德格尔与有限性思想［M］. 北京：华夏出版社，2007.

［17］刘小枫. 诗化哲学［M］. 上海：华东师范大学出版社，2006.

［18］倪梁康. 现象学及其效应：胡塞尔与当代德国哲学［M］. 北京：生活·读书·新知三联书店，2005.

［19］宋祖良. 拯救地球和人类未来：海德格尔的后期思想［M］. 北京：中国社会科学出版社，1993.

［20］孙正聿. 理论思维的前提批判：论辩证法的批判本性［M］. 北京：中国人民大学出版社，2010.

［21］孙正聿. 马克思辩证法理论的当代反思［M］. 北京：人民出版社，2002.

［22］孙正聿. 马克思主义辩证法研究［M］. 北京：北京师范大学出版社，2012.

［23］孙正聿. 哲学观研究［M］. 长春：吉林人民出版社，2007.

［24］孙周兴. 语言存在论：海德格尔后期思想研究

［M］．北京：商务印书馆，2011.

［25］王庆丰.《资本论》的再现［M］．北京：中央编译
出版社，2015.

［26］王庆节.解释学、海德格尔与儒道今释［M］．北
京：中国人民大学出版社，2004.

［27］吴晓明.思入时代的深处：马克思哲学与当代世界
［M］．北京：北京师范大学出版社，2006.

［28］仰海峰.形而上学批判：马克思哲学的理论前提及
当代效应［M］．南京：江苏人民出版社，2006.

［29］仰海峰：《资本论》的哲学［M］．北京：北京师范
大学出版社，2017.

［30］俞吾金.实践诠释学：重新解读马克思哲学与一般
哲学理论［M］．昆明：云南人民出版社，2001.

［31］张汝伦.《存在与时间》释义：第1卷［M］．上
海：上海人民出版社，2012.

［32］张汝伦.海德格尔与现代哲学［M］．上海：复旦
大学出版社，1995.

［33］张汝伦.历史与实践［M］．上海：上海人民出版
社，1995.

［34］张文喜.颠覆形而上学：马克思和海德格尔之论
［M］．北京：中国社会科学出版社，2004.

［35］张文喜.重建历史唯物主义历史总体观［M］．北
京：中国人民大学出版社，2013.

［36］张一兵.回到海德格尔：本有与构境［M］．北京：
商务印书馆，2014.

［37］张一兵. 回到马克思：经济学语境中的哲学话语
［M］. 南京：江苏人民出版社，2009.

［38］张一兵. 马克思哲学的历史原像［M］. 北京：人
民出版社，2009.

［39］中国现代外国哲学学会. 现代外国哲学·存在主义
专辑：第 7 辑［M］. 北京：人民出版社，1985.

四、译著

［1］阿多尔诺. 否定的辩证法［M］. 张峰，译. 重庆：
重庆出版社，1993.

［2］阿尔都塞. 保卫马克思［M］. 顾良，译. 北京：商
务印书馆，2006.

［3］阿克塞洛斯. 未来思想导论：关于马克思和海德格尔
［M］. 杨栋，译，南京：南京大学出版社，2020.

［4］阿伦特. 人的境况［M］. 王寅丽，译. 上海：上海
人民出版社，2009.

［5］巴迪欧，卡桑. 海德格尔：纳粹主义、女人和哲学
［M］. 刘冰菁，译. 重庆：重庆大学出版社，2016.

［6］巴雷特. 非理性的人［M］. 段德智，译. 上海：上
海译文出版社，2012.

［7］比梅尔. 海德格尔［M］. 刘鑫，刘英，译. 北京：
商务印书馆，1996.

［8］德里达. 马克思的幽灵：债务国家、哀悼活动和新国际
［M］. 何一，译. 北京：中国人民大学出版社，1999.

［9］蒂里希. 蒂里希选集：上卷［M］. 何光沪，选编.

成显聪，等，译. 上海：上海三联书店，1999.

［10］多迈尔. 主体性的黄昏［M］. 万俊人，译. 桂林：广西师范大学出版社，2013.

［11］费尔巴哈. 费尔巴哈哲学著作选集：上卷［M］. 荣震华，李金山，等，译. 北京：商务印书馆，1984.

［12］芬博格. 海德格尔和马尔库塞：历史的灾难与救赎［M］. 文成伟，译. 上海：上海社会科学院出版社，2010.

［13］弗罗芒－默里斯. 海德格尔诗学［M］. 冯尚，译. 上海：上海译文出版社，2005.

［14］高田珠树. 海德格尔存在的历史［M］. 刘文柱，译. 石家庄：河北教育出版社，2001.

［15］葛兰西. 葛兰西文选：1916—1935［M］. 中共中央马克思恩格斯列宁斯大林著作编译局，国际共运史研究所，编译. 北京：人民出版社，1992.

［16］广松涉. 事的世界观的前哨［M］. 赵仲明，李斌，译. 南京：南京大学出版社，2003.

［17］郭尼克. 古代辩证法史［M］. 齐云山，车铭洲，雷永生，等，译. 北京：人民出版社，1986.

［18］哈贝马斯. 认识与兴趣［M］. 郭官义，李黎，译. 上海：学林出版社，1999.

［19］哈贝马斯. 现代性的哲学话语［M］. 曹卫东，译，南京：译林出版社，2011.

［20］黑格尔. 精神现象学［M］. 先刚，译. 北京：人民出版社，2013.

［21］黑格尔. 历史哲学［M］. 王造时，译. 上海：上海书店出版社，2006.

［22］黑格尔. 小逻辑［M］. 贺麟，译. 北京：商务印书馆，1980.

［23］黑格尔. 哲学史讲演录：第1卷［M］. 贺麟，王太庆，译. 北京：商务印书馆，1959.

［24］胡塞尔. 现象学的观念［M］. 倪梁康，译. 上海：上海译文出版社，1986.

［25］加达默尔. 哲学解释学［M］. 夏镇平，宋建平，译，上海：上海译文出版社，2004.

［26］加达默尔. 真理与方法：哲学诠释学的基本特征［M］. 洪汉鼎，译. 上海：上海译文出版社，1999.

［27］康德. 纯粹理性批判［M］. 韦卓民，译. 武汉：华中师范大学出版社，2000.

［28］柯尔施. 马克思主义和哲学［M］. 王南湜，荣新海，译. 重庆：重庆出版社，1989.

［29］科克尔曼斯. 海德格尔的《存在与时间》：对作为基本存在论的此在的分析［M］. 陈小文，李超杰，刘宗坤，译. 北京：商务印书馆，1996.

［30］科西克. 具体的辩证法：关于人与世界问题的研究［M］. 傅小平，译. 北京：社会科学文献出版社，1989.

［31］科耶夫. 黑格尔导读［M］. 姜志辉，译. 南京：译林出版社，2005.

［32］库尔珀. 纯粹现代性批判：黑格尔、海德格尔及其以

后［M］. 臧佩洪，译. 北京：商务印书馆，2004.

［33］库诺. 马克思的历史、社会和国家学说［M］. 袁志英，译. 上海：上海译文出版社，2006.

［34］莱文. 马克思主义与恩格斯主义中的黑格尔［M］. 臧峰宇，译. 北京：北京师范大学出版社，2018.

［35］卢卡奇. 历史与阶级意识：关于马克思主义辩证法的研究［M］. 杜章智，任立，燕宏远，译. 北京：商务印书馆，2009.

［36］洛维特. 从黑格尔到尼采［M］，李秋零，译. 北京：生活·读书·新知三联书店，2014.

［37］洛维特. 海德格尔：贫困时代的思想家：哲学在20世纪的地位［M］. 彭超，译. 西安：西北大学出版社，2015.

［38］马尔库塞. 单向度的人：发达工业社会意识形态研究［M］. 刘继，译. 上海：上海译文出版社，2006.

［39］马克思. 海德格尔与传统：存在之基本规定的一个问题史式导论［M］. 朱松峰，张瑞臣，译. 上海：上海人民出版社，2012.

［40］麦克莱伦. 马克思传［M］. 4版. 王珍，译. 北京：中国人民大学出版社，2008.

［41］麦克莱伦. 马克思思想导论［M］. 3版. 郑一明，陈喜贵，译. 北京：中国人民大学出版社，2008.

［42］奈斯克，克特琳. 回答：马丁·海德格尔说话了［M］. 陈春文，译. 南京：江苏教育出版社，2005.

［43］诺伊. 海德格尔《哲学献文》导论［M］. 李强，

译. 上海：华东师范大学出版社，2010.

[44] 萨弗兰斯基. 来自德国的大师：海德格尔和他的时代 [M]. 靳希平，译. 北京：商务印书馆，2007.

[45] 萨特. 存在主义是一种人道主义 [M]. 周煦良，汤永宽，译. 上海：上海译文出版社，1988.

[46] 绍伊博尔德. 海德格尔分析新时代的科技 [M]. 宋祖良，译. 北京：中国社会科学出版社，1993.

[47] 施密特. 马克思的自然概念 [M]. 欧力同，吴仲昉，译. 北京：商务印书馆，1988.

[48] 施特劳斯. 古典政治理性主义的重生：施特劳斯思想入门 [M]. 郭振华，等，译. 北京：华夏出版社，2011.

[49] 施特劳斯. 古典政治理性主义的重生：施特劳斯思想入门 [M]. 潘戈，编. 郭振华，等，译. 北京：华夏出版社，2011.

[50] 斯坦纳. 海德格尔 [M]. 修订版. 李河，刘继，译. 杭州：浙江大学出版社，2012.

[51] 特拉夫尼. 海德格尔导论 [M]. 张振华，杨小刚，译. 上海：同济大学出版社，2012.

[52] 沃尔夫. 当今为什么还要研读马克思 [M]. 段忠桥，译. 北京：高等教育出版社，2006.

[53] 沃林. 海德格尔的弟子：阿伦特、勒维特、约纳斯和马尔库塞 [M]. 张国清，王大林，译. 南京：江苏教育出版社，2005.

[54] 雅斯贝尔斯. 时代的精神状况 [M]. 王德峰，译.

上海：上海译文出版社，2013.

［55］亚里士多德. 形而上学［M］. 吴寿彭，译. 北京：商务印书馆，1959.

［56］约翰逊. 海德格尔［M］. 张祥龙，林丹，朱刚，译. 北京：中华书局，2014.

五、期刊文献

［1］安维复. 走向社会建构主义：海德格尔、哈贝马斯和芬伯格的技术理念［J］. 科学技术与辩证法，2002（6）.

［2］贝拉德. 马克思主义者对海德格尔异化和真实性理论的挑战［J］. 黄书进，译. 国外社会科学，1991（3）.

［3］陈嘉映. 语言转向之后［J］. 江苏社会科学，2009（5）.

［4］陈天庆. 美是造化自身的闪耀：马克思、海德格尔及后主体主义的理解［J］. 学术月刊，2007（12）.

［5］陈祥明. 存在·理解·言说：海德格尔的本体论解释学［J］. 学术月刊，1997（9）.

［6］陈新夏. 人性与人的本质及人的发展［J］. 哲学研究，2010（10）.

［7］陈志刚. 马克思和海德格尔的技术批判思想之比较［J］. 自然辩证法研究，2002（2）.

［8］陈治国. 海德格尔现象学方法的历史之源及其核心结构［J］. 哲学研究，2014（2）.

［9］邓晓芒. 什么是艺术作品的本源：海德格尔与马克

思美学思想的一个比较［J］. 哲学研究, 2000（8）.

［10］段忠桥. 什么是马克思恩格斯创建的历史唯物主义: 与孙正聿教授商榷［J］. 哲学研究, 2008（1）.

［11］费赫. 现象学、解释学、生命哲学: 海德格尔与胡塞尔、狄尔泰及雅斯贝尔斯遭遇［J］. 朱松峰, 译. 世界哲学, 2005（3）.

［12］高清海. 有这样一个世界［J］. 天津社会科学, 1998（1）.

［13］海德格尔. 晚期海德格尔的三天讨论班纪要［J］. 费迪耶, 等, 辑录. 丁耘, 摘译. 哲学译丛, 2001（3）.

［14］韩庆祥, 张艳涛. 马克思哲学的三种形态及其历史命运［J］. 中国社会科学, 2010（4）.

［15］韩庆祥. 与时俱进的马克思哲学［J］. 北京大学学报（哲学社会科学版）, 2004（1）.

［16］贺来. 略论哲学观与哲学的内在循环关系［J］. 求是学刊, 2002（6）.

［17］康加恩, 刘黎. 马克思与海德格尔思想中的"物"、"事物"和"物化"［J］. 南京社会科学, 2015（9）.

［18］旷三平. 马克思哲学与本体论的"纠缠"［J］. 中国社会科学, 2004（2）.

［19］李朝东. 现象学的哲学观: 兼论胡塞尔与海德格尔哲学观的差异［J］. 哲学研究, 2009（8）.

［20］李革新. 论海德格尔哲学中存在与此在的共属关系［J］. 学术月刊, 2002（12）.

［21］李海峰. "颠倒"还是"超越": 海德格尔对马克思

及其哲学的误读之批判［J］. 兰州学刊，2006（5）.

［22］李海峰. 实践的"社会历史性"与真理的"时间性"：马克思实践观与海德格尔真理论比较研究［J］. 求索，2004（3）.

［23］李海青，赵玉洁. 海德格尔的幽灵：对所谓马克思生存论的一种批判［J］. 哲学研究，2006（2）.

［24］李荣海. 历史唯物主义的解释原则及其世界观意义：与孙正聿先生商榷［J］. 哲学研究，2007（8）.

［25］李文阁. 活动、生命、意见和思维方式：我所理解的马克思哲学［J］. 学术研究，2004（7）.

［26］李文阁. 哲学：哲学家的生活：马克思的哲学观［J］. 求是学刊，2002（6）.

［27］李霞玲，王贵友. 劳动的异化与技术的异化：马克思与海德格尔异化理论之比较［J］. 理论月刊，2010（1）.

［28］林剑. 关于马克思主义哲学"转向"的思考［J］. 哲学研究，2003（11）.

［29］刘福森. 哲学观：我们该如何对待哲学［J］. 江海学刊，2011（1）.

［30］刘同舫. 技术的边界与人的底线：技术化生存的人学反思［J］. 自然辩证法通讯，2004（3）.

［31］刘同舫. 马克思人类解放理论的理想性与现实性［J］. 学术研究，2009（3）.

［32］刘同舫. 马克思人类解放理论的叙事结构及实现方式［J］. 中国社会科学，2012（8）.

［33］刘同舫. 马克思唯物史观叙事中的劳动正义［J］. 中国社会科学，2020（9）.

［34］刘同舫. 人类解放的进程与社会形态的嬗变［J］. 中国社会科学，2008（3）.

［35］刘同舫. 政治解放、社会解放和劳动解放：马克思人类解放思想再探析［J］. 哲学研究，2007（3）.

［36］鲁克俭. 唯物史观"历史性"观念的引入：马克思《1844 年经济学哲学手稿》中"异化"概念新解［J］. 哲学动态，2015（6）.

［37］陆杰荣. 论海德格尔对传统哲学批判的现象学方法［J］. 辽宁大学学报（哲学社会科学版），1988（1）.

［38］欧阳康. 哲学问题的实质与当前哲学研究的问题链［J］. 中国社会科学，2006（6）.

［39］齐默尔曼. 科西克的海德格尔式的马克思主义［J］. 高地，摘译. 哲学译丛，1984（5）.

［40］汝伦. 论海德格尔哲学的起点［J］. 复旦学报（社会科学版），2005（2）.

［41］塞耶斯. 现代工业社会的劳动：围绕马克思劳动概念的考察［J］. 周嘉昕，译. 南京大学学报（哲学·人文科学·社会科学），2007（1）.

［42］宋友文. 重新理解马克思与形而上学问题：兼驳海德格尔对马克思"达到了虚无主义的极致"的批评［J］. 中国人民大学学报，2012（1）.

［43］苏宏斌. 试论海德格尔的本体论思想：兼与张弘先生商榷［J］. 学术月刊，1999（7）.

［44］孙承叔. 经济与哲学：马克思思想发展的内在逻辑 ［J］. 学习与探索，2009（1）.

［45］孙迪亮，李西祥. 我们应该在何种意义上理解黑格尔的辩证法 ［J］. 哲学研究，2015（1）.

［46］孙乐强. 批判性对话：海德格尔与马克思在当代的相遇 ［J］. 南京社会科学，2005（10）.

［47］孙利天，史清竹. 我们如何走出人的自身生产带来的自身毁灭的危险：回答海德格尔对马克思人的学说的评论 ［J］. 吉林大学社会科学学报，2011（2）.

［48］孙正聿. 解放何以可能：马克思的本体论革命 ［J］. 学术月刊，2002（9）.

［49］孙正聿. 历史的唯物主义与马克思主义的新世界观 ［J］. 哲学研究，2007（3）.

［50］孙正聿. 历史唯物主义与哲学基本问题：论马克思主义的世界观 ［J］. 哲学研究，2010（5）.

［51］泰尔图良. 海德格尔和卢卡奇著作中的异化概念 ［J］. 张伯霖，摘译. 哲学译丛，1994（3）.

［52］王金林. 历史生产与虚无主义的极致：评后期海德格尔论马克思 ［J］. 哲学研究，2007（12）.

［53］王南湜. 马克思哲学在何种意义上是一种实践哲学 ［J］. 马克思主义与现实，2007（1）.

［54］王庆丰. 存在的澄明与人类的解放：海德格尔与马克思的存在论思想之比较 ［J］. 天津社会科学，2004（6）.

［55］文兵. 对"生存论本体论"的一些质疑 ［J］. 哲学

研究，2003（10）.

[56] 吴三喜，余平. 海德格尔晚期讲座中的马克思问题[J]. 北京社会科学，2015（8）.

[57] 吴晓明. 当代哲学的生存论路向[J]. 哲学研究，2001（12）.

[58] 吴晓明. 现代形而上学的本体论批判：马克思与海德格尔[J]. 现代哲学，2016（5）.

[59] 吴晓明. 重估马克思哲学革命的性质与意义[J]. 复旦学报（社会科学版），2004（6）.

[60] 吴育林. 实践主体与马克思哲学的生存维度[J]. 现代哲学，2006（4）.

[61] 谢永康. 技术批判与马克思[J]. 江海学刊，2004（5）.

[62] 谢永康. 历史唯物主义的辩证结构：自然和历史的关系与马克思的"新世界观"[J]. 哲学研究，2008（7）.

[63] 杨栋. 早期马克思与海德格尔论"理论－实践"关系[J]. 现代哲学，2015（4）.

[64] 杨俊一. 论马克思哲学对价值观的变革[J]. 辽宁大学学报（哲学社会科学版），1992（2）.

[65] 仰海峰. "实践"与"烦"：马克思与海德格尔比较研究之二[J]. 学习与探索，2001（2）.

[66] 仰海峰. 海德格尔与马克思：当代性中的误读[J]. 马克思主义研究，2001（4）.

[67] 余治平. 海德格尔的生存论本体论[J]. 广东社会

科学，2006（2）.

［68］俞吾金. 存在、自然存在和社会存在：海德格尔、卢卡奇和马克思本体论思想的比较研究［J］. 中国社会科学，2001（2）.

［69］俞吾金. 海德格尔的"世界"概念［J］. 复旦学报（社会科学版），2001（1）.

［70］郁建兴. 从政治解放到人类解放：马克思政治思想初论［J］. 中国社会科学，2000（2）.

［71］张盾. 马克思的政治理论及其路径［J］. 中国社会科学，2006（5）.

［72］张汝伦. 海德格尔的实践哲学［J］. 哲学研究，2013（4）.

［73］张汝伦. 海德格尔与实践哲学［J］. 哲学动态，2005（2）.

［74］张汝伦. 马克思的哲学观和"哲学的终结"［J］. 中国社会科学，2003（4）.

［75］张汝伦. 作为第一哲学的实践哲学及其实践概念［J］. 复旦学报（社会科学版），2005（5）.

［76］张曙光. 历史唯物主义与现代历史［J］. 哲学研究，2008（4）.

［77］张曙光. 马克思的哲学价值观与劳动价值论探略［J］. 哲学研究，1993（1）.

［78］张曙光. 马克思主义哲学研究应有的现实性与超越性：一种基于人的存在及其历史境遇的思考与批评［J］. 中国社会科学，2006（4）.

［79］张涛. 海德格尔如何看存在论向历史唯物主义的介入：从海德格尔对马尔库塞"海德格尔式的马克思主义"的回应说起［J］. 哲学动态，2014（12）.

［80］张文喜. 关于马克思哲学革命的性质、任务的一项历史检证［J］. 哲学研究，2012（1）.

［81］张文喜. 海德格尔的生存论境遇和"新"唯物主义［J］. 文史哲，2003（3）.

［82］张文喜. 形而上学批判：海德格尔与马克思之论［J］. 理论探讨，2004（1）.

［83］张一兵，姚顺良，唐正东. 实践与物质生产：析马克思主义新世界观的本质［J］. 学术月刊，2006（7）.

［84］张一兵. 海德格尔的实际性解释学与马克思的实践意识论：兼答苏州大学王金福教授［J］. 马克思主义研究，2011（10）.

［85］张一兵. 交道与实践：青年海德格尔与马克思的相遇：海德格尔"那托普报告"的解读［J］. 马克思主义研究，2010（9）.

［86］张一兵. 马克思哲学的当代阐释："回到马克思"的原初理论语境［J］. 中国社会科学，2001（3）.

［87］周爱国. 马克思主义环境哲学思想比较研究：海德格尔与马克思思想路线之比较［J］. 湖北社会科学，2004（12）.

［88］邹诗鹏. 海德格尔"虚无的存在学"的三个进路［J］. 江苏社会科学，2016（2）.

［89］邹诗鹏. 何以要回到历史唯物主义研究范式？［J］.

哲学研究，2010（1）.

六、学位论文

[1] 蔡剑锋. 从抽象个体到现实的个人：马克思对形而上学的批判［D］. 上海：复旦大学，2006.

[2] 曹万成. 海德格尔前期此在观与马克思人学思想比较研究［D］. 武汉：武汉大学，2004.

[3] 李兵. 论马克思的人类解放的哲学主题［D］. 长春：吉林大学，2005.

[4] 李卓. 海德格尔实践哲学思想研究［D］. 哈尔滨：黑龙江大学，2010.

[5] 孙成竹. 论马克思"人的存在的现象学"：关于马克思哲学革命的阐释［D］. 济南：山东大学，2009.

[6] 吴宏政. 历史生存论观念［D］. 长春：吉林大学，2004.

[7] 于桂凤. 重建哲学的生活之根：马克思感性直观批判的存在论阐释［D］. 长春：吉林大学，2010.

[8] 张国杰. 通向诗意栖居之途：海德格尔诗意之思的阐释［D］. 长春：吉林大学，2010.

[9] 张欢欢. 价值虚无主义的批判与超越：现代性背景下马克思的价值之思［D］. 长春：吉林大学，2015.

[10] 张景先. 存在主义与马克思主义研究［D］. 长春：吉林大学，2012.

[11] 张艳涛. 马克思开辟的哲学道路：我所理解的马克思哲学观［D］. 北京：中共中央党校，2007.

［12］赵异. 康德、马克思、海德格尔实践与认识关系思想比较研究［D］. 长春：吉林大学，2011.

［13］朱耀平. 海德格尔与现象学的本体论转向［D］. 上海：复旦大学，2003.

七、外文资料

［1］CROWE B D. Heidegger's phenomenology of religion：realism and cultural criticism［M］. Bloomington：Indiana University Press，2008.

［2］DALLMAYR F. The other Heidegger［M］. Ithaca：Cornell University Press，1993.

［3］GADAMER H-G. Reflections on my philosophical journey［M］// HAHN L E. The philosophy of Hans-Georg Gadamer. Chicago and Lasalle，Illinois：Open Court，1997.

［4］GOLDMANN L. Lukács and Heidegger：towards a new philosophy［M］. BOELHOWER W Q（trans.）. London：Routledge，2009.

［5］GORNER P. Heidegger's phenomenology as transcendental philosophy［J］. International journal of philosophical studies，2002，10（1）.

［6］HEIDEGGER M. Four seminars［M］. MITCHELL A，RAFFOUL F（trars.）. Bloomington：Indiana University Press，2003.

［7］HEIDEGGER M. The question concerning technology

and other essays [M]. New York: Harper Torch-books, 1977.

[8] KISIEL T. Heidegger's way of thought: critical and interpretative signposts [M]. DENKER A, HEINZ M (ed.). London: Continuum, 2002.

[9] KISIEL T. The genesis of Heidegger's being and time [M]. Berkeley: University of California Press, 1993.

[10] KLEINBERG E. Generation existential: Heidegger's philosophy in France 1927 – 1961 [M]. Ithaca: Cornell University Press, 2006.

[11] KOCKELMANS J J. On the truth of being [M]. Bloomington: Indiana University Press, 1984.

[12] KORSCH K. Marxism and philosophy [M]. New York and London: Monthly Review Press, 1970.

[13] MARCUSE H. Heideggerian Marxism [M]. WOLIN R, ABROMEIT J (ed.). Lincoln and London: University of Nebraska Press, 2005.

[14] MCNEILL W. The glance of the eye: Heidegger, Aristotle, and the end of theory [M]. Albany: State University of New York Press, 1999.

[15] PÖGGELER O. Martin Heidegger's path of thinking [M]. MAGURSHAK D, BARBER S (trans.). Atlantic Highlands, NJ: Humanities Press Internatiooonal, INC, 1990.

[16] TAMINIAUX J. Heidegger and practical philosophy

［M］. RAFFOUL F, PETTIGREW D （ed. ）. Albany：State University of New York Press，2002.

［17］TAMINIAUX J. Heidegger and the project of fundamental ontology ［M］. GENDRE M （trans. & ed. ）. Albany：State University of New York Press，1991.

［18］THOMSON I D. Heideggeer on ontotheology-technology and the politics of education ［M］. New York：Cambridge University Press，2005.

后　记

本书是我主持的广东省哲学社会科学规划项目（编号：GD21HMK01）的最终成果，其基础是我的硕士学位论文《平民哲学与贵族哲学——马克思与海德格尔哲学观差异》。

人生的每一个驿站都会酿造一段回忆，记录不同的人与事汇集交融的因缘，镌刻为成长所沉淀的美好与深刻。在拙作定稿出版之际，我想借此机会，对在我学术成长路上给予我支持和帮助的各位师长、亲友表达最诚挚的谢意。

十年缘聚华师，首先要感谢见证我点滴成长的母校。母校深厚的人文底蕴、浓郁的学术氛围和求实创新的精神滋养着我，教会我立德树人、为人师表应有的胸怀与品格，我也为母校弦歌不辍所铸就的繁荣事业而骄傲不已。感谢在广州带给我第一份归属感的政治与行政学院（现为哲学与社会发展学院）、马克思主义学院，学院的精神传统感染激励着我，教会我兢兢业业、竭力进取。当我茫然踌躇在人生第一个分岔口时，感谢陈必华书记的鼓励和帮助，让我有幸结识刘同舫教授；承蒙刘老师厚爱，将我纳入门下，让我开启了一段我不曾设想的人生。

我的导师刘同舫教授是我生命中最敬重感恩的贵人。在华师的第四个年头伊始，因为刘老师一句激励的话，我义无反顾地放弃工作选择，踏进科研探索的学习生涯。十余载间，刘老师犹如一盏明灯照亮我的世界，指引我前行。刘老师既是一位集聚理论魅力与人格魅力的学者，也是一位宅心仁厚的师长。从论文写作的选题、框架到具体行文的过程，刘老师循循善诱给予我悉心指导和及时点拨。在论文有幸入选 2013 年广东省优秀硕士学位论文候选名单时，刘老师与我一起并肩坐在答辩席上，以鞭辟入里的补充为我未尽完满的回答做了完善和提升，让我深感身旁强大的精神后盾所带来的安全感和幸福感，最终顺利通过答辩。

榜样不一定是写在书里、高高挂在墙上，刘老师就是我们生活中的榜样。他深厚的学术涵养、渊博的学识功底、敏锐的科研洞察力、严谨的治学精神、以学术为业的执着追求、乐善好施的德行品质、坦荡无私的处世胸怀、独当一面的领导魄力以及超然豁达的人生境界，无不让我敬佩不已。工匠精神之于刘老师是捍卫学术尊严的责任与使命，"做学问，我是认真的"，言简意赅的话语包含着他所秉持的执着和信念。刘老师的足迹给我带来至深的影响，进取与乐观、严谨与执着、谦逊与包容成了我人生道路上的关键词。

春风化雨，感谢母校华南师大哲学与社会发展学院、马克思主义学院各位师长的谆谆教诲，在潜移默化中将我引向自己的兴趣之路，鞭策我不断追求进步；感谢硕士论文在外审和答辩时各位专家从不同角度提出了宝贵意见，使论文得以进一步完善和提升；感谢中山大学出版社相关审稿专家和编辑老师的专业建议和意见，对书稿的观点锤炼和严谨表达提供了有益帮助，还要特别感谢金继伟先生为本书顺利出版付出的辛勤劳动。

我要感谢《教育研究》《中国社会科学文摘》《自然辩证法通讯》《学术研究》《国外社会科学》等期刊的相关编辑同志，他们的帮助与建议给予了我机会，使得书中部分章节的内容得以公开发表。

最后，我还要感谢我所在单位暨南大学马克思主义学院各位领导、同事以及我的家人给予我的支持和帮助，感谢他们以各种方式对我的鼓励，为我创造了良好的学习环境和工作氛围。学无止境，谨以此自勉，在求索逐梦路上向学界同人前辈学习。

黄漫

2022 年 3 月于广州